懂了就好办

最新税收政策解读与实操指引

《懂了就好办》编写组◎编著

新华出版社

图书在版编目（CIP）数据

懂了就好办：最新税收政策解读与实操指引/《懂了就好办》编写组编著.
—北京：新华出版社，2020.1
ISBN 978-7-5166-5035-6

Ⅰ.①懂…　Ⅱ.①懂…　Ⅲ.①税收政策—基本知识—中国　Ⅳ.①F812.422

中国版本图书馆CIP数据核字（2020）第011040号

懂了就好办：最新税收政策解读与实操指引

作　　者：《懂了就好办》编写组

责任编辑：庆春雁　徐　光　　　　　　　　封面设计：李尘工作室

出版发行：新华出版社
地　　址：北京市石景山区京原路 8 号　　　邮　　编：100040
网　　址：http：//www.xinhuapub.com
经　　销：新华书店
　　　　　新华出版社天猫旗舰店、京东旗舰店及各大网店
购书热线：010-63077122　　　　　　　　中国新闻书店购书热线：010-63072012

照　　排：李尘工作室
印　　刷：三河市君旺印务有限公司

成品尺寸：170mm×240mm
印　　张：26　　　　　　　　　　　　　　字　　数：380千字
版　　次：2020年3月第一版　　　　　　　印　　次：2020年3月第一次印刷

书　　号：ISBN 978-7-5166-5035-6
定　　价：78.00元

《懂了就好办》编写组

主　　编：蔡　宇　夏孝林

副 主 编：张四海　陈顺扬　杨延春　黄卫华

执行主编：张　剀

编　　委：（按姓氏音序为序）

崔荣春　阚歆旸　康晓博　李传翠　李雨柔

刘云昌　覃韦英曌　张　剀

审稿专家

（按姓氏音序为序）

白玉明　柴成山　姜新录　孔丹阳　孔令文　刘　伟

施志群　孙　彤　孙　洋　王冬生　王　进　王敬远

王　骏　王　培　王文岗　王文清　魏　斌　吴东明

熊晓青　徐　贺　张　莉　张　巍　张学斌　仇喜林

赵国庆　赵卫刚　周秀梅

这本书值得一看

国家税务总局原副局长、中国税务学会会长　汪康

中国税务报社社长蔡宇告诉我，他们准备出一本书，想请我写篇序。一口气翻完他送来的书稿，我深感欣喜：这本书既能为税收理论研究提供材料养分，又能为税收实务操作提供权威指引。

蔡宇告诉我，这本书是编写组的同志们挑选《中国税务报·纳税服务专刊》中的税收政策解读类精品文章，结合最新政策修改完善后编辑而成的。我看到，书稿厚厚一摞，内容很丰富：有从税收视角对国家实施的重大战略和召开的重要会议精神的宏观解读，有对财政部、国家税务总局发布的重要税收法规的深入解析，还有税务官员和税收实务专家对税收案例、业务难点的解疑释惑，对上市公司、大型企业税务风险事项的把脉建议，对我国"走出去"企业遭遇国际税收难题时的支招提醒……

全书近80篇文章都是报社的记者们针对热点税收政策，从实务操作第一线和理论研究最前沿"跑"回来的新闻作品。每篇文章都努力地向读者讲清楚：一项税收政策的基本内容和主要精神是什么，在什么背景下出台的，具体该如何操作，等等。既讲解税收政策实操，又解读税收政策内涵，还介绍税收政策的制定背景，分析税收政策背后的法理精神。可以说既有实践的深度，又有理论的高度。这样的书读起来，不仅能让人知其然，而且知其所以然，知其所必然。

从认识论的角度看，政策的本质被定为理论与实践的中间环节，因而政策兼具理论与实践的二重特征。税收政策亦不例外。因此，对税收政策的解读理应在理论与实践两个维度下功夫。读过这本书，感觉在理论和实践融合

上做得好，与市面上同类书比较，有自己的特色，有特定的优势。对做税收理论研究的人来说，可以从书中找到税收实务界的最新实践，查阅到大量翔实而生动的纳税案例，从而为理论研究提供选题思路上的启示，"催化"出与实践紧密联系的研究成果。而对做税收实务的人来说，可以从书中提供的典型操作范例中找到政策执行的指引，从深刻的点评提醒中发现政策适用范围的边界，从而达到自觉提高税法遵从，有效规避执行风险的目的。

因此，我认为，无论是税收理论研究者还是税收政策执行者，这本书都是值得一读的。

汪康

2019.12.26

一本权威实用的工具书

国家税务总局原副局长、中国注册税务师协会会长　宋兰

当中国税务报社社长蔡宇同志将这本书稿发给我的时候，我一下子就被书名吸引了。在实践中，纳税人由于不懂税法而面临税务风险的例子屡见不鲜，把不懂的税法条款当作争议条款的例子也有不少。从税务师行业的执业感受而言，"懂了"真的就"好办"了。

在担任国家税务总局副局长期间，我曾经分管纳税服务工作，深知税收政策辅导的重要性。无论是税务机关还是涉税专业服务机构，无论是科研机构还是培训机构，针对税收政策服务的专项调研，不约而同地得出一个结论：企业最需要的服务是政策服务，最期待的政策服务是确定性服务。编辑出版一本权威的、实用的税收政策工具书供大家学习，恰恰是提供税收确定性服务的最佳方式之一。

我常常听企业财税负责人和税务师们说，想要做好税收实务，《中国税务报·纳税服务专刊》是必须要看的。因为这是一个用心在做的专刊，是传递国家税务总局权威声音的平台，也是税收专业人士交流业务的平台。中国税务报社从读者的需求出发，从中精选了近一年来刊发的税收实务文章，并且根据最新的税收政策做了精心修改和完善，形成了这本沉甸甸的冒着热乎气儿的工具书，实在难能可贵。

企业面临税务风险，常见的原因无非有二：一是错误地理解了税收法规，二是错误地界定了交易实质。《懂了就好办》这本书的可贵之处，就是通过大量的案例和专家分析，告诉读者掌握研读税法和界定交易实质的方法。

在这本书里，我非常欣喜地看到很多涉税专业服务机构和税务师的名字。

在我看来，能在《懂了就好办》这本书里分享自己的心得，贡献自己的智慧，是一件非常有意义、有价值的事情。在此，我向大家分享一点阅读心得，也郑重地向大家推荐这本书，希望广大纳税人和涉税专业服务机构的专业人士，能通过阅读这本书进一步提高自己的专业能力，读"懂"税法"办"好税。

是为序。

2019 年 12 月 22 日　于北京

容易懂　很管用

全国政协常委、中国税务学会副会长　张连起

在 100 美元纸币上印有头像的本杰明·富兰克林说："世界上只有两件事情不可避免，那就是税收和死亡。"著名作家马克·吐温说："我就我的收入纳税，这是我生命中最重要的事，让我感到无上光荣。"

之所以引用这两位先生的名言，是想说：税收与每一个人息息相关，是一国或一地区政府运转的收入支撑，也是市场文明或制度进步的成本代价。

当下我国的税收制度复杂多变，税制改革频繁迅即，税收工作千头万绪，涉税痛点比比皆是，因此，需要一本书，一本容易懂、很管用的读物，梳理政策文件，解析规章条文，揭示实操要点，聚焦热点问题，研判关键税项……这本书用了披沙拣金的功夫，坚持问题导向，以新闻和税收"二合一"专业视角透视你想知道的、日常业务用得到的知识点，堪称"理论的实务、实务的理论"首选工具书。

这本书是涉税实操类书籍"供给侧结构性改革"的产物，也是"把读者放在心上、把责任担在肩上"的《中国税务报·纳税服务专刊》的精心之作。

2019 年 12 月 18 日　于北京

写你想看的，选你有用的

一位熟知《中国税务报·纳税服务专刊》的业界知名税务专家，说我们记者采写的税收实务文章，就像珍珠一样，很有看头。对此评价，我们大感不解。

对方答曰：一来记者查阅了大量资料，采访了大量专家，并且做了多方核实，最终把零散的资讯有机地整合起来，成文过程好似珍珠的形成过程，不容易；二来从文章的效果看，很多资讯都是独家的、前瞻的、实用的，就像珍珠一样亮眼。

作为报人，欣喜和惶恐之余，总觉得应该干点什么。在印象中，常常听到，有的读者把我们报纸上的税收实务文章剪下来，贴在绘画本上收藏；有的读者把我们网络报上的重要税收实务文章复制保存，作为学习资料；还有的读者把一些重点文章挑选出来，在各自的微信公众号上转载，并做出进一步分析或评论。我们想，如果能把这些"珍珠"串起来——按年度把已经刊发的文章，按照一定的逻辑分类挑选、整理出来，还是很有意义的——至少能为读者查阅重点文章提供一些方便。

经过一番调研，我们发现，这件事的价值不仅限于此。不少来自税务机关、大中型企业、专业服务机构、高校、研究机构、培训机构等从事税收实务、研究和教学的人员普遍认为，随着经济体制改革的深入推进，具有基础性、支柱性、保障性功能的税收，也面临一系列调整。如何发现其调整规律、抓住其政策重点、掌握其解读方法，对不少人而言是一件难事。特别是在这个轻阅读和碎片化阅读的时代，读者呼唤一本能够真正为学习和工作提供切实帮助的税收实务书籍出现。

在大家的鼓励和支持下，我们做了认真研究和梳理，从读者的需求出发，从近一年《中国税务报·纳税服务专刊》刊发的自采文章中，精选了近80篇紧扣改革方向、贴近企业实际、具有实操价值的精品文章，并且在征求部分读者意见的基础上，做了二次加工。也就是说，这不只是一个简单的作品汇集，而是一次有针对性的二次创作。

这些文章的内容包括：解读党中央和国务院重要文件、重要会议精神，深度剖析财税部门发布的重要规范性文件，重点提示企业日常办税实操要点，独家解码上市公司热点税务问题，深入分析国际税收热点问题和大企业税务管理热点，研判重要事项税收政策调整方向等。总体来看，本书收录的文章有四个显著的特色。

——独创性。结合社会、时政、税收热点和重点展开策划，用税收视角观察社会新闻，用专业视角挖掘税收新闻，收录的大多数文章是"人无我有"的首创性、独家性报道。值得一提的是，为了更加客观地给出一些问题的答案，在撰写一篇千字文章过程中，记者翻阅的资料有时多达数十万字，采访相关领域的专家和世界知名大企业高管多达几十位，目的就是避免人云亦云，给出独到而客观的见解。

——权威性。采编团队成员多数具有税收专业背景，专业素养高；采访对象均为大企业财务总监、税务总监，国际"四大"以及国内知名涉税专业服务机构合伙人，国内外财税领域专家等；见报稿件都经过了专家审核，部分重点稿件经过国家税务总局相关业务司局审核。在本书出版之前，我们又分章节，请相关领域的专家再次审核把关，保证了足够的权威性。

——服务性。基于重点服务大中型企业的内容定位，本书收录的文章都具有很强的服务性：要么从税收视角帮助读者了解宏观经济政策，要么从实务视角帮助读者掌握实操要点，要么从前瞻视角帮助读者分析税收政策的未来走向，让读者读之有用，用之有效。

——通俗性。我们一直强调"专业文章轻松表达"，因此收录的文章基本都采用了新闻的表达手法，让专业文章通俗易懂，力求在保证专业性、准确性、权威性的同时，增强吸引力、可读性。

在本书出版的过程中，我们对收录的文章作了一定程度的修改，文章刊发后已经更新的政策或数据，也以脚注的形式做了说明。截至本书出版时，一些采访对象的单位和职务可能已经产生了变化，本书保留了其接受采访时的单位和职务。对于与主体文章内容相关的法规原文、财政部和国家税务总局权威解读以及有关联的文章，在文末以"延伸阅读"的方式做了扩展，或以"推荐阅读"的方式做了二维码链接，方便读者获得更多资讯。

由于水平有限，时间仓促，疏误之处在所难免，敬请广大读者批评指正。

编者

2019 年 12 月 31 日

目录

第五章　国际税收 / 253

第六章　大型企业 / 319

第七章 前瞻探析 / 360

后记 / 397

第一章 宏观政策

党中央、国务院重大战略、重要文件和重要会议精神，往往会释放出重要信号——谁率先准确解读，谁将抢占先机。

近一年来，我国持续扩大改革开放，大力鼓励"大众创业、万众创新"，稳步推进自贸区建设、粤港澳大湾区建设和国家级经济技术开发区创新，持续加大国有企业混合所有制改革力度，加快完善市场主体退出制度改革，实施健康中国行动……与一项项重大举措、重磅文件推出相伴的，是一系列值得关注的税收问题。

从税收视角深入解读党中央、国务院重大战略、重要文件和重要会议精神，对于企业而言意义重大——作为央企，可以更深入地了解如何进行税收合规管理；作为混改企业，可以更提前地熟悉混改过程需要注意的涉税事项；作为外资企业，可以更全面地获知投资中国的相关税收优惠政策；作为"双创"企业，可以更精准地学习税收优惠落袋的方法；作为城投公司，可以更有针对性地应对首次公开募股可能遇到的涉税问题；作为健康产业投资者，可以更理性地比较不同领域的税收利好……

参与进博会，诸多环节都有优惠

——进博会相关税收政策解读

崔荣春　张凯　李雨柔

阅读提示

　　用税收视角观察进博会，不难发现，中国正在用开放而务实的姿态欢迎世界，无论是扩大进口还是吸引外资，税收政策都诚意满满。本文邀请学者和专家，对中国服务展览、扩大进口、吸引外资方面的相关税收政策进行了深入解读，以帮助有意投资中国的企业，更加迅速准确地了解相关内容。

　　2019 年 11 月 5 ～ 10 日，第二届中国国际进口博览会在中国上海国家会展中心举行。进博会是全球首个以进口为主题的大型国家级展会，也是中国向世界敞开的又一扇开放大门。据统计，首届进博会吸引了来自五大洲 172 个国家和地区的 3600 多家企业。第二届进博会招展工作显示，第二届进博会吸引的世界 500 强和行业龙头企业数量和展览面积均超首届。

服务展览：税收优惠贯穿各环节

　　2018 年 11 月 1 日，财政部公布了首届进博会展期内销售的进口展品税收优惠政策。对此，上海海关学院法律系主任王丽英教授分析，首届进博会税收优惠贯穿展览各环节，并与海关特殊监管区或新型业态之税收优惠政策无缝对接，形成了中国独具特色的关税优惠体系。

　　在展前进口环节，根据《海关暂时进出境货物管理办法》和 2017 年新修订的《关税条例》，对暂时进出境货物，凭担保暂时不缴纳关税；对属于自用物品的个人行李物品，按照《海关对进出境旅客行李物品监管办法》和行邮税规定办理；对未能及时申报进境就展示的货物，经向海关申请将货物放置保税仓库，自入境之日起给予 1 年的申报期限；对外国政府、国际组织无偿捐赠的物资享受税收优惠待遇，还给予税收总担保等税收保障。

在展中环节，对构成展览用品的展览消耗品（展览活动中的小件样品、为观众散发的有关宣传品、原装进口或散装原料制成的食品或饮料样品等），根据《海关暂时进出境货物管理办法》第十九条规定，在合理范围内免征关税和进口环节税；进博会展会期间，经海关批准的保税仓库可以参照区域中心开展保税展示交易业务；在进博会期间销售的合理数量的进口展品（不包括国家禁止进口商品、濒危动植物及其产品、国家规定不予减免税的 20 种商品和汽车）免征进口关税，进口环节增值税、消费税按应纳税额的 70% 征收。

在展会结束环节，对于不复运出境，在中国销售的展览品，允许其进入海关特殊监管区或保税物流中心（B 型）进行保税展示交易。采用跨境电子商务零售进口商品模式进口的货物，在交易限值（单次为人民币 2000 元、年度为人民币 20000 元）内享受跨境电子商务零售进口商品税收优惠政策，即在限值内关税为 0，进口环节增值税、消费税取消免征税额，暂按法定应纳税额的 70% 征收。

富国富民资本董事长王世渝认为，随着我国经济总量增加，消费能力和采购能力持续增强，通过降低关税来扩大进口采购，相当于给全球企业的产品开放了更大的市场空间。还有专家指出，中国以举办进博会为契机主动扩大进口，将为正面临巨大不确定性的世界经济尤其是广大发展中经济体提供积极预期，并带来长期、可持续的发展机遇。

扩大进口：我国关税总水平降至 7.5%

除了与进博会直接相关的税收政策外，我国近年来为持续扩大进口，一直在降低关税的总水平。根据商务部、海关总署等发布的数据，经过连续多次自主调整，我国关税总水平已经降至 7.5%（如下页图）。

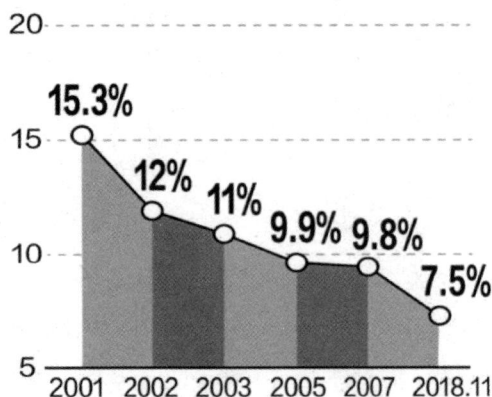

王丽英认为，关税除了其财政功能外，还是促进经济发展和对外贸易发展的重要经济杠杆。从保税区到综合保税区，从保税物流园区到保税物流中心，从自贸区到自贸港，从"境内关内"到"境内关外"，其共同的特点是"保税"，即进这些"区"或"港"的货物暂时不缴纳关税及海关代征的增值税和消费税，进而起到扩大进口、吸引外资和减轻内外资企业资金压力等作用。

国家税务总局税务干部进修学院副教授王文清介绍，我国对外资企业用于生产《列入国家高新技术产业目录》的设备、零部件等，给予免征进口关税和进口环节税等税收优惠政策；对引进的先进技术服务费用、元件，免征关税和进口环节税；在技术改造等方面也给予一定的税收优惠支持。

值得注意的是，在最惠国税率方面，自 2018 年 1 月 1 日起，国务院关税税则委员会对 948 项进口商品实施更为优惠的暂定税率，比如对改良种用鲸由 10% 的税率降为零，对鲜或干的未去壳腰果的税率由 20% 降为 7%。同时，对《中华人民共和国加入世界贸易组织关税减让表修正案》附表所列信息技术产品，最惠国税率自 2018 年 1 月 1 日～ 2018 年 6 月 30 日继续实施了第二次降税，自 2018 年 7 月 1 日起实施了第三次降税。

在关税总水平降低的同时，我国还在减少单证、优化流程、提高时效、降低成本方面持续发力，进口通关整体时间 2018 年底前在 2017 年的基础上再压缩 1/3。到 2021 年底，进口整体通关时间比 2017 年压缩一半，减至 48 小时。同时，海关总署、国家税务总局等部门，还在诸多方面采取了一系列便利化措施，全方位服务进口。

不少媒体和专家都评论说，举办进博会是我国推动新一轮对外开放的政策宣誓。而相关的税收政策调整，无疑又让来中国参展和投资的外资企业拥有了沉甸甸的获得感。这也从一个侧面说明，中国欢迎世界是非常有诚意的。

关税总水平持续降低带来的效应，数据最能说明问题。据商务部统计，从 2001 年加入世界贸易组织至 2017 年，中国货物贸易进口额累计达 20 万亿美元，年均增长 13.5%，是全球平均水平的 2 倍[1]；服务贸易进口额累计达 3.7 万亿美元，年均增长 16.7%，是世界平均水平的 2.7 倍[2]。未来 5 年，我国预计将进口 10 万亿美元的商品和服务；未来 15 年，中国进口商品和服务将分别超过 30 万亿美元和 10 万亿美元。

吸引外资：税收政策不断优化

中国欢迎世界的诚意，还集中体现在吸引外资的税收政策上。

据悉，首届进博会虹桥国际经贸论坛的主题为——"激发全球贸易新活力，共创开放共赢新格局"，开放、创新、投资是贸易发展的三个重要因素，也是三场平行论坛的主题词。综合《人民日报》《环球时报》《新京报》等媒体的报道看，争相在进博会上参展的外资企业，一方面是为了展示优质的产品，扩大在中国市场的销量；另一方面也是在寻求投资中国的机会。

事实上，中国在吸引外资的税收政策上，持续释放着诚意。特别是 2017 年，国务院先后发出《关于扩大对外开放积极利用外资若干措施的通知》（国发〔2017〕5 号）和《关于促进外资增长若干措施的通知》（国发〔2017〕39 号，以下简称 39 号文件），从扩大对外开放、吸引外资、减少外资准入限制、制定财税支持政策、优化营商环境等方面，提出了促进外资增长的数十条措施。

"国务院的两项通知发布后，配套税收政策纷纷落地，速度之快令人惊

---

① 世界贸易组织（WTO）公布的 2018 年贸易统计数据显示，中国货物贸易进出口总额达到 4.623 万亿美元，连续两年位居世界第一。

② 根据商务部统计数据，2018 年中国服务贸易进出口额达到 5.24 万亿元人民币，同比增长 11.5%，规模再创历史新高。

喜。"毕马威中国税务服务团队的专家说。据介绍，外国投资者再投资递延纳税优惠政策的实施及进一步扩围，彰显了中国进一步吸引外资的力度和决心，旨在通过税收优惠的方式使外资利润更多地留存并投资于中国。该优惠的出台，对有意于进一步投资中国的跨国企业来说，无疑是一项重大利好。这些跨国企业，未来是选择直接投资中国，还是使用传统的包括中国香港、新加坡等在内的境外投资平台将具备更大的灵活性，以实现对其中国利润的汇集和再投资，在实际收回投资前无须提前负担相应的预提所得税。

同时，保税交易对外资企业的吸引力也很大。所谓保税交易，就是企业在符合一定的海关监管要求下，实现进口商品关税、增值税和消费税等进口税费的暂缓缴纳。具体到保税展示交易，指经海关注册登记的海关特殊监管区域内企业，无须缴纳进口环节税费，仅通过提供担保的形式，就可以将进口商品运至特殊监管区域外，进行展示和销售的经营活动。简单地说，就是展示的进口商品如果交易了才缴税，没有交易就暂时不用纳税。"广义来看，在海关特殊监管区域范围内发生的贸易，以及各类特殊海关政策下的保税模式，都属于保税交易。"毕马威中国税务服务主管合伙人卢奕说。

卢奕告诉记者，2014年上海自由贸易试验区率先开展保税展示交易试点，试点成功后，该交易模式在全国的自贸区复制推广。首届进博会后，保税展示交易模式更加趋于常态化，进口商品的交易更加灵活，企业减轻了资金压力，消费者也从中受益。

传统的进口交易中，进口商品需要经过海关进口报关、完税后，才可以进入中国的市场流通。如果销售不畅，这些进口商品就会成为存货，企业需要承担相应的进口关税、消费税和增值税，一定程度上为企业带来资金压力。随着经济全球化的发展，市场开放程度不断扩大，各种保税交易模式应运而生。企业采用保税展示模式进行交易，在零售环节缴纳进口税费即可，极大减少了企业资金占用压力。同时，未销售完的产品还可灵活处理，或退回保税仓，或运至其他地区销售，还可退回海外销售，避免承担不必要的进口税费。更重要的是，企业通过开展保税展示交易获得的成本下降，可以反映到进口商品的市场销售价格中，刺激消费，实现良性循环。

央企应该成为遵从税法的标杆

——国务院国资委《中央企业合规管理指引（试行）》税收要点解读

张 剀

───────────── 阅读提示 ─────────────

财务税收是合规管理中需要重点关注的领域之一。有关专家表示，央企作为共和国长子，应该强化红线意识和底线意识，全面加强税收合规管理，切实履行社会责任，努力成为遵从税法的标杆。

─────────────────────────────────

2018 年 11 月 9 日，国务院国资委在其官方网站发布《中央企业合规管理指引（试行）》（国资发法规〔2018〕106 号，以下简称 106 号文件），要求中央企业在推进全面合规的基础上，突出重点领域、重点环节和重点人员的合规管理，切实防范重大风险发生。其中，财务税收是合规管理中需要重点关注的领域之一。

税收合规纳入央企考核

央企管理人员、高风险岗位人员、境外人员等都属于合规管理的"重点人员"，都需要在制度制定环节、决策环节、运营环节等重点环节履行合规管理的责任。根据 106 号文件规定，"重点人员"将被纳入年度考核，一旦违规还可能被追责。

记者注意到，国家税务总局 2009 年发布《大企业税务风险管理指引（试行）》（国税发〔2009〕90 号，以下简称 90 号文件）后，大企业税收管理部门和专业服务机构一直呼吁，希望大企业能从董事会层面重视税收合规情况，并将其纳入企业相关岗位负责人的年度考核中。106 号文件不仅与此呼吁十分吻合，而且对董事会、监事会、经理层相关负责人或总法律顾问等岗位的合规责任都做了明确规定。

106 号文件要求，央企应加强市场交易、安全环保、产品质量、劳动用工、财务税收、知识产权、商业伙伴和其他领域的合规管理。在财务税收方面，要求央企健全完善财务内部控制体系，严格执行财务事项操作和审批流程，严守财经纪律，强化依法纳税意识，严格遵守税收法律政策。"国务院国资委以正列举的方式，突出了财务税收合规的重要性。"中国大企业税收研究所副所长吴东明说。

90 号文件规定，企业内部控制评价机构应根据企业的整体控制目标，对税务风险管理机制的有效性进行评价。吴东明表示，和 90 号文件相对笼统和"温和"的考核规定相比，106 号文件的考核规定更加系统，也更为严格。

106 号文件指出，央企要加强合规考核评价，并且要把合规经营管理情况纳入对各部门和所属企业负责人的年度综合考核，细化评价指标。同时，要对所属单位和员工合规职责履行情况进行评价，并将结果作为员工考核、干部任用、评先选优等工作的重要依据。另外，106 号文件还强调要强化违规问责，完善违规行为处罚机制，严肃追究违规人员责任。值得注意的是，106 号文件还要求央企设立合规委员会，定期召开会议，研究决定合规管理重大事项或提出意见建议，指导、监督和评价合规管理工作。

"意愿和能力是两码事"

谈到税法遵从，不少央企负责人总是十分"自信"地强调："我们并无偷逃税的主观动机。"但是，从税务稽查部门查处的大量案例看，央企税收不合规的现象并非个案。甚至在增值税发票虚开案中，也时见央企的身影。对此，吴东明表示，税法遵从意愿和税法遵从能力是两码事。就税收合规而言，遵从意愿很重要，遵从能力更加重要。

结合稽查部门和专业服务机构的观点看，在央企的税收不合规行为中，改制重组、资金往来、发放福利等最容易引发税务风险。

"用情和理代替税法，是央企出现税务风险的重要原因之一。"北京智方圆税务师事务所有限公司董事长王冬生告诉记者，央企的集团公司与下级公司，由于在股权关系上是"一家子"，因此在日常管理中，资产无偿划转、资金无偿使用、劳务无偿提供的情况比较普遍。但是，税法是不认可"无偿"的，税法讲究"亲兄弟明算账"——即使关联企业之间无偿划转资产，也应通过视同销售，确认收入，进而产生纳税义务。一些央企恰恰在无偿划转资产过程中忽略了这一点。

案例 1-1

> 央企在发放福利过程中，很容易出现税务风险。税务机关在核查某央企的税前扣除项目时，就发现该企业存在三方面的突出问题：一是将组织职工外出旅游、开展文体活动、购买文体用品等支出计入"管理费用—文体活动费"科目，违规在企业所得税前扣除相关费用；二是自2015 年 1 月开始租用班车接送职工上下班，将班车租车费直接计入了"销售费用—租赁费—汽车租赁费"科目，未按照规定在职工福利费科目核算，也未按规定的限额在税前扣除，而是在汇算清缴时全额做了税前扣除；三是将离退休人员的工资、医药费、房补等费用，通过职工福利费科目在企业所得税前违规列支。根据税法规定，这些支出与收入都没有直接关系，不应在企业所得税税前扣除。

"一些央企出现税务风险，也可能是从众心理作祟。"王冬生说，在实践中，个别央企明明知道该缴哪些税，但是兄弟单位没缴，或者同行业的其他央企没缴，因此也选择了不缴，进而产生税务风险。"106 号文件全面强化央企的合规责任，对改变央企的从众心理，提升央企的税法遵从能力，大有裨益。"王冬生说。

强化合规管理势在必行

看到 106 号文件时，王冬生的第一反应是：强化央企税收合规管理势在必行。在他看来，央企是国有经济发挥主导作用的骨干力量，掌握着国家重要行业和关键领域的资源，一旦违法，对社会的负面影响极大。作为长期研究央企改革的知名专家，中国企业研究院首席研究员李锦也认为："加强企业合规管理已迫在眉睫。"

王冬生告诉记者，近年来，随着央企改革逐步深化，尽管其总体数量在减少，但其经营范围在不断扩大，经济总量在不断增加，由此导致涉税问题越来越复杂，产生涉税风险的概率和金额也不断加大。加上央企的税收问题常常连带着财务、业务和管理等其他方面的问题，一旦出现税务风险，很容易引发其他方面的风险。换句话说，强化税收合规管理，也有助于强化其他方面的合规。

记者采访的多位税务机关负责人表示，央企作为共和国长子，在追求经济效益的同时，应该强化红线意识和底线意识，全面加强包括税收合规在内的合规管理，切实履行社会责任，努力成为遵从税法的标杆。特别是在国家大力推行"放管服"改革的背景下，央企更应按照 106 号文件的规定全面加强内控机制建设，做税收合规的典范。

中汇税务师事务所合伙人孙洋表示，对于税法规定不明确的交易事项，央企更应主动作为，带头与国家有关部门沟通、协调，推动国家税收法律、法规进一步完善。例如，针对集团间企业的资金归集和配置，除了严格意义上通过企业集团或企业集团中的核心企业以及集团所属财务公司进行的统借统贷业务，子公司与子公司之间，子公司和母公司之间，甚至与参股公司之间是否缴纳增值税，各地税务机关的掌握也不尽相同。对于动辄有上百亿元内部资金流转的央企来说，应该积极呼吁，向国家有关部门提出具有可操作性的税收建议。"在税法不明确的情况下，如何借力涉税专业服务机构的力量提高税法遵从能力，是值得央企思考的重要课题。"孙洋说。

"淘金"自贸区：这些税事要弄清

——自贸区税收政策要点解读

李传翠

══════════ 阅读提示 ══════════

自贸区作为制度创新的高地，企业在此发展有许多利好，其中不乏税收利好。对企业而言，落户自贸区，该如何处理税收事项，实现更好的发展？

2018 年 11 月 7 日，国务院印发《关于支持自由贸易试验区深化改革创新若干措施的通知》（国发〔2018〕38 号），再推 53 项措施，支持自贸区发展。从 2013 年上海自由贸易试验区（以下简称自贸区）挂牌至今，中国的自贸区数量已增至 18 个 [①]。

注册 | 选择投资地点，税收不是唯一考虑

"自贸区是国家的试验田，不是地方的自留地；是制度创新的高地，不是优惠政策的洼地；是种苗圃，不是栽盆景"，这三句话形象地概括出了自贸区的特点。

因而，注册环节，选择投资地点，"企业应综合权衡各方面因素，税收优惠是其中一个重要方面，但不能孤立看。"有关专家表示。

"具体而言，设立环节企业应重点考虑政策利好、地理位置、办公室租

---

① 18 个自贸区包括上海、广东、天津、福建、辽宁、浙江、河南、湖北、重庆、四川、陕西、海南、山东、江苏、河北、云南、广西、黑龙江。

金以及经营便利程度等几方面因素的影响。"致同上海主管税务合伙人周自吉表示。

以上海自贸区为例，在税收政策方面，这里其实并没有特殊的税收优惠政策，基本上与我国其他地区的税收政策保持一致。但是，有一个明显的政策利好，就是其对外商投资企业采取"自贸区负面清单"管理措施，该负面清单相较于《外商投资产业指导目录》，缩小了限制类和禁止类行业的范围，允许更多行业的外资企业通过自贸区进入中国市场。同时，各类政府机构以服务区内企业为导向，简化企业经营过程中的登记、备案以及审批流程，给区内企业的设立及经营带来一定程度的便利。

国药控股（中国）融资租赁有限公司总经理陈凯表示："选择在上海自贸区投资创业，看重的就是其良好的营商环境和产业政策导向。"

对于注册环节的注意事项，立信税务师事务所合伙人顾春晓则提醒："企业在注册落户时，务必要先了解清楚自贸区各园区的功能及优惠政策，然后再筹划公司结构、股权比例、人员设置等。"

比如，上海外高桥保税区是酒类、钟表、汽车、工程机械、机床、医疗器械、生物医药、健康产品、化妆品、文化产品十大专业贸易平台所在地，如果企业打算做生物医药进出口，注册在此就比较合适。如果是金融企业，注册在陆家嘴金融贸易区，不仅可以享受自贸区的优惠政策，还能多享受一些服务便利。

案例 1-2

上海的一家融资租赁企业，企业注册资金 5000 万美元，考虑做国际业务，希望注册在自贸区。注册之前，企业在专业服务机构的协助之下，全面比较了各功能区的优惠政策，最后多方权衡，落户在了上海陆家嘴金融贸易区。做出这样的选择，不仅仅因为陆家嘴有上海自贸区针对融资租赁的外汇、税收等优惠政策，更因为这里具备的一些软实力，比如金融公司集聚，容易招聘各类金融人才；有众多一流的公立私立学校，解决了员工后顾之忧等。

在实际管理过程中，税务机关发现，自贸区里普遍存在异地办公企业比较多的状况。

广东自贸区珠海横琴新区片区的统计数据显示，辖区 80% 以上企业注册地址与实际经营地址分离，日常办公地点分布在北京、上海、深圳、香港、澳门等地区。这类企业对电子税务局等远程办税渠道及远程咨询介质依赖程度较高，为此，国家税务总局珠海市横琴新区税务局相关负责人提醒异地办公企业："注册成立时应及时了解税务机关推出的 V-TAX 远程可视办税系统等远程办税平台，积极借助相关平台及时办理涉税业务，避免办税'来回跑'，降低办税成本。"

经营|形式流程都应合法合规，避免涉税风险

在自贸区注册成立后，日常经营环节，企业又应该注意哪些税收元素呢？

"设立在自贸区内的企业，通常会有比较频繁的进出口贸易或者服务交易，因此特别要注意出口退税和对外付汇相关的涉税事项。"周自吉表示。

对于货物类进出口贸易，无论是生产型企业还是贸易型企业都可以申请出口退税。"现在，对出口退税申报事项，税务机关采取事后监管的方式，因此企业在办理出口退税申报时，一定要注意合规性。"周自吉表示。

具体而言，应注意如下几点。

——确保境内原材料、产品采购的增值税发票，或境外采购时的海关申报文件（尤其是海关进口增值税专用缴款书）真实、有效、完整、齐全。

——按时记录与出口货物相关的进项增值税抵扣情况。对于已抵扣但不得抵扣的进项税额，应及时做进项税额转出处理。

——妥善保管所有与货物进出口相关的原始发票、海关申报单证、商业发票、购销合同、收回材料。

需要注意的是，根据规定，出口企业应在次年 4 月 30 日之前完成当年的出口退税申报，除有特别规定外，逾期不得申报出口退税。因此，企业一定要注意及时收集和整理出口退税资料，并按时完成申报工作，避免逾期申报而产生不必要的涉税风险。

对于服务类进出口贸易而言，企业在办理对外付汇时，自贸区税务机关统一采取"先由企业自行核定，再由税务机关事后监察"的管理方式。因而，建议相关企业提前与主管税务机关沟通，审慎评估自身情况，降低后续税务风险，必要时，可以引入专业的涉税服务机构协助。

"合规性"，也是顾春晓提醒自贸区企业注意的。"因为，稍不注意，就会造成不必要的涉税风险。"顾春晓说。

案例 1-3

> 一家大型跨国生产型企业，在自贸区外和上海外高桥保税区都注册有公司，也持有申请来料加工贸易手册。一段时间里，公司从境内自贸区外企业采购了零部件用于来料加工商品，产成品出口到海外母公司，也有一部分用于内销。可是，国内采购的零部件虽然进入了自贸区内企业，实现物理隔离，却没有在特殊监管区域，也未取得仓单或者进出境货物备案清单，导致最后不能证明这些零部件用于出口，不能做出口退税。最终，这家企业只能将采购货物的进项税额都转出，自行承担此笔税金的损失。

"所以，企业处理涉税事项时，必须注意合规性，只有在形式和流程上都做到合法合规，才能真正享受税收优惠政策。"顾春晓说。

除了上述业务层面的注意事项，日常经营中，企业在办税过程中也需注意一些细节。"结合横琴新区片区的实际，企业有两个方面需要特别注意。"横琴新区税务局相关负责人提醒道。

一方面，对于采用总部经济模式的企业而言，大部分企业员工在横琴扣缴个人所得税，但五险一金通常委托劳动事务代理公司在实际办公地点缴纳。发生上述情况的企业，应按照社保的有关规定办理免参保登记业务，但是大部分企业容易忽视在社保方面应履行的职责，导致出现社保逾期等违法记录。

另一方面，为帮助企业防控涉税风险，横琴税务机关已推出涉税风险提示清单，涉及9大税种共163项。因此，企业法定代表人、财务负责人、办税员、代理做账公司，或者其他涉税主要联系人发生变更，或者联系方式发生变更，务必及时向税务机关报备，以免错过涉税风险信息推送，导致涉税违章风险。

"走出去" | 充分用好自贸区优势，行稳致远

自贸区的建立为企业"走出去"打开了一个更加便捷的通道，越来越多的国内企业借助自贸区的新体制、宽松环境，从自贸区启航"走出去"，拓展海外市场，开展海外投资并购业务。

柏斯音乐集团就是其中之一，作为具有完全自主知识产权的民族品牌，该集团在宜昌生产的"长江"品牌钢琴，远销40多个国家和地区，仅旗下宜昌金宝乐器公司每年进出口总额就达6000多万元。

湖北自贸区宜昌片区成立之后，宜昌金宝乐器公司第一个"吃螃蟹"，拿到当地出境加工第一单。

出境加工指我国境内企业将原材料等提供给境外生产企业，再将制成品复运进境，即订单销售"两头在内"，生产环节"中间在外"。别小看出境加工，这可是加工贸易升级版，能充分利用国外优势产能，提升国内制造水平。

"在自贸区里，我们可以享受包括税收优惠在内的多项政策优惠，降低企业成本，从而更有底气拓展海外市场，增加出口份额。"该企业相关负责人表示。

同样的故事发生在安琪酵母，借助自贸区政策红利，公司积极推动"走出去"战略，提速构建海外市场，2017年出口收入突破15亿元。

为让企业的"走出去"之路更便捷、更顺畅，税务机关在服务方面实现了一系列创新。

2015年，上海自贸区率先试点出口退税无纸化管理，出口企业从申报、审核、审批到退税款到账，不再需要提供纸质申报资料，退税周期从原来的约20个工作日，缩减至3～5个工作日，年均节省350多万张纸质资料。

在此基础上，上海税务机关又主动融入上海自贸区管委会主导建设的国际贸易"单一窗口"建设。从2017年起，自贸区出口企业在退税申报时，不需要再逐笔逐项地手工录入信息，退税申报数据在网络上"共享化"采集后，

即可智能配单处理，实现了从申报无纸化向信息免填报的跨越，企业退税突破了时间和空间的限制，经营成本持续降低。据统计，截至目前，上海自贸区已有 6054 户企业通过"单一窗口"完成申报，退免税额 205 亿元。

此外，为解决向外轮配送商品与进项发票难匹配进而影响退税进度的难题，上海税务机关还专门研究开发了"亚太营运商出口退税服务系统"。"有了这个系统，我们的退税效率提高了。现在，公司已将总部搬迁至上海自贸区，这里成为我们的重点发展区域。"润通航运服务有限公司 CEO 黄福宇介绍说。

一系列贸易便利化措施，为自贸区企业"走出去"搭建了良好的平台。统计显示，五年来，上海自贸区累计新注册企业 5.7 万家，新设企业数是前 20 年同一区域企业数的 1.6 倍，累计办结境外投资项目超过 2200 个。

值得注意的是，企业"走出去"过程中，商业模式要变，组织形态要变，会涉及一系列的税务问题，受制于本身专业税务知识的缺乏或者对于国际税法的不熟悉，很容易产生涉税风险。因此，顾春晓建议，自贸区企业在"走出去"过程中，"一方面，要注意和主管税务机关保持良好沟通，积极获取相关服务和支持，充分利用好自贸区优势；另一方面，可以请专业的涉税服务机构全程介入，在纳税人税收信息不断透明化的当下，进行合法合规的税务筹划，为企业合法稳健经营提供保障"。

【延伸阅读】

税收优惠政策　不同自贸区各有侧重

邹　胜

2013 年 9 月 29 日，我国第一个自贸区——上海自贸区挂牌成立；2015 年 4 月 21 日，广东、天津、福建自贸区挂牌成立；2017 年 4 月 1 日，辽宁、浙江、河南、湖北、重庆、四川、陕西 7 个自贸区挂牌成立；2018 年 4 月 13 日，党中央决定支持海南全岛建设海南自贸区，由此中国自贸区"1+3+7+1"的格局正式形成。

现有自贸区主要税收政策分为投资税收政策和贸易税收政策两类。其中，投资税收政策主要有境外所得税收政策和股权激励个人所得税收政策两类；贸易税收政策主要有融资租赁税收政策，生产、加工货物内销税收政策，机器、设备进口税收政策，启运港退税政策以及境外旅客购物离境退税政策等类别。

具体到12个自贸区而言，按照自贸区税收政策可复制可推广的改革思路，目前上海已经出台的自贸区税收政策，大多都已复制到其他自贸区，部分在全国进行推广，成为典型性税收政策。此外，由于历史、区位等因素，各自贸区又有一些非典型性税收政策。

在非典型税收政策方面，上海作为第一个自贸区，其地方优惠政策基本在自贸区中有一定的延续；重庆、四川、陕西自贸区作为西部自贸区，结合西部区域政策，其自贸区政策主要是对符合要求的企业可享受西部大开发的战略，企业所得税按15%的税率征收；广东、福建自贸区在部分经济业务上有税收优惠；天津、辽宁、浙江、河南、湖北自贸区地方优惠政策主要是扶持特色行业发展，并对自贸区中符合要求的企业实行政策补贴、奖励等；海南自贸区因设立时间不长，地方特色税收优惠政策有待进一步的文件更新。

重庆 四川 陕西

◎对西部地区内资鼓励类产业、外商投资鼓励类产业及优势产业的项目在投资总额内进口的自用设备，在政策规定范围内免征关税。

◎自2011年1月1日～2020年12月31日，对设在西部地区的鼓励类产业企业减按15%的税率征收企业所得税。这类企业指设在西部地区，以《西部地区鼓励类产业目录》中规定的产业项目为主营业务，且其当年度主营业务收入占企业收入总额70%以上的企业。

广东

◎内地销往横琴、平潭与生产有关的货物，视同出口，实行增值税和消费税退税政策。

◎横琴、平潭各自的区内企业之间销售其在本区内的货物，免征增值税和消费税。

◎对设在横琴新区、平潭综合实验区和前海深港现代服务业合作区的鼓励类产业企业减按 15% 的税率征收企业所得税。

◎广东省人民政府根据《国务院关于横琴开发有关政策的批复》（国函〔2011〕85号）有关规定，分别按不超过内地与港、澳地区个人所得税负差额，给予在横琴新区工作的香港、澳门居民的补贴，免征个人所得税。

◎对融资租赁企业、金融租赁公司及其设立的项目子公司，以融资租赁方式租赁给境外承租人且租赁期限在 5 年（含）以上，并向海关报关后实际离境的货物，试行增值税、消费税出口退税政策。

福建

◎对从境外进入平潭与生产有关的部分货物实行备案管理，给予免税。

◎对从境外进入平潭与生产有关的部分货物实行备案管理，给予保税。

◎福建省人民政府按不超过内地与台湾地区个人所得税负差额，给予在平潭综合实验区工作的台湾居民的补贴，免征个人所得税。

海南

◎离岛旅客免税购物政策：自 2018 年 12 月 1 日起，将离岛旅客（包括岛内居民旅客）每人每年累计免税购物限额增加到 30000 元，不限次。增加部分家用医疗器械商品，在离岛免税商品清单中增加视力训练仪、助听器、矫形固定器械、家用呼吸支持设备（非生命支持），每人每次限购 2 件。（作者：中汇四川税务师事务所合伙人）

大湾区税收协调：有多少改变值得期待

——《粤港澳大湾区发展规划纲要》税收要点解读

崔荣春

━━━━━━━━━━━ 阅读提示 ━━━━━━━━━━━

2019 年 2 月 18 日，中共中央、国务院印发了《粤港澳大湾区发展规划纲要》。尽管没有直接提到"税"字，但其字里行间，都可以看到税收的影子。特别是建设国际科技创新中心、加快基础设施互联互通、构建具有国际竞争力的现代产业体系、紧密合作共同参与"一带一路"建设等章节，都与企业的跨区域投资经营密不可分，自然也与税收息息相关。

基于《粤港澳大湾区发展规划纲要》确定的目标和"一国两制三关税区"的实际，粤港澳大湾区存在诸多税收协调事项。本文采访了中山大学粤港澳发展研究院·穗港澳区域发展研究所所长张光南、安永香港税务与商务咨询合伙人郑杰燊、德勤咨询（香港）有限公司税务及商务咨询合伙人杨力和澳门大学亚太经济与管理研究所研究员汪清阳，通过粤港澳三地税收专家"隔空对话"，共同探讨大湾区建设中税收协调的思路与建议，供拟投资大湾区的企业参考。

政策层面：按区际税收协调原则实现突破

记者：粤港澳三地存在不同的税制环境，在税收政策协调方面，可对现有税收规定作出哪些适当的调整？

张光南：粤港澳三地在税制结构和所得税、关税等代表性税种的设置方面存在显著差异。粤港澳三地的税收政策协调，最受大众关注的应该是个人所得税。

中国香港、中国澳门作为国际自由港，与中国内地相比，港澳个人所得税税制具有"起征点"高、税率低、免税额多的特点。因此，税收成本成为港澳居民到珠三角工作的重要考量因素。随着粤港澳大湾区建设的提速，现行"港人港税、澳人澳税"优惠政策的适用范围，可考虑逐步扩大，先扩展到珠三角所有认定的港澳人才，条件成熟后再扩展到珠三角所有港澳居民。此外，中国内地今年实施的个税新政增加了六项专项附加扣除，珠三角可考虑在专项扣除方面，与免税额较高的中国香港接轨，并探索实施以家庭为单位征缴个税，以减轻在珠三角工作的港澳居民的税负[①]。

结合粤港澳大湾区打造国际科技创新中心的目标，企业方面的税收协调重点应该是为大湾区科技创新发展营造更好的税收环境。建议在珠三角率先探索将创业投资、天使投资税收优惠政策的适用对象，扩大到港澳居民在港澳地区注册成立的企业；针对大湾区内重点发展的电子信息、新材料、生物医药等高新技术产业的港澳企业，建议给予延长免税期、降低税率等税收优惠；放宽港澳和珠三角之间的科研材料、科研设备进出口的原产地原则，逐步实现大湾区内科研要素通关零关税；对大湾区内高新技术企业的出口给予关税减免或补贴，对大湾区内个人进行高新技术产业相关服务贸易的所得，给予减免税优惠。

郑杰燊：粤港澳大湾区是一个跨制度的创新。要发挥大湾区的最大效益，包括人才、货物、服务、融资、技术在内各方面的流通，至关重要。特别是在货物流通方面，大湾区现在涉及不同的关税制度，令货物流通变得复杂，如果可以把大湾区设计成为免关税湾区，对于大湾区的贸易发展将会有基本

---

① 2019 年 6 月 22 日，广东省财政厅发布《关于贯彻落实粤港澳大湾区个人所得税优惠政策的通知》，明确对在大湾区工作的境外高端人才和紧缺人才，其在珠三角九市缴纳的个人所得税已缴税额超过其按应纳税所得额的 15% 计算的税额部分，由珠三角九市人民政府给予财政补贴，该补贴免征个人所得税。

性的刺激作用。同时，随着企业在大湾区的业务越来越一体化，港澳和内地的税制差异以及对常设机构的定义需要重新检视，以免除一家企业在不同地方营运而面对重复征税的问题。

杨力：基于"一国两制三关税区"的实际，粤港澳大湾区存在诸多税收政策协调事项，在跨境事项方面表现得尤为明显。在提供更加优惠和便利的税收政策方面，视不同的事项可以考虑不同的协调方式，例如：通过中国内地和中国香港、中国澳门的双边税收安排，进一步明确和放宽相关事项；中国内地可制定单方面法律法规，给予符合条件的中国香港、中国澳门的企业和个人更加优惠的税收政策；粤港澳三地税务机关针对跨区域税务事项，可实行更加便利的征管措施和事前约定机制；3月初召开的粤港澳大湾区建设小组会议建议（有待中国内地颁布后续的法规），对于《个人所得税法》中"183天"的计算方法，港澳人士在一天内在中国内地停留不足24小时的，这一天将不计入该港澳人士在中国内地的居住天数①，这些都是从中国内地方面考虑可以提供的税收优惠，将有助于区域人员进一步融合。

汪清阳：粤港澳三地之间的关系，构建于"一个国家、两种制度"框架下。粤港澳三地的税收协调安排，是一种区际税收协调关系，而不是协定协调关系，不必拘泥于国际税收协定的一般方法。

结合区际税收协调的一般原理和粤港澳三地资本流动的具体特征，有必要设置简易判断规则，供纳税人选择适用。比如，在自然人税务居民身份判断上采用回乡证或特区护照规则；在协作服务、研发或制造上采用利润分配5：5规则。

需要注意的是，港澳在其税收制度方面遵循简易征收的指导原则，更侧重地域管辖权。涉及跨境管辖权分配的具体指引方面，部分存在缺位，有待进一步完善，比如中国澳门至今仍未有关于常设机构判断的指引。规则或指引的不明，会使得跨境企业难以有效适用税收协调所带来的优惠待遇。

---

① 《账务部 税务总局关于在中国境内无住所的个人居住时间判定标准的公告》（财政部 税务总局公告 2019 年第 34 号）已明确：在中国境内停留的当天不足 24 小时的，不计入中国境内居住天数。

服务层面：打破涉税事项属地办理的限制

记者：粤港澳三地税务机关在完善纳税服务，提升跨区域经营纳税人的纳税便利度方面，可采取哪些合作举措？

张光南：我认为，可以充分利用"互联网+"、大数据等技术优势，推进珠三角电子税务局建设，在条件成熟后扩展到整个粤港澳大湾区，实现税务信息统一管理，打破纳税人涉税事项属地办理的限制，进一步提高办税便利度与办税效率。

同时，应该建立完善的征信制度，改革征收模式。中国香港已经形成了比较完整的信用服务体系，珠三角九市可以学习借鉴中国香港先进的管理经验和模式，整合珠三角九市市场监管、公安、社保、税务和海关等系统信息，实现个人和企业信用信息统一收集和系统共享。

郑杰燊：因为粤港澳三地税制差异相当大，所以全面的税收宣传和辅导是非常重要的。建议设计一个互动性强的手机应用程序，让纳税人可以随时随地查阅粤港澳三地的税务信息，理解正确的纳税知识。还可以通过机器人在应用程序中和纳税人互动，解决纳税人遇到的具体问题。同时，粤港澳三地税务机关可以成立工作小组，与纳税人通过电话和会面的形式，解决跨区域税务问题。

待粤港澳大湾区后续的新税收政策出台后，粤港澳三地税务机关可以举办座谈会，介绍税收政策内容，回答纳税人对政策的疑问，为纳税人提供与税务机关直接互动的机会。

杨力：粤港澳三地税务机关可以在信息方面考虑更多的共享机制，提升纳税人的纳税便利度。例如，中国香港公司在广东省内多地投资，这些子公司对外支付股息时，如果中国香港母公司希望享受5%的预提所得税优惠税率，可以指定其中一家广东省的子公司，作为其中国香港居民身份证的递交和预提所得税优惠税率的申请者，广东省税务机关可以共享有关申请资料，在情况一致的前提下，减少可能的重复资料递交和由于涉及广东省内不同地方的税务机关可能带来的不确定性。

在税务风险较高的关联交易以及重大交易（如集团内部重组交易、股权间接转让）方面，可构建事前沟通和约定机制，给纳税人跨区经营提供便利的条件和相对确定的税务预期。

汪清阳：我认为，有必要确立粤港澳三方税收规则或计算方法的认证规则。比如，目前横琴在个税方面实行"港人港税、澳人澳税"，超额的可以财政返还，但该返还还需港澳具有资格的会计师确认中国香港工薪税、中国澳门职业税的税额。其实，中国澳门财政局已有关于职业税计算的模拟计算器，中国内地税务机关和中国澳门财政部门互认该模拟计算器计算结果的正当性，可以便利纳税人获取相应退税。

下一步，还应构建粤港澳三地税务机关对接会议机制。一些复杂的粤港澳三地交易或架构设计，税务待遇的不确定性使得企业投资甚为谨慎。可以试行由纳税人提请召开粤港澳三地税务机关对接会议，针对企业投资安排作税务方面的预先裁判，以便利重大投资项目的落地。同时，粤港澳三地税务机关，应该积极引导涉税专业服务机构提升服务能力，尽可能为跨区域经营的企业提供"一站式"服务。

合规层面：实现统一协调前注意法规差异

记者：实现粤港澳三地税收协调尚待时日，对于粤港澳三地企业来说，在实现统一协调前，在实操层面应该注意哪些问题呢？

张光南：粤港澳大湾区的发展，有助于国际化、法治化、市场化税收秩序和营商环境的建设，这为企业"走出去"参与国际合作提供了便利条件。同时，港澳丰富的国际化专业人才，有助于帮助跨境企业解决税收争议等问题。

由于粤港澳三地间税收差别大，且短期内很难实现协调一致，企业在一段时间内可能会面临重复征税的问题。加之人才流动、生产要素跨境流动都会受税收影响，也会给企业带来间接的影响。

郑杰燊：企业可以密切留意大湾区相关税收优惠并加以使用，详细规划其供应链所在地，将有利于实现税务效率最大化和最优化。对企业来说，要掌握粤港澳三地税制的差异并不容易。同时，对粤港澳三地不同的税务机关工作方式、不同类型的申报表、不同的申报责任和流程，企业都需要花时间和人力、物力去适应和处理。

杨力：粤港澳大湾区内不同区域有其独特的法制背景，因此，无论是人才、货物还是资金的流通，都需要充分考虑相关税务、海关以及外汇管理、人才管理的不同法律要求和合规成本。从税收政策和征收管理的角度看，粤港澳三地税制在立法原则、实施方式以及税务监管方面均有一定差异，企业需要在合规方面充分了解粤港澳三地的具体法律规定和要求，并遵循粤港澳三地的税收法规。此外，在防范税基侵蚀和利润转移国际税改新形势下，粤港澳三地税务机关在关联交易、跨境交易以及反避税方面的税收监管上都有所加强，分别有各自的特别关注事项，如果不了解粤港澳三地的税收规定以及征管要求，企业在税务合规方面将存在较大风险。在此等情况下，企业有必要寻求富有经验的专业机构的意见支持。

汪清阳：粤港澳大湾区的建设，为粤港澳三地企业提供了更为广阔的发展空间，相互之间分工协作的伙伴关系更为密切。这使得企业不仅需要注意自身税务合规遵循工作，还需要注意合作伙伴的税务遵循工作。比如，如果中国澳门企业向内地企业支付服务费，需要该内地企业在中国澳门设立营业税登记。

从某种角度上看，粤港澳三地税务协调使得企业的应税金额及纳税成本大为下降，但同时要求企业从系统性、协作化的角度去考虑税务遵循工作，其中包含了税务资料提供、居民身份证明、代扣代缴事项及税务登记事项。

征管层面：以技术创新推进税收管理创新

记者：粤港澳三地在加强税收征管、提升跨区域税务风险监控能力方面，如何开展跨境协作？

张光南：我认为，应该以技术创新推进税收管理创新，提高税收征管效率。探索利用"互联网+"、大数据进行税务分析，通过对比分析纳税相关数据，有效识别和预测偷逃税行为。同时，随着国家对外开放程度的不断提高，急需更多国际税收人才，在大湾区探索专业人才"负面清单"，有助于吸引国际税收专业人才。

郑杰燊：粤港澳大湾区税收征管，必须做到既广且深。为加强税收征管，粤港澳三地税务机关要加强定期沟通、信息交换，采用数字化技术开展稽查。建议粤港澳三地税务机关定期沟通，识别最新的跨境跨区偷逃税手法，制定适当措施，鼓励企业依法申报。大湾区内跨税制交易频繁，充分的信息交换能够使税务机关针对个案加速掌握企业实际情况，数字化技术则可使税务稽查更客观、更高效，使得税务人员将时间更好地分配到法规专业判断和提供更到位的纳税服务上。

汪清阳：粤港澳三地在资金、人员、货物、服务等方面的高度协作，使得企业更易实现跨境税基侵蚀和利润转移。防范不当的税基侵蚀，要求粤港澳三地税务机关具备充实的税收情报获取能力，以避免在课征关系中单方处于信息不对称的地位。

过往，中国内地一方请求三项情报交换，港澳方通常提供的是一般信息——这些交换过来的信息对税务机关的判断作用并不大。未来，粤港澳三地可以通过共享互联网端口的方式，共享除个人资讯保密法案所保护的资讯外的一般性公司税务信息及个人税务信息，比如纳税人在当地的纳税评级、有无聘用员工的社保供款、纳税登记及登记变更等基础信息，以供粤港澳三地税务机关在反避税工作中作基础甄别。待企业被确认为可疑或高风险主体时，再启动专项情报交换，以获取深层次的资讯。

抓住减税机遇，布局中国投资

——全球视角下中国改革开放税收政策解读

崔荣春

阅读提示

　　中国推出的新一轮更大规模减税降费举措，受到了广泛关注。荷兰国际财税文献局、税务高管协会等国际税务组织的专家表示，中国减税降费举措与《外商投资法》出台形成的协同叠加效应，向世界表明了中国政府进一步扩大对外开放的诚心和持续优化营商环境的决心。专家建议外资企业，应抓住新机遇，加快布局在中国的投资。

　　中国 2019 年减税降费规模达到 2 万亿元，可谓力度空前。这对国有企业和民营企业是重大利好，对享受"国民待遇"的众多在华外商投资企业来说，同样是一份来自春天的大礼。

减税降费：中国给世界一个惊喜

　　记者在采访中发现，中国远超预期的减税降费力度和速度，不仅赢得了国际投资者和外国企业赞誉，而且受到了一些国际组织和涉税专业服务机构的高度评价。

　　荷兰国际财税文献局（IBFD）资深研究员马世奇虽然常年在荷兰工作，但对中国税收改革非常关注。他告诉记者，从全球范围看，更多地利用税收手段调节经济政策，已成为一种趋势。为了促进和配合经济发展，全球各国都不同程度地实行减税。在此背景下，中国今年以来持续实施的一系列减税降费政策，将为在华投资和拟来华投资的外国投资者，带来比以往更大的政策红利。这将在不同程度上增加外资企业在中国的税后利润——而这，正是外资企业乐意看到的结果。

在毕马威中国税务服务主管合伙人卢奕看来，此次政府工作报告提出的减税措施，普惠性和结构性并举，意图在市场活动的各个环节发挥减税效应。作为中国第一大税种，增值税税负的降低，将为外资企业降低在华运营成本提供机会，从而进一步提高其在华投资和研发的能力。致同（北京）税务师事务所税务咨询总监张俪也认为，减税降费政策的实施，将吸引更多境外从事高端制造的企业来华投资，也有助于促使跨国企业将研发中心转移至中国。

记者了解到，我国近年来出台了多项改善营商环境的税收政策，吸引更多高质量的外资投资中国。比如，境外投资者利润再投资递延纳税政策，对在中国获得利润寻求再投资目标的外国企业，提供了切实的税收优惠；又如，延长高新技术企业和科技型中小企业亏损结转年限至 10 年，有助于鼓励外资投资中国的高新技术领域；再如，取消企业委托境外研发费用加计扣除的限制，提高所有企业研发费用加计扣除比例至 75% 等措施，激励包括外资在内的所有企业加大研发投入，推动资产升级，支持技术创新。"此次减税措施，再次为外商来华投资释放了非常积极的信号，有助于鼓励外资企业扎根中国。"卢奕表示。

1944 年成立于美国的税务高管协会，在全球有 8000 多个来自微软、宝洁等跨国公司的会员。该协会亚太区副总裁兼中国事务总裁吴东明，一直密切关注全球税制改革趋势。他告诉记者，中国目前推出减税降费的措施，对世界而言是一个惊喜，对中国而言也是及时而且必要的。

除了出台税收优惠政策，中国在法律保障和投资便利等方面为外资企业赋予更多机遇。毕马威中国转让定价服务主管合伙人王晓悦表示，自 2020 年1 月 1 日起施行的《外商投资法》，被普遍视为中国外商投资管理体制的一次根本性变革，有助提高投资环境的开放度、透明度和可预期性。这与减税政策的效应叠加在一起，无疑对外资企业来华投资更具有吸引力。

对此，中瑞税务集团波士顿办公室中国税务合伙人方欣评价，《外商投资法》极大地增强了中国市场对于外资的吸引力。她分析，财税、贸易、投资等多领域新举措的效应叠加，将进一步释放中国经济的活力与潜力，相信中国将成为全球最具吸引力的外商投资目的地。马世奇则认为，时间将证明，外商在中国的投资从长远上来看应是一项正确的选择。

中国大企业税收研究所首席研究员张巍表示，税收政策从来都是经济发展的燃点。随着一系列减税降费措施的逐步落地，改革的红利会像激越的潮头涌向改革开放的"关键点"，从而以点带面，最终实现经济的全面发展。加上中国全面深化改革、扩大开放的承诺和决心，必将给外资更多的机会，使中国市场更具全球吸引力。

合规管税：寻求最大的减税效益

采访中，多位专家建议，在华外资企业要充分利用国家给予的减税政策，同时重点关注税务合规管理工作，降低税务风险，求得最大的减税效益。"就像浪漫的法国人到了德国也必须要严谨些一样，外资企业需要在中国税法的合规性上多下功夫。"税务高管协会亚太区副总裁兼中国事务总裁吴东明形象地说。

IBFD资深研究员马世奇表示，税务变化，特别是减税，会给企业带来新的利润增长机遇，外资企业首要的是抓住机会，用好减税政策，并不断跟踪中国税收和国际税收的发展变化。在实际操作中，马世奇建议，外资企业要厘清自己可以享受哪些优惠，需要满足哪些条件。如不能满足优惠条件，在不影响企业运作的情况下，可以考虑适当的调整，以满足相应的条件，避免无法享受税收优惠的风险。

马世奇提醒外资企业，争取到中国的税收优惠后，还要考虑国际税收问题。如在中国缴纳的所得税，一般情况下可以在外商投资者的居民国抵免。在特定的情况下，如相关税收协定没有税收饶让条款，居民国将中国子公司分配的股息或分支机构分配的利润在本国纳入应税所得课税，外商投资者尽管可在中国享受到优惠，但因在其他国家纳税或得不到减免，就有可能得不到优惠的实际好处。

在减税的同时，外资企业也会遇到一些新的税务"挑战"。马世奇分析，企业不但需要时间学习和了解新的税收规定，而且需要时间变更财务系统来适应税务上的变化。如增值税税率的变化要求改变发票系统，个人所得税增加专项附加扣除要求代扣代缴人在扣缴系统中考虑各项扣除功能等。同时，企业若不注意实际操作方面的事项，也会影响享受税收优惠的最终效果。因此，外资企业应在人事和财务上给予适当的支持，以便及时适应和享受减税新政策。

中瑞税务集团波士顿办公室中国税务合伙人方欣建议外资企业，认真学习并分析减税降费政策对业务流程的影响，关注后续施行细则或指南的动态，了解是否存在一定的政策调整过渡期以及具体的遵从要求，避免由于税务不遵从带来潜在的税务风险。

实操层面上，方欣建议企业，应根据中国税收政策的变化，调整具体的内控及经营方案，包括调整税务及相关流程，快速完成业务、财务系统和申报接口的修改、测试工作；调整销售定价策略及流程，预估和分析可抵扣进项税额的减少带来购买方的成本增加是否在可接受范围内，并考虑是否进行价格调整谈判；调整采购流程，对采购合同交易价格进行重新制定，避免商品和服务提供者适用增值税税率大幅下降，而带来采购方进项税额减少、采购成本大幅增加的情形；梳理合同条款，再次明确合同价格含税或不含税，且对于后续可能发生的增值税税率变化，提前做好相关的合同条款安排，以避免合同条款界定不清情况下，因合同强制履行带来的税务风险；做好发票开具和取得衔接管理，合规开具增值税发票。

毕马威中国转让定价服务主管合伙人王晓悦表示，实践中，跨国企业往往通过全球架构搭建和价值链管理实现全球利润的最大化。在当前全球加强税收管理、国际社会对BEPS（税基侵蚀和利润转移）高度关注的大背景下，在华投资跨国企业在搭建架构和制定转让定价政策方面，要充分考虑中国的税收规定，包括享受税收协定待遇，遵守中国的转让定价政策，履行集团内关联交易申报的义务，依法申报境外间接转让在中国产生的纳税义务等。

　　中瑞税务集团总裁魏斌提醒企业，应关注全球视角的合规性，包括关注缴纳的税款是否符合国际标准、是否符合 BEPS 的要求，关注是否存在通过变相分配利润、规避预提所得税的情形等，防范被税务机关反避税调查调整的风险。方欣则表示，在实际执行交易过程中，跨国企业应建立和维护相关的内部流程，增强关联交易的风险与合规意识，驱动集团内部的利益相关者，共同形成一套适用于企业自身的机制，并在交易的筹划阶段就充分考虑税务合规义务。

税收优惠多，"双创"企业借力远行

——"大众创业，万众创新"税收政策解读

崔荣春

阅读提示

根据国家税务总局统计，截至 2019 年底，我国针对创业就业主要环节和关键领域陆续推出了 89 项税收优惠措施，尤其是 2013 年以来，新出台了 78 项税收优惠，覆盖企业整个生命周期。有关专家提醒"双创"企业，在利用一揽子税收优惠跑出创新速度的同时，也要日益关注税务合规的重要性，并把建立和完善税务风险内控机制，作为重要的工作目标。

一系列"双创"税收政策，正持续激发企业创新创业创造的澎湃动能。

调查显示：三项税收优惠最受青睐

高新技术企业、研发费用加计扣除、小微企业三项税收优惠政策，受到企业普遍关注，其中，高新技术企业税收优惠以 61.43% 的"得票率"位居榜首。

2019 年 6 月，中国税务报社推出面向"双创"企业的一项问卷调查（以下如无特别说明，调查数据皆源于此）。收回的 400 多份有效问卷显示，高新技术企业税收优惠、研发费用加计扣除优惠、小微企业税收优惠名列关注榜单前三位，占比分别为 61.43%、61.18% 和 59.21%。

以往要素低成本投入、外需拉动、粗放发展的模式，正在被创新发展逐渐替代。而在企业创新发展的过程中，税收是重要的支持力量。截至 2019 年

6月，我国针对创业就业主要环节和关键领域陆续推出了89项税收优惠措施，尤其是2013年以来，新出台了78项税收优惠，覆盖企业整个生命周期，涉及增值税、企业所得税、个人所得税等多个税种，惠及广泛的市场主体。

创业创新加速跑，享受优惠掀热潮。自2008年起，高新技术企业税收优惠就在全国范围内实行，取得高新技术企业资格的企业可以享受15%的企业所得税优惠税率。"真金白银"的支持，极大地激发了企业的创新热情。目前，专注于大数据技术研发的北京木瓜移动科技股份有限公司，正积极备战科创板。该公司财务副总监沈蓓介绍，公司自2015年起获得了国家高新技术企业资格，适用15%的企业所得税优惠税率，近3年累计享受该项税收优惠逾1500万元。"这让企业更加愿意在创新方面加大投入。"沈蓓说。

研发费用加计扣除，更加坚定了许多企业创业创新的信心。

案例 1-4

北京航天宏图信息技术股份有限公司，研发出了完全自主可控的国产卫星遥感处理软件。作为北京市海淀区软件企业、国家高新技术企业，该公司享受到一系列减税红利。其中，2016～2018年，公司研发费用加计扣除额共计5500多万元，相应减免税款800多万元。航天宏图财务总监王军表示，企业将把节约的税款投入国产卫星遥感软件及相关行业产品的研发中，为企业发展、为国家遥感产业的发展作出贡献。

创新无止境，减税政策也逐年加码。2018年，国家进一步加大研发费用加计扣除力度，允许企业委托境外发生的研发费用纳入加计扣除范围，并将科技型中小企业研发费用按75%加计扣除的政策推广至所有企业；2019年，国家将小微企业普惠性减税政策作为更大规模减税降费的"先手棋"，帮无数创客走稳创业之路，助千万企业培育创新之苗。

减税政策的多层叠加，让不同行业、不同类型的企业都能找到适合自身创业创新的税收支持。仅2019年1～4月，各项支持"双创"税收优惠政策共计减税超过3900亿元，同比增长56.8%，其中今年新增政策减税约680亿元。

调查显示，92.88% 的企业对今年更大规模的减税降费政策积极点赞，超半数企业有明显的获得感。有了省下的资金，就有了进一步创新的底气。57.25% 的企业表示将把减下来的税费投入研发，46.68% 的企业将用于引进高端人才，进一步培育自主创新能力。

税收支持创新的成果，已经开始显现。公开信息显示，2018 年，全国高新技术企业达 18.1 万家，技术合同成交额超过 1.7 万亿元；6500 多家众创空间服务创业团队 40 万家，创业就业人数超过 140 万人……2019 年全国"大众创业，万众创新"活动周各大会场的主题展上，龙芯、光子芯片等多款具有自主知识产权的芯片集中亮相，呈现了一场科技创新"嘉年华"，吸引了众多目光。

当下重点：对症施策确保优惠落袋

53.81% 的企业认为，如何准确适用税收优惠政策、办理相关手续，是其实际操作中拿不准的突出事项。

多样化的"双创"税收优惠下，具体的适用和操作规定不尽相同，再加上跨税种的税收优惠，确实让企业有些"眼花缭乱"。实践中，就有企业因不确定自身是否符合优惠条件、不清楚具体申办流程，从而错失享受税收优惠的机会。调查显示，53.81% 的企业将准确适用税收优惠作为企业的"头等大事"。超过 40% 的企业表示，未能准确适用税收优惠的主要原因，是对政策的具体规定、优惠的办理手续和流程掌握不到位。

调查同时显示，58.48% 的企业解决上述问题的主要渠道是向税务机关咨询。而税务机关也不断通过开展各类税收优惠研讨会、论坛、讲座、培训等，为企业提供便利的咨询服务。国家税务总局北京市海淀区税务局副局长李建军说，为了更好地帮助企业享受减税政策，该局推出了"汇算来了系列视频""曹老师小课堂"等各种智能、便利的宣传载体，保证企业多渠道获得最新税收资讯，了解最新税收优惠内容及办理流程。

研发费用加计扣除，在"双创"企业看来，是含金量最足的一项优惠，而正确享受该项优惠的前提是——规范的备案资料和规范的费用归集。如何做到这一点，是企业面临的"老问题"。调查显示，45.7%的企业对研发费用的判定、归集和核算"拿不准"。

对此，安永（上海）税务师事务所有限公司税务总监陈川舟建议，企业要提升对自身研发活动的熟悉度，掌握研发活动与非研发活动的界限，明确分摊依据，准确把握费用性质，健全研发费用核算的原始证据链，并通过文档有效说明研发属性。同时加强财务部门与研发部门的合作，建立协同机制，从而正确掌握研发费用的归集范围，准确进行账务处理。

在北京明税律师事务所高级合伙人施志群看来，准确适用研发费用加计扣除优惠，前提是要准确把握"三个差异"，即加计扣除研发费用和高新技术企业研发费用的差异、加计扣除资料和高新技术企业资料的差异、会计核算和税前扣除的差异，并注意资本化与费用化的不同处理方式。

调查显示，虽然仅有15.48%的"双创"企业搭建了VIE（协议控制模式）架构，或发生过跨境税收业务，但对于相关的诸多国际税收事项，如跨境关联交易的税务合规、跨境架构的搭建与调整、国际税收政策等，均表示有"高度的关注"。"'双创'企业一旦搭建了境外控股架构，就可以着手在全球配置研发价值链。"税智俱乐部创始人赵卫刚表示。

在具体操作中，赵卫刚建议企业，可综合分析各国创新税收制度，通过满足相关条件，实现全球节税最大化。

案例1-5

中国企业在英国设立子公司开展研发活动，通过转让专利所有权给中国境内集团成员公司的方式取得收入，则该子公司有可能同时享受研发税收抵免优惠以及专利盒制度下10%的低税率。如果该英国子公司接受中国境内集团成员公司委托研发，境内企业在可能享受研发费用加计扣除的同时，若满足高新技术企业、软件和集成电路产业企业等税收优惠条件，将可同时享受上述优惠。

对于涉及境外业务，甚至已经有境外机构的"双创"企业而言，跨境税收规划成为一大难点。陈川舟提醒企业，不能仅从单个项目去把控，而应从整个研发活动的生命周期去思考，从调研分析、研究开发、方案设计阶段，到实验测试、成果验证等阶段，结合研发流程的持续管理和整体商业经营环境等进行综合考量。同时，企业要对各国税收法规具备敏锐的洞察力，及时对既定的税收安排作出合规的调整。

未来目标：建立税务风险内控制度

62.41% 的企业表示，将建立和完善税务风险内控制度、做好税务合规，列入未来重点工作事项。

调查显示，近六成企业高度重视税务管理，在初创期顶层设计方案中便将其纳入考量；62.41% 的企业将建立健全税务风险内控制度、做好税务合规，列入未来重点工作事项。在北京木瓜移动科技股份有限公司财务副总监沈蓓看来，纳税行为和相关事项的合规性，是企业的立足之本。作为"双创"企业而言，即便短期内不能建立完善的税务风险内控机制，也要时刻紧绷合规这根弦。

"税务规划的合规性，是首要之举。"北京中翰联合税务师事务所合伙人王骏认为，很多"双创"企业在起步阶段都会引入税务规划，此时应关注规划是否具有合理的商业目的，是否遵循国家税收政策的基本原则。在经营决策和日常经营活动中，企业应充分考虑税收因素的影响，对可以计量的税收因素建立模型进行合理测算，保证纳税遵从。同时加强基础工作管理，保证日常纳税申报、税款缴纳、税务登记、发票管理、税务资料报备等事项符合税法规定，防范"差之毫厘，谬以千里"的税务风险。

思想是行动的先导。王骏提醒企业练好思想上的"内功"，将诚信合规经营作为企业的基本理念。依法纳税是合规经营的重要组成部分，企业管理层应将防控税务风险作为合规经营的重要内容，增强管理团队和员工的税务风险管理意识，促进企业内部管理与外部监管的有效互动。

安永（上海）税务师事务所有限公司税务总监陈川舟表示，随着简政放权的推进、留存备查制度的实施，企业构建风险控制体系的必要性日益凸显。

企业可从企业和项目两级维度入手，构建风险管理机制与体系，防范税务合规风险。企业层面上，预先准备好各项备查资料、说明文档、会计凭证等，针对税务合规事项成立专门的质量复核与风险控制小组，运行完备有效的税务合规性复核流程。项目层面上，重点把握项目的质量控制流程，划分管理团队和执行团队，分别负责项目的尽职管理和有效执行。

陈川舟说，只有从多层次、多维度出发，在项目的合规性把控上下足功夫，"双创"企业才能更全面、有效地建立风险控制系统，做好税务合规工作，平稳地应对后续各项税务核查。

北京明税律师事务所高级合伙人施志群表示，我国行业性优惠多种多样，其中研发费用加计扣除节税力度可观，还可叠加适用。企业应结合经营实际，选择最适合自身的优惠，按照各优惠政策的要求，提前做好税务规划。处于初创期的"双创"企业，尤其应注重财税管理，加强政策学习，完善内部控制流程。

税智俱乐部创始人赵卫刚同时提醒，在全球配置研发价值链的"双创"企业发生各种跨境交易时，一定要做到境内和境外的税务合规，包括合规准备和报送国别报告、转让定价同期文档等。此外，集团内成员企业之间的交易定价要符合独立交易原则，避免因转让定价调查和调整带来的各项税务风险。

混改未动，税收先行考量

——国有企业混合所有制改革税收政策要点解读

覃韦英曌　李雨柔

阅读提示

随着国有企业改革的不断推进，中央企业和地方国有企业混改，或成为国有企业改革的新趋势。有关专家建议相关企业，应提前考量混改过程中可能涉及的税收因素，预先作出周到安排，顺利推进混改进程。

2019年5月17日，国家发改委召开主题新闻发布会，会上国家发改委新闻发言人孟玮表示，国务院国有企业改革领导小组召开第二次会议，审议通过了国有企业混合所有制改革第四批试点名单。国企混改中如何合规处理好相关涉税事项，再次受到企业关注。

最新趋势：央企和地方国企参与混改

● 根据国务院国有企业改革领导小组发布的国有企业混改第四批试点名单，第四批试点企业共160家，包括中央企业系统107家，地方国有企业53家，资产规模总量超2.5万亿元。

案例 1-6

> 2019 年 6 月初，马鞍山钢铁股份有限公司（以下简称马钢股份）发布公告称，公司实际控制人由安徽省人民政府国有资产监督管理委员会（以下简称安徽省国资委）变更为国务院国有资产监督管理委员会（以下简称国务院国资委）。

公告显示，马钢股份的直接控股股东为马钢（集团）控股有限公司（以下简称马钢集团），马钢集团由安徽省国资委 100% 全资控股。中国宝武钢铁集团有限公司（以下简称中国宝武）是国务院国资委全资控股公司。2019 年 5 月 31 日，安徽省国资委与中国宝武签署股权无偿划转协议，划转其持有的马钢集团 51% 股份。本次划转完成后，马钢股份直接控股股东不变，但是中国宝武将通过马钢集团，间接实现对马钢股份的控制。

这一次变更，正是新一轮国有企业混合所有制改革（以下简称混改）背景下的一个典型案例。

2019 年 5 月，国务院国有企业改革领导小组通过了国有企业混改第四批试点名单。从名单来看，第四批试点企业共 160 家，包括中央企业系统 107 家，地方国有企业 53 家，资产规模总量超 2.5 万亿元。本批混改企业涉及行业领域范围较广，既有传统制造业企业，也有互联网、新能源、新材料和节能环保等战略性新兴产业企业。有专家指出，通过无偿划转股权方式，将地方国有企业并入中央企业，转移地方国有企业控制权，有助于实现资源融合共享，着力解决资源分散、主业不突出、同质化竞争、资产负债率过高和资金链紧张等问题。

记者整理公开资料后发现，前三批混改共涉及近 50 家国有企业，其中在第三批试点名单中才首次出现地方国有企业的身影。本批混改国有企业数量有 160 家之多，超过前三批混改企业总数的 3 倍。同时，前三批混改企业主要集中在电信、电力和军工等重要领域。本批混改扩大了行业范围，一些战略性新兴产业的国有企业也被纳入。2019 年上半年，多个地方国有上市公司发布实际控制人变更提示性公告，存在公司实际控制人由地方国资委变更为国务院国资委的可能。

记者调查：涉税事项未引起足够重视

● 有关专家表示，是否对一笔交易收益征收税款，要根据经济行为的性质进行综合判断，不能因为资产（股权）最终归属没有发生变化，就认为不需要缴纳税款。

中央企业和地方国有企业的混改，并不是签一纸协议这么简单，需要解决的问题很多。其中之一，就是相关的税收问题。记者通过多个省级税务机关了解到，涉及中央企业和地方国有企业混改的当地国有企业，对税收问题普遍关注度不高。"我们最近也做了调研，一些参与混改的国有企业普遍反馈说还没有认真考虑过税收问题。"一位省局大企业税收服务和管理局负责人说。

记者调查过程中发现，一些已经启动混改的地方国有企业，在很有可能发生资产（股权）无偿划转的情况下，企业财税部门对交易事项的涉税处理和可能存在的税务风险考量不足，企业决策层也没有充分考虑其中的税收问题。无偿划出资产（股权）的企业认为，该项业务没有产生相应收入，通常也不会主动去缴纳税款。企业往往在面临高额税收成本时，才意识到处理好税收事项的重要性。

不少地方国有企业认为，新一轮国有企业混改过程中，资产（股权）只是从地方国资委转移至国务院国资委，归根结底还是国家财产。既然是国家财产，缴税与否并不重要。对此，有关专家表示，是否对一笔交易收益征收税款，要根据经济行为的性质进行综合判断，不能因为资产（股权）最终归属没有发生变化，就认为不需要缴纳税款。"这种观念必须要改变，否则会对混改本身带来很多障碍，甚至会因税务风险，推迟或终止混改进程。"有关专家说。

长期研究资本市场税收问题的税务专家姜新录建议，在国有资产（股权）无偿划转过程中，包括国资委、税务机关、划转双方企业在内的相关单位，可以建立税收问题研究机制和协调机制，在资产（股权）划转前，对其中的税收问题进行充分的研究、论证，尽量在现行税收政策框架内作出决策。中汇（四川）税务师事务所合伙人邹胜提醒，交易双方应在是否纳税、由谁纳税和如何纳税等问题上事先研究并达成共识，妥善保存相关交易资料。对于可以享受税收优惠政策的交易事项，尤其要留存交易资料备查，避免后期出现纳税争议。

有关专家表示，混改过程中，新公司的部门设置、人员安排都会发生不小的变化，两家公司的财务团队也将率先面临重新整合。在这种情况下，整合后的财务团队对企业混改前的业务往来、申报数据、欠税数据来源和金额等情况，可能并不十分清楚。为了更好地推进工作，建议成立由财务负责人、律师和税务师组成的专案小组，统筹负责混改过程中的涉税事宜，及时就各类涉税事项进行集中研究，并与税务机关进行沟通和协调，及时、高效地防控好税务风险。

专家提醒：享受优惠应注意前提条件

● 值得企业注意的是，在现行的税收政策框架下，没有专门针对中央企业之间或中央企业和地方国有企业之间无偿划转的税收优惠。换句话说，要想享受税收优惠，必须符合现有相关政策的条件，不能"想当然"。

中央企业和地方国有企业的混改，往往会涉及资产（股权）无偿划转，进而涉及税收优惠的享受问题。

实际上，中央企业和地方国有企业间无偿划转资产（股权），会涉及企业所得税、增值税和印花税等多个税种。如果划转的资产为土地或者不动产，还会涉及土地增值税和契税。值得企业注意的是，在现行的税收政策框架下，没有专门针对中央企业之间或中央企业和地方国有企业之间无偿划转的税收优惠。换句话说，要想享受税收优惠，必须符合现有相关政策的条件，不能"想当然"。

为了鼓励企业并购重组，降低重组过程中的税务成本，国家先后发布了《财政部 国家税务总局关于促进企业重组有关企业所得税处理问题的通知》（财税〔2014〕109号，以下简称109号文件）和《国家税务总局关于资产（股权）划转企业所得税征管问题的公告》（国家税务总局公告2015年第40号），符合条件的资产（股权）划转行为，可以适用特殊性税务处理。划出方企业和划入方企业均不确认所得，划入方企业可以按照被划转资产（股权）的原账面净值确定其计税基础。

但是，由于国务院国资委和地方国资委都不是法人企业，即使是其100%控股的企业间发生的资产（股权）无偿划转行为，也不能适用109号文件规定的特殊性税务处理政策。邹胜告诉记者，严格来说，中央企业和地方国有企业之间发生的资产（股权）无偿划转行为，难以匹配现行特殊性税务处理的要求。

除此之外，契税的税收优惠适用也可能存在税务风险。北京明税律师事务所高级合伙人施志群介绍，如果划转资产涉及不动产，企业可能面临契税纳税义务。尽管《财政部、税务总局关于继续支持企业事业单位改制重组有关契税政策的通知》（财税〔2018〕17号）中对企业资产划转过程中的契税问题给予了一定的优惠，但这些优惠有一定的限定条件——承受县级以上人民政府或国有资产管理部门按规定进行行政性调整、划转国有土地、房屋权属的单位，或同一投资主体内部所属企业之间土地、房屋权属的划转行为，方能适用免征契税的优惠。"中央企业与地方国有企业之间资产划转如果不能严格满足上述条件，在适用上述契税优惠时可能存在一定障碍。"施志群说。

增值税方面可能存在的税务风险，也应当引起国有企业的重视。根据《国家税务总局关于纳税人资产重组有关增值税问题的公告》（国家税务总局公告2011年第13号）和《营业税改征增值税试点有关事项的规定》，符合条件的资产重组行为，涉及货物、不动产和土地使用权的转让，不征收增值税。但是，值得企业注意的是，上述文件并未提到，金融商品和其他无形资产的转让也属于不征税范围。因此，重组过程中，涉及相关资产转让行为时，一定要注意是否构成增值税纳税义务，以避免引发不必要的争议。

采访中，不少国有企业反映，中央企业和地方国有企业无偿划转资产（股权）过程中，标的金额较高。但由于是无偿划转，交易中并无纳税必要资金，在无法适用特殊性税务处理的情况下，企业需要负担的税务成本很高。对此，中汇税务集团全国技术总监、合伙人赵国庆表示，中央企业和地方国有企业间发生的资产（股权）无偿划转，需经过国资委的严格审核，其商业目的的合理性能够得以保证。因此，有必要给予此类交易模式明确的税收优惠政策支持，以推动国有企业混改进一步走向深入。

（参与本文采写的还有：郑国勇、郭煌、刘皓凡）

城投公司 IPO：哪些税务事项最需关注

——国务院《关于推进国家级经济技术开发区创新提升打造改革开放新高地的意见》税收要点解读

阚歆旸　虞立教　姜　楠

阅读提示

2019年5月28日，国务院发布《关于推进国家级经济技术开发区创新提升打造改革开放新高地的意见》（国发〔2019〕11号）。《意见》指出："积极支持符合条件的国家级经开区开发建设主体申请首次公开发行股票并上市。"专家建议，城投公司申请首次公开募股（IPO），需要重点关注三方面税务事项。

城市建设投资公司（以下简称城投公司）是经济技术开发区的主要开发建设主体。专家建议，城投公司申请首次公开募股（IPO），需要重点关注三方面税务事项：历史遗留税务问题是否处理得当，上市前的重组整合是否用足用好税收政策，关联交易是否遵守独立交易原则。

遗留问题：全面开展税务评估

城投公司迎来政策红利和发展机会，但在其IPO之前，还有一段路要走。

首要涉税事项之一，就是解决其自身历史遗留的税务问题。

毕马威中国政府咨询服务合伙人喻莺表示，城投公司作为地方政府的投资融资平台，与一般的投资公司相比，具有政府背景、法人独立身份以及业务模式公益性的特点，承担了建设高速公路等城市公共基础设施、土地一级开发、改造棚户区等任务。

中汇税务师事务所合伙人孙洋向记者介绍了城投公司的发展历程：分税制改革后，地方政府财权、事权不匹配，收支难以平衡，加之当时预算法规定，地方政府不得举借债务，不得发行政府债券，在此双重背景下，城投公司应运而生，成为地方政府融资的主要平台。2008 年，在国际金融危机形势下，中央实行大规模经济刺激计划，城投公司数量以及发债数量迅速扩张；自 2010 年开始，国家出台了一系列政策，规范地方政府投融资平台的管理，越来越多的城投公司走上转型之路，企业性质更加明显。

正是在转型过程中，城投公司的历史遗留税务问题逐渐浮出水面。孙洋介绍，实务中，城投公司存在的历史遗留税务问题通常包括：未足额缴纳税款、部分经营业务少缴税款、未及时关注税收优惠政策的变化、纳税申报不合规等。

"开展全面且必要的税务评估，解决好历史遗留的税务问题，是城投公司上市前最需关注的问题。"毕马威中国税务合伙人陈亚丽表示。

在陈亚丽看来，目前城投公司除土地开发、基础设施建设等传统业务板块外，还开辟了清洁能源、资产经营、医疗环保等业务板块，丰富的业务类型、复杂的业务模式，使得城投公司的税务处理较为复杂。对此，陈亚丽提醒，城投公司上市之前，评估企业是否及时、足额缴纳了经营业务的全部税种，十分必要。同时，还需评估不同类型的业务适用的税种、税率、计税基础、纳税义务时点、减免税待遇等是否合规处理。

案例 1–7

杭州萧山城市建设投资集团有限公司（以下简称萧山城投）的日常税务管理，就值得其他城投公司借鉴。萧山城投财务审计部经理俞明亚表示，加强日常税务管理，防范上市前遗留的涉税问题，对城投公司来说十分必要。虽然公司目前没有上市的打算，但他们十分关注税务管理工作。萧山城投按照不同的业务板块，设立了基础设施建设、绿色能源、资产管理、清洁直运以及交通开发等全资子公司。萧山城投旗下各子公司，每月进行内部纳税合规性评估，对照各自的主营业务，确认是否足额纳税、是否满足享受税收优惠的各种条件，并在每月 15 日之前，将评估结果反馈到总部。收到评估结果后，总部会组织相关人员评估反馈结果。

制定方案：用好重组税收优惠

毕马威中国审计合伙人高松介绍，城投公司在国家级经开区建设过程中发挥着关键作用的同时，通常具有资产规模大、资产负债率高、盈利能力不足、依赖政府补贴等问题，上市过程中存在不小的障碍。国发〔2019〕11 号文件提出支持城投公司进行资产重组、股权结构调整优化，无疑为城投公司的上市之路增添了新动力。

"近年来，国家出台了一系列支持企业并购重组的财税政策，城投公司上市前，应用足、用好相关税收优惠，降低重组阶段的税务成本。"长期研究资本市场税收问题的姜新录表示。

姜新录向记者介绍，自 2015 年起，财政部、国家税务总局先后出台了一系列支持企业并购重组的财税政策，包括资产或股权划转企业所得税政策、非货币性资产投资企业所得税政策以及企业改制重组中土地增值税及契税支持政策，加之 2009 年出台的企业重组业务企业所得税处理政策，我国的并购重组税务规则基本得以完善。企业符合条件的重组行为，可以享受暂不征收或免征企业所得税、土地增值税及契税等政策。

城投公司上市前，一般会涉及重设股权架构、剥离不良资产、注入优质资产、进行股份制改造等操作。姜新录提醒城投公司，在进行各阶段交易活动时，需要关注税收政策的适用条件。

在重设股权架构阶段，城投公司大多会运用股权转让、股权收购、股权无偿划转等方式，此时，应关注股权交易能否适用特殊性税务处理的要求，如能满足，交易的税务成本将大大降低。如果符合《财政部 国家税务总局关于企业重组业务企业所得税处理若干问题的通知》（财税〔2009〕59号，以下简称59号文件）规定的特殊性税务处理条件，股权转让方可以暂不确认股权转让所得；如果符合《财政部 国家税务总局关于促进企业重组有关企业所得税处理问题的通知》（财税〔2014〕109号，以下简称109号文件）规定的股权无偿划转，也可以适用特殊性税务处理，股权划出方企业与划入方企业均不确认所得。

在剥离不良资产、注入优质资产阶段，城投公司可能会运用资产划转、资产出售、资产收购以及非货币性资产投资等并购重组工具。这一阶段主要涉及两方面税收优惠，一方面，城投公司在重组中如果符合109号文件或59号文件规定的，可以适用特殊性税务处理，暂不确认相关资产转让所得；另一方面，重组过程中涉及非货币性资产投资的，若符合《财政部 国家税务总局关于非货币性资产投资企业所得税政策问题的通知》（财税〔2014〕116号）的规定，则企业以非货币性资产对外投资确认的非货币性资产转让所得，可在不超过5年期限内，分期均匀计入相应年度的应纳税所得额。

姜新录同时提醒城投公司，在进行股份制改造时，需要考虑资产评估增值的影响，一般来说，相关资产的计税基础要坚持历史成本原则。

鉴于城投公司上市前系列操作的标的金额都很大，姜新录建议，城投公司应重视交易安排中的税收因素，准确适用税收政策，在上市前做好税收成本的测算工作。同时，须综合考虑各税种相关事项的处理要求和规定，不能顾此失彼。对税收政策不明确但符合税法原理的事项，应积极争取税务机关的事先裁定。

此外，陈亚丽提醒城投公司，在设计重组方案以及享受税收优惠时，应当关注必要的程序性要求，履行必要的审批、备案手续，留存备查相关资料，防范不能充分享受税收优惠的风险。

关联交易：注重独立交易原则

关联交易，一向是上市公司监管部门的重点关注事项。毕马威中国转让定价总监刘佳佳表示，城投公司 IPO，须做好关联交易的信息披露，关联交易应符合独立交易原则。

据了解，关联交易一般包括资金借贷、有形产品购销、无形资产转让、提供劳务以及股权转让等类型。作为城市投资集团，城投公司内部各子公司间涉及较多的关联交易。与一般集团公司相比，城投公司承担着较多的基础设施建设工作，资金占用量很大，集团内部子公司间的资金借贷业务较多。实务中，城投集团普遍存在这样一种情形：一些子公司具有公路工程、市政公用总承包等基础设施建设资质，但不承接具体建设施工任务或只进行施工过程管理，另一些子公司具体承接建设施工任务，但不具有资质，同时还存在一些跨地域、人员、技术的整合等考虑因素。"关联公司间进行联合招投标、分包合作，是城投集团关联交易的一种常见类型，需要妥善定价。"刘佳佳说。

刘佳佳提醒城投公司，不管是哪种关联交易类型，都必须严格遵循独立交易原则。如果企业的关联交易不符合独立交易原则，税务机关有权要求企业自查或进行调查调整。整个调查流程耗时耗力，涉及金额巨大。同时，不合规的关联交易也会引起证券监管部门的持续关注。据了解，云南城投就被上海证券交易所下发了年报问询函，要求补充披露十余个问题，其中就涉及 2018 年的股权交易合理性问题。

实务中，城投公司的境内关联交易如果涉及所得税负差，且未能根据功能、风险和利润相匹配的原则进行合理定价，就可能存在被纳税调整的风险。

案例 1-8

甲、乙两公司为某城投公司的全资子公司，甲公司为高新技术企业，适用 15% 的企业所得税税率；乙公司为一般建筑企业，适用 25% 的企业所得税税率。由于存在税率差，城投集团为少缴税款，通过人为调整使更多利润流向低税率企业，如甲公司为乙公司提供的技术咨询服务，市场上独立第三方的定价为 100 万元，但为了整体税负的考虑，该服务被定价为 150 万元。类似交易价格不公允的情况，不符合独立交易原则，会给企业带来巨大的税务风险。

如何做好关联交易的管理？刘佳佳建议城投公司，针对集团不同类型业务的下属公司，结合各自的运营和职能，梳理集团全价值链，进行具体分析。在优化安排价值链过程时，可在满足商业运营需求的前提下，将核心的增值活动、风险和利润安排至实际税负率较低的核心企业，提升集团的整体税务效益，优化现金流，降低对外融资需求。

目前，设立集中采购中心，已成为很多房地产开发集团普遍的做法。"集采中心通过集中有效的供应链管理降低采购价格，通过统筹集团内项目公司的账期解决资金问题，这个做法值得城投公司借鉴。"刘佳佳表示。

临港新片区：税收配套政策有何看点

阙歆旸

阅读提示

《中国（上海）自由贸易试验区临港新片区总体方案》明确，设立中国（上海）自由贸易试验区临港新片区，以投资自由、贸易自由、资金自由、运输自由、人员从业自由等为重点，推进投资贸易自由化便利化，在更深层次、更宽领域、以更大力度推进全方位高水平开放。值得注意的是，方案提出要实施具有国际竞争力的税收制度和政策，专家提醒，相关企业应进一步关注。

2019年8月6日，国务院印发《中国（上海）自由贸易试验区临港新片区总体方案》（以下简称《方案》），将上海大治河以南、金汇港以东以及小洋山岛、浦东国际机场南侧区域设置为新片区。也就是说，临港新片区与原有上海外高桥保税区、洋山保税港区等4个海关特殊监管区域，共同组成了上海自贸区。采访中，不少专家表示，对比上海自贸区其他区域，临港新片区开放再跨一大步，税收优惠也进一步扩容。

2013年9月，国务院印发的《中国（上海）自由贸易试验区总体方案》提出，实施促进投资的税收政策。注册在试验区内的企业或个人股东，因非货币性资产对外投资等资产重组行为而产生的资产评估增值部分，可在不超过5年期限内，分期缴纳所得税。对试验区内企业以股份或出资比例等股权形式给予企业高端人才和紧缺人才的奖励，实行已在中关村等地区试点的股权激励个人所得税分期纳税政策。同时提出实施促进贸易的税收政策。

2013年11月，财政部、国家税务总局发布的《关于中国（上海）自由贸易试验区内企业以非货币性资产对外投资等资产重组行为有关企业所得税资产问题的通知》（财税〔2013〕91号）规定，注册在试验区内的企业，因非货币性资产对外投资等资产重组行为产生资产评估增值，据此确认的非货币性资产转让所得，可在不超过5年期限内，分期均匀计入相应年度的应纳税所得额，按规定计算缴纳企业所得税。

毕马威合伙人杨洁分析，相比之下，《方案》提出的税收优惠，涵盖企业所得税、个人所得税、增值税等多个税种，优惠范围更广，力度更大。杨洁认为，服务出口增值税政策范围扩大，将推动临港新片区离岸服务经济的进一步发展；设立之日起5年内减按15%的企业所得税税率优惠，更将成为对企业极具吸引力的精准鼓励，关键领域与近期热点话题科创板的重点行业，亦不谋而合；个人所得税差额补贴的探索，也是吸引更多境外高端人才在临港新片区安家创业的有效措施。

在不少企业看来，临港新片区企业可减按15%的税率缴纳企业所得税，是一个"重磅优惠"。《方案》提出，对临港新片区内符合条件的从事集成电路、人工智能、生物医药、民用航空等关键领域核心环节生产研发的企业，自设立之日起5年内减按15%的税率征收企业所得税。对此，中汇税务师事务所副总裁孙洋表示，这是上海自贸区自成立以来，区内企业首次可享受的税率优惠。同时，该优惠聚焦集成电路、人工智能、生物医药、民用航空等关键领域核心环节生产研发企业，更加有利于企业节约税金、提高自主研发能力，从而推动区内经济、关键领域产业发展。

《方案》关于引进人才的税收优惠，也是企业和税收专家热议的重点。自今年3月粤港澳大湾区陆续推出人才激励政策以来，长三角一带的企业便开始积极等待政府发布相关人才激励政策。立信税务师事务所合伙人顾春晓表示，3年后外籍个人所得税免税优惠将到期。在此背景下，为了更好地吸引外籍人才，《方案》提出，要研究实施境外人才个人所得税税负差额补贴政策，将有效增加临港新片区对境外人才的吸引力。

值得关注的是，《方案》还提出，要实施高度开放的国际运输管理规定，在确保有效监管、风险可控前提下，对境内制造船舶在"中国洋山港"登记从事国际运输的，视同出口，给予出口退税。对此，ABB 集团间接税负责人彭飞表示，这条规定对国内造船业和相关配套设备制造和服务是个利好。目前，ABB 集团有一部分业务就是生产船舶的涡轮增压和轮船螺旋桨系统。根据《方案》规定的退税政策，ABB 集团的国际竞争力将得到进一步提升。

推荐阅读

关键领域企业 将"赢在起跑线"	作为海关特殊监管区 有何共性与特性	密切关注 "人才"认定标准

借力税收重整，企业再获新生

——《加快完善市场主体退出制度改革方案》税收要点解读

崔荣春 覃韦英曌

阅读提示

"僵尸企业"的出清和盘活，是国家推进供给侧结构性改革的重要突破口。对陷入财务困境但仍具有经营价值和再生希望的部分"僵尸企业"来说，破产重整是最好的盘活手段。专家表示，国家已经明确对"僵尸企业"发出了"出清令"，而税收政策在支持企业重整方面已经铺平了道路。相关企业应借力税收优惠政策，做好整体税务规划，实现"涅槃重生"。

2019 年 6 月 22 日，国家发改委、最高人民法院等 13 部门联合印发《加快完善市场主体退出制度改革方案》，提出推动国有"僵尸企业"破产退出，倡导积极重建的破产重整理念，充分利用破产重整制度促进企业重组重生，激发市场主体竞争活力，推动经济高质量发展。

涅槃重生，税收支持政策涉及面广

记者调查发现，按照国家相关部门的要求，"僵尸企业"通过破产重整、债务重组、兼并重组等方式寻求"新生"的过程中，税收支持政策涉及面较广，作用不容小觑。

顾名思义，"僵尸企业"指那些丧失自我发展能力、债务负担较重、需要依赖政府补贴或银行续贷维持经营的企业，主要集中在一些产能过剩行业。

尽管这些企业不产生效益，却依然占有土地、资本、劳动力等要素资源，严重妨碍了新技术、新产业等新动能的成长。近年来，党中央、国务院把处置"僵尸企业"作为重要抓手，大力破除无效供给，推动化解过剩产能，相关工作一直在持续推进。根据2019年3月的公开数据，超过1900户"僵尸企业"和特困企业得到了有效处置和出清。

"僵尸企业"一般债务规模庞大，但偿债资源较少，很大一部分债务需要债权人豁免，因此将形成大规模的债务重组所得，企业有可能承受较重的税收负担。同时，很多"僵尸企业"存在账务不规范等诸多历史遗留问题，税务风险较高，从而增加了重整的难度。

据北京智方圆税务师事务所董事长王冬生介绍，目前，并购重组相关税收优惠不仅涉及税种多，所涵盖的重组类型也相对全面，包括法律形式改变、债务重组、股权收购、资产收购、合并、分立、划转等。这些税收规定有利于消除企业重组过程中遇到的税收障碍，保障重组正常进行。在重整过程中，尤其是研究重整方案环节，"僵尸企业"及当事各方，应充分考虑涉税问题，制定充分享受税收优惠、降低税收成本的方案。

不同的重组方式，对应的税收优惠政策也不同。金杜律师事务所税务合伙人段桃建议，"僵尸企业"应综合考虑自身情况及债权人的需求，选择恰当的重整方案。以债务重组为例，债务重组通常包括以非货币资产清偿债务和债转股方式。以非货币资产清偿债务，应当分解为转让相关非货币性资产和按非货币性资产公允价值清偿债务两项业务。

其中，转让非货币性资产，若满足将资产及其相关联的债权、负债和劳动力一并转让，其中涉及的货物、不动产、土地使用权转让可以享受不征收增值税的政策。按非货币性资产公允价值清偿债务时，债务人获得的债务豁免应确认为债务重组所得，满足一定条件，可以享受企业所得税5年分期纳税的优惠。

此外，债权人承受破产企业抵偿债务的土地、房屋权属，还可适用免征契税的优惠。而对通过债转股方式化解债务的，如果满足合理商业目的且债权人在重组后12个月内不转让股权，暂不确认有关债权清偿所得或损失。

国家税务总局浙江省税务局公职律师、中国人民大学破产法研究中心研究员徐战成建议"僵尸企业"，可重点利用好三方面税收支持政策，即企业所得税分期纳税和递延纳税的特殊性税务处理，资产重组不征增值税及留抵税额结转抵扣，改制重组暂不征收土地增值税。"破产重整企业在利用上述税收政策、降低税收成本时，要注重与债权人、税务机关和收购方达成共识，方能妥善享受优惠。"徐战成表示。

值得注意的是，国家税务总局在给全国人大代表建议的答复中表示，将针对当前亟须解决的"僵尸企业"处置中遇到的税收问题，出台相关政策措施，为企业破产重整成功、恢复正常经营营造良好的税收环境。

税收先行，制定合规周密重整方案

尽管有不少税收优惠支持政策，但活生生的实践表明，破产重整过程中，忽视税务风险的"僵尸企业"不在少数。

山东省日照市破产法学研究会会长郑世杰告诉记者，他曾研究了40多家破产重整企业的重整方案，发现大部分破产重整方案竟然没有进行重整税务安排，许多方案甚至没有任何涉税条款。"其中的原因有很多，主要还是因为管理人、投资人对重整业务的税收因素关注不够，涉税知识了解不足，也没有税务规划的概念。"郑世杰说。

据郑世杰介绍，在破产重整过程中，投资人、重整企业最大的愿望就是大规模"削债"，无削债就无重整。山东省近几年有多家债务总额超过 300 亿元的破产企业，都是破产重整先行，削债额超过 200 亿元的就有不少。重整收益的税收问题，作为显露在外的重整后高比例税负，却被重组参与者忽视了。

案例 1–9

一家破产企业负债 440 亿元，经管理人委托审计评估，确定净资产 30 亿元，引进投资人 40 亿元资金破产重整。也就是说，投资人投入 40 亿元买壳，接收到 30 亿元的资产，破产企业实际削债 400 亿元。根据《企业所得税法》及其实施条例等税收政策的规定，依法免除的债务属"确实无法偿付的应付款项"，应确认为债务重组所得，征收企业所得税，对于符合条件的企业债务重组，债务重组所得可以在 5 个纳税年度期间内递延纳税。因此，本案例中，如果不考虑弥补前 5 年形成的亏损，投资人就要按照税法规定，在 5 年纳税年度内缴纳共计 100 亿元（400 亿元 ×25%）的企业所得税。

"制定重整方案，一定要税收先行。"郑世杰提醒企业，制定重整方案不考虑税收规划，计算重整成本不关注税收因素，带来的后果将是十分严重的。北京智方圆税务师事务所董事长王冬生表示，"僵尸企业"如果要寻求"新生"，必须依法设计重整方案，依法起草董事会决议和合同协议，依法进行账务处理，依法留存备查资料等，只有整体税务规划的每个环节都合法，才可以规避重整过程中的税务风险，充分享受优惠政策。

金杜律师事务所税务合伙人段桃告诉记者，在破产重整过程中，不同的重组方式和业务处理，如债务重组、处置非生产经营所必需的资产以及转让国有土地使用权等，会涉及不同税种的申报缴纳，企业应准确判定不同应税项目。同时，同一重组业务的当事各方，应采取一致税务处理原则，即统一按一般性或特殊性税务处理所得税事项。作为债务重组主导方的债务人，不但要履行协调各方、牵头申报的义务，而且在相关条件发生变化时，还有义务及时通知税务机关。

尤其需要企业注意的是，不能想当然核销历史欠税。国家税务总局对全国人大代表建议的答复中明确，由于破产重整企业并未依法注销，因此不符合对欠缴税款和滞纳金进行核销的条件。不仅如此，税务机关的核销行为属于内部管理措施，并不产生免除企业补缴欠税及滞纳金的法律效果。对此，段桃建议，"僵尸企业"应将重整方案与税务规划有机结合，充分适用税收优惠政策，并寻求税务机关的支持，减少不必要的税务支出，及时防控税务风险。

抓住机会，重建新生企业纳税信用

信用就是生产力，信用就是软实力。随着纳税信用体系建设的不断推进，纳税信用成为企业参与市场竞争的重要资产。通过重整获得"新生"的"僵尸企业"，不仅拥有了脱胎换骨后的崭新"机体"，而且迎来了难得的纳税信用重建的机会。

国家税务总局秀山土家族苗族自治县税务局副局长、公职律师罗显峰，一直关注重整企业的纳税信用问题。他告诉记者，"僵尸企业"在信用修复机制支持下重整成功，继而重新成为盈利企业的案例，在实务中并不少见。庄吉集团有限公司（以下简称庄吉集团）就是这样的典型企业。

案例 1-10

庄吉集团主营服装销售，一直经营良好，庄吉服装已成为温州知名服装品牌。但因盲目扩张，集团投资了并不熟悉的造船行业，不但投资血本无归，更引发银行信用危机，旗下 4 家公司陆续向温州市中级人民法院申请破产重整。其重整计划通过后，庄吉集团对重整企业进行了包括纳税信用在内的信用修复，使得集团旗下公司隔断了历史不良征信记录，为重整企业营造了良好的经营环境。基于此，庄吉集团的服装品牌得以保留和发展，并在重整成功后的第一个年度"华丽转身"，成为当地第一民营企业纳税大户。

值得注意的是，从制度层面看，近年来随着各地破产审判规模越来越大，破产案件越来越多，实务中关于重整企业信用修复问题越发突出——虽然司法解释、指导意见、会议纪要不断颁布，但很少涉及重整企业信用问题，现有法律已无法完全满足破产实务的发展需要。

国家税务总局浙江省税务局公职律师、中国人民大学破产法研究中心研究员徐战成表示，"僵尸企业"重整成功后，虽然保留了外壳，但由于经历了涅槃重生，相当于新生企业。如果仍然延续重整程序前的纳税信用记录，尤其是部分企业曾被纳入了黑名单，将不利于重整企业后续的生产经营。"完善对破产重整企业纳税信用管理，是完善企业破产重整制度的配套需求，也是破产企业重整后，降低不良影响，恢复正常生产和经营的迫切需要。"金杜律师事务所破产重组部合伙人王乐说。

2019 年 6 月，国家发改委、最高人民法院等 13 个部门联合印发的《加快完善市场主体退出制度改革方案》提出，要完善信用记录与信用修复机制，使重整成功的企业不再被纳入金融、税务、市场监管、司法等系统的黑名单，实现企业信用重建。

"加强纳税信用管理，关键是要把工作做在平时，爱惜羽毛。"罗显峰说，企业应注重提高管理层、财务人员的税收法律素养，聘请税务律师作为企业的法律顾问，加强税收政策学习和更新；要加强财务、税务工作的内控建设，提高税务事项处理的合规性，定期聘请专业机构进行审计，发现问题及时纠正和总结；如果遇到税务稽查、评估、反避税事项，应在法律顾问的指导下做好应对工作，如实提供业务资料，完整陈述事实，保持良好沟通，尽量减轻处理处罚结果。

记者了解到，近年来，税务系统持续完善纳税信用管理机制，研究完善相关制度，以积极支持破产重整企业修复信用。随着我国征信制度的不断完善，企业信用资产的不断积累，"僵尸企业"必将会迎来更多的发展机遇。

投资健康产业：找准享受优惠窍门

——税收视角解读《健康中国行动》

李雨柔

━━━━━━━━ 阅读提示 ━━━━━━━━

国务院 2019 年 7 月印发了《健康中国行动（2019 ～ 2030 年）》，行动计划共分为 15 项，涉及新药研发、营养保健食品、心理健康、保险、健康咨询、养老地产和智慧医疗等多个健康产业，蕴含巨大商机。特别是新药研发行业、养老地产行业以及智慧医疗行业，颇受投资者青睐。税收专家提醒，健康产业的热门投资领域，税收优惠比较集中，建议企业投资之前，应该做好前期的研究，最大限度地享受到税收优惠带来的利好。

《健康中国行动（2019 ～ 2030 年）》涉及的新药研发行业、养老地产行业以及智慧医疗行业，税收优惠比较集中。从税收视角看，用好这些优惠，是提升投资利润率水平的关键点之一。

研发新药：税收优惠多，适合自己最重要

《健康中国行动（2019 ～ 2030）》（以下简称《健康中国行动》）第 11 项行动计划至第 15 项行动计划，都是关于重大疾病的防治行动，包括对心脑血管疾病、癌症、慢性呼吸系统疾病、糖尿病、传染病及地方病的防治。防治重大疾病，离不开新药的研究和创制。

近年来，越来越多的人受到心脑血管疾病、癌症和慢性呼吸系统疾病等

重大疾病的困扰。目前，治疗这些疾病的特效药多为进口药或是仿制药。这些药品价格昂贵的同时，极易受国际形势变化的影响。随着健康中国行动的推进，减少对进口特效药物的依赖是大势所趋。为此，国家不断出台利好政策，激发国内企业新药研发的积极性。不久前新修订的药品管理法中，明确国家鼓励研究和创制新药。

不久前，记者参观国内某知名新药研发企业时，该公司财务总监欣喜地告诉记者，在国家的大力支持下，新药研发行业的未来充满希望。据统计，2018年我国创新药申请比2016年增加75%。2018年审批新药48个，其中抗癌新药18个，相比2017年增长157%。国内某知名上市医药企业Y公司，近期发布的2019年中期业绩公告显示，公司上半年创新药业务保持高速增长，实现收入60多亿元，占上半年总收入比重超过50%。

长期担任新药企业财务总监的刘先生说，新药企业的发展，离不开税收优惠政策的支持，不少企业所得税优惠政策，新药企业都符合享受条件。比如高新技术企业15%优惠税率；研发费用加计扣除；职工教育经费支出，不超过工资薪金总额8%的部分准予税前扣除，超过部分，准予在以后纳税年度结转扣除等等。一些正处于亏损期的新药企业，还可以享受高新技术企业、科技型中小企业，亏损结转最长年限，由5年延长至10年的优惠政策。

从2018年开始，企业委托境外进行研发活动所发生的费用，可按规定比例在企业所得税前加计扣除。这对新药企业来说，是一个很大的利好政策。刘先生告诉记者，新药企业的研发费用，除了对药物本身的直接研发投入外，还包括药物的临床试验费用。往年，新药在境外上市前发生的临床试验费用，无法在企业所得税前加计扣除。"享受到该优惠政策后，企业2018年节约了450多万元的税收成本。"刘先生说。

不过，专家提醒新药企业，虽然税收优惠政策多种多样，但是新药企业在享受优惠前，要结合自身生产经营状况，选择适合的优惠政策。

案例 1-11

企业在 2018 年 1 月 1 日～ 2020 年 12 月 31 日期间，新购进的设备、器具，单位价值不超过 500 万元的，允许一次性计入当期成本费用，在计算企业所得税应纳税所得额时扣除。对于新成立且后续盈利空间较大的新药企业来说，适用该政策，可以减少资金占用，降低税收成本。但是，对于已经上市的新药企业来说，如果当年多次新购进相关设备和器具，企业选择适用一次性扣除政策，很可能会导致当年利润明显低于往年利润，影响股价的稳定性。

记者了解到，为鼓励企业加大新药研发力度，中央、地方政府也会给新药企业提供一定的政府补助。根据《财政部 国家税务总局关于专项用途财政性资金企业所得税处理问题的通知》（财税〔2011〕70 号），企业从县级以上各级人民政府财政部门及其他部门，取得的应计入收入总额的财政性资金，须同时满足相应条件，方可作为不征税收入处理。对此，专家建议，新药企业在取得政府补助时，需关注该补助是否符合作为不征税收入处理的条件。如不能满足，则需计入当年收入总额，计算缴纳企业所得税。

养老地产：核心功能实，享受优惠无障碍

老年人健康快乐是社会文明进步的重要标志。《健康中国行动》明确提出健全老年健康服务体系，完善居家和社区养老政策等要求，实现健康老龄化。近年来，不少房地产开发企业开始进军养老市场，投资打造养老地产项目，受到老年人及其子女的关注。

国家统计局数据显示，2018 年底，中国 65 岁以上人口数量达到 1.66 亿人，老年抚养比（某一人口中老年人口数与劳动年龄人口数之比）达 16.8%，是 1990 年以来有数据可查的历史纪录中最高的一次，相比 1991 的水平，几乎提高了一倍。养老，已经成为一个现实的社会问题。与此同时，养老行业也成为一个颇具发展前景的朝阳产业。不少房地产开发企业看准养老市场的发展前景，纷纷启动了养老地产项目。"当然，其中也不乏一些炒作养老概念的

项目。"一位业内人士说。

从税收角度来看，我国在养老，尤其是社区养老方面的税收优惠政策力度很大。根据财政部、税务总局等部委联合发布的《关于养老、托育、家政等社区家庭服务业税费优惠政策的公告》（财政部公告 2019 年第 76 号，以下简称 76 号公告），为社区提供养老服务的机构，取得的收入免征增值税；在计算企业所得税应纳税所得额时，取得收入减按 90% 计入收入总额；该机构所承受的房屋、土地，免征契税、房产税和城镇土地使用税。

尽管税收优惠政策很多，但并非养老地产项目取得的所有收入都能够享受到优惠政策。目前国内养老地产项目的运营模式主要有四种，包括长期持有模式、全部出售模式、租售并举模式和会员制模式。不同运营模式下，企业取得收入的性质不同，相应的税务处理也有很大的差别。总体而言，养老这一核心功能越实的，税收优惠支持就越到位。

具体而言，四种运营模式中，长期持有模式的养老地产项目，更满足真正意义上的养老需求。此种运营模式下，房屋只租不售，在收取较低金额入门费的基础上，每月收取一定的租金，退租时入门费可全额退回。此外，还会根据入住老人的自理程度不同，按月收取金额不等的护理服务费。

快与财经科技（北京）集团有限公司 CEO 蔡嘉分析，长期持有模式下，护理服务收入可以享受到 76 号公告规定的税收优惠。企业收取可退还的入门费，可以作为押金处理，不确认收入纳税。如果是不可退还的入门费，其性质类似于会员费，收款方需在收到该笔费用时，一次性确认收入并缴纳税款。按月收取的房屋租金，属于不动产租赁收入，需按照相应规定缴纳税款。不过，经主管税务机关同意，企业也可将房租收入并入养老服务收入中，享受免税优惠。

专家表示，目前常见的养老地产项目，其实同国家真正倡导的养老社区、养老地产还有一定的差距，因此可以享受的税收优惠有限。"戳破养老地产概念泡沫，核心聚焦养老服务，切实满足养老需求，企业才能真正享受到税收优惠的支持——这其实也体现了国家通过税收政策表达出的宏观调控意图。"蔡嘉说。

智慧医疗：发展前景好，税务处理要合规

《健康中国行动》基本原则之一是早期干预、完善服务。其中，完善服务，就是要提供系统连续的预防、治疗、康复、健康促进一体化服务，加强医疗保证政策与健康服务的衔接，实现早诊早治早康复。随着 5G 时代的到来，智慧医疗逐渐成为满足这一基本原则的重要发展方向。

智慧医疗，将现代医学理念与物联网、云计算和人工智能等技术融合，在整合医院间业务流程、优化区域医疗资源的基础上，实现跨医疗机构的在线预约和双向转诊，缩短病患就诊流程，缩减相关手续，使得医疗资源合理化分配。随着 5G 技术的普及、人工智能等高科技的发展，智慧医疗也将快步走进寻常百姓的生活。

阿里巴巴集团一直关注智慧医疗产业，作为阿里巴巴集团"Double H"战略（Health and Happiness 健康与快乐）在大健康领域的旗舰平台，阿里健康自成立之日起就受到外界的热切关注，其在医疗领域的布局也成为解读"互联网＋医疗"发展的样本。

记者走进位于北京的阿里健康总部，企业财务副总裁孟先生向记者展示了阿里健康在智慧医疗方面取得的喜人成果。展示中，孟先生多次向记者强调，在企业探索智慧医疗的过程中，税收提供了不少支持。集团内技术研发公司取得了高新技术企业资格，可减按15%缴纳企业所得税。"研发费用加计扣除，同样帮助企业节约成本，更多的资金可以投入技术研发中。"孟先生说。

作为新兴产业，随着生态圈的快速发展，智慧医疗业务涉及的收入类型与传统医疗行业相比，也存在复杂多样化的特点。记者在采访中发现，阿里健康在开展智慧医疗业务的过程中，一直非常重视税务合规性，同主管税务机关充分交流沟通，深入学习理解税收优惠政策并正确运用。

然而，从事智慧医疗的其他企业，则在税务处理方面面临不少困惑。具体而言，智慧医疗行业的收入，可能包括医药电商平台销售药物取得的收入、互联网医院向患者收取的诊疗费用等。还可能包括一些第三方互联网医疗咨询平台收取的平台接入费用、广告费用和接入银行支付系统向银行收取的通

道费用等。对此，致同（北京）税务师事务所高级经理姜玲玲建议智慧医疗领域的企业，应在日常税务处理中注重区分不同收入类型的性质，准确适用税收法规，避免产生税务风险。

姜玲玲同时提醒企业，在享受税收优惠政策时，要关注政策适用条件。比如，享受医疗服务免征增值税优惠，是否已经取得了医疗机构执业许可证等。对于一些第三方互联网医疗咨询平台，通过与医疗机构、执业医生合作，提供健康咨询服务或挂号中介服务，取得的分成收入或手续费收入，不属于享受免税优惠的医疗服务收入，需按照规定缴纳增值税。

记者采访发现，虽然智慧医疗行业的收入类型多种多样，但整个行业尚处在探索阶段。在出现新业态、新兴交易模式时，企业可以积极与相关专家和税务机关沟通，及时关注税收政策的变化，充分运用国家对健康产业的政策支持，加速整体产业升级。

第二章 财税法规

  2019 年，《耕地占用税暂行条例》升级为《耕地占用税法》，并于 2019 年 9 月 1 日起实施。同时，伴随着改革的不断深化，财政部、国家税务总局发布了一系列税收政策。那么，如何准确理解并运用？本章为您划重点！

  作为深化增值税改革的重要举措，重点行业留抵退税优惠关注度越来越高；集成电路设计企业的"两免三减半"优惠可谓实之又实，但部分主流媒体对其解读存在明显误区；创投企业合伙人的个人所得税、永续债企业所得税的处理方式，都是税收实务界讨论的热点；责任保险费税前扣除、企业集团内部资金无偿借贷免缴增值税等热点问题，纳税人也非常关注。

  掌握税收法规的关键，在于运用科学的方法。在本章中，具有多年实操经验的税收实务专家，结合知名大企业实际案例，在客观、准确地解读重点税收政策的同时，也总结出解读税收政策的思路和方法。

《耕地占用税法》实施：变化点在哪里

张孝友　阚歆旸

阅读提示

自2019年9月1日起，《中华人民共和国耕地占用税法》开始施行，相关政策变化点是纳税人最关心的问题。国家税务总局财产和行为税司负责人，安徽省、浙江省税务机关有关负责人以及专家学者提醒纳税人，耕地占用税相关政策由《中华人民共和国耕地占用税暂行条例》上升为法律后，有四个明显的变化点，需要在实操层面注意。

自2019年9月1日起，《中华人民共和国耕地占用税法》（以下简称《耕地占用税法》）开始施行。那么，与《中华人民共和国耕地占用税暂行条例》（以下简称《暂行条例》）相比，《耕地占用税法》的主要变化点都有哪些呢?

变化点1：征税范围有变化

"了解征税范围，是准确缴纳耕地占用税的第一步。"北京大学法学院教授刘剑文提醒。

据国家税务总局财产和行为税司负责人介绍，《耕地占用税法》新增了"占用园地"，明确了临时占地征税的规定，同时将"占用耕地建设农田水利设施"，列入不缴纳耕地占用税范围。《中华人民共和国耕地占用税法实施办法》（以下简称《实施办法》）则进一步明确了农用地转用行为中纳税人的具体规定。

《实施办法》第二条规定，经申请批准占用耕地的，纳税人为农用地转用审批文件中标明的建设用地人；农用地转用审批文件中未标明建设用地人的，纳税人为用地申请人，其中用地申请人为各级人民政府的，由同级土地储备中心、自然资源主管部门或政府委托的其他部门、单位履行耕地占用税申报纳税义务。未经批准占用耕地的，纳税人为实际用地人。"这一变化，为农用地转用行为的各方厘清了纳税责任，也是后续享受减免退税优惠的基础。"财产和行为税司负责人说。

变化点2：减免政策有优化

和《暂行条例》相比，《耕地占用税法》的第二个显著变化，就是优化了减免税优惠范围——这是关系到纳税人切身利益的一个变化。

据财产和行为税司负责人介绍，《耕地占用税法》将水利工程占用耕地列入优惠范围；将享受税收优惠的范围，扩大到符合农村最低生活保障条件的农村居民；适当扩大了享受免税优惠的公益单位范围，将《暂行条例》中的"养老院、医院"调整为"社会福利机构、医疗机构"，增扩了"因公牺牲军人遗属"。

农业大县临泉县国有土地发展中心主任杜明伟介绍，按照现行的用地审批方式，分批次用地过程中，纳税人已在农用地转用环节缴纳耕地占用税，按《暂行条例》的规定，即使土地最后用于学校、医院等减免税项目建设，也无法享受到税收优惠。而《实施办法》增加了"举证免征"的规定，解决了因原条例优惠主体不明确，免税政策难以落实的问题。

通俗地讲，在农用地转用环节，用地申请人如果能证明建设用地人符合《耕地占用税法》第七条第一款规定的免税情形，可免缴耕地占用税；同时，在供地环节，建设用地人使用耕地的用途如果符合第七条第一款规定的免税情形，由用地申请人和建设用地人共同申请，按退税管理的规定，可退还用地申请人已经缴纳的耕地占用税。"《耕地占用税法》的这一变化，有利于加速资金流动，更有力支持公共事业发展。"杜明伟说。

调整依法复垦退税规定，也是《耕地占用税法》的一个重要变化。对此，国家税务总局安徽省税务局资源和环境税处处长刘武华提醒，相关纳税人需关注复垦时限，避免产生逾期无法退税风险。《实施办法》规定了纳税人自自然资源、农业农村等相关部门认定损毁耕地之日起 3 年内依法复垦或修复，恢复种植条件的，比照《耕地占用税法》第十一条规定办理退税，纳税人需关注 3 年的复垦期限。

此外，《耕地占用税法》在扩大减免税优惠范围的同时，还增加了部分优惠的限定条件。例如，将《暂行条例》中的"农村居民占用耕地新建住宅"修改为"农村居民在规定用地标准以内占用耕地新建自用住宅"。有关专家建议，纳税人在享受优惠的同时，应关注具体限定条件。

变化点 3：各地适用税额有细化

税额制定方面，《耕地占用税法》调整了适用税额制定权，将具体适用税额决定权由省级人民政府，调整至省级人大常委会。各省可根据人均耕地面积和经济发展等情况，确定各地区适用税额。这意味着，伴随着《耕地占用税法》的实施，各地的税额标准也随之作出了一些调整。

中国政法大学教授施正文提醒，与《暂行条例》相比，《耕地占用税法》中，各省、自治区、直辖市耕地占用税平均税额没有变化。但是，如果纳税人占用耕地以外的其他农用地，需要密切关注当地的具体税额变化。

《耕地占用税法》第十二条规定，占用园地、林地、草地、农田水利用地、养殖水面、渔业水域滩涂以及其他农用地建设建筑物、构筑物或者从事非农业建设的，依照本法的规定缴纳耕地占用税。适用税额可以适当低于本地区按照本法第四条第二款确定的占用耕地适用税额，但降低的部分不得超过 50%。

采访中，一些企业已经关注到了这些方面的变化。

由于电力供应需要在沿途建设挂线铁塔，国家电网有限公司每年都需要征用农业用地。国家电网浙江省电力有限公司温州供电公司财务人员谢玉银介绍，他们的挂线铁塔建设需要占用耕地或其他农用地。在对照《耕地占用税法》以及浙江省制定适用税额的具体规定以后，其公司占用的林地、草地等其他农用地适用税额相比较占用耕地的税额标准，降低了 40%。

谢玉银向记者算了笔账，在《耕地占用税法》实施前，他们需要按照 35

元 / 平方米税额缴纳的耕地占用税，如今，只需按 21 元 / 平方米的税额缴纳耕地占用税。"按照去年的用地量，在《耕地占用税法》实施后，预计我们占用其他农用地要比占用耕地少缴 4 万余元的耕地占用税。"谢玉银说。

国家税务总局浙江省税务局资源和环境税处处长徐辉告诉记者，由于各省耕地占用税适用税额标准不一，同一省份不同地区的税额也有可能不同，他建议跨区域经营、需要缴纳耕地占用税的企业，根据农转用审批文件的批复，按不同地区的占地情况及当地适用税额，分别向耕地所在地税务机关申报纳税。与此同时，徐辉还建议其他跨区域经营的大企业，根据跨区域情况和各地的税额标准，及时调整财务管理软件的相关设置，准确申报耕地占用税。

变化点 4：纳税申报有简化

在实操层面，纳税人填写纳税申报将更加便捷。

财产和行为税司负责人介绍，此前，耕地占用税需要按照地块填写纳税申报表，一个地块需要填写一张表格。在实务中，一个耕地占用项目往往涉及多个地块，纳税人也就需要填报多张申报表。考虑到纳税人的实际需求，与《耕地占用税法》配套的《国家税务总局关于耕地占用税征收管理有关事项的公告》（国家税务总局公告 2019 年第 30 号，以下简称《公告》），对此做了有针对性的优化。具体来说，申报表中"占地位置、占地用途"从申报"占地信息"栏目调整到"申报计税"栏目，即纳税人可以将一个批次项目涉及的多个地块汇总申报，申报表"多变一"。同时，调整金税三期申报开票功能，既可以按批次汇总开票，也可以按地块或者征收品目分别开票，满足纳税人不同需求。也就是"汇总申报、个性开票"。

值得注意的是，《公告》还极大地简化了办税资料。《公告》明确，纳税申报在实现第三方数据共享方式下，免于提交相关材料；同时，减免税优惠实行"自行判别、申报享受、有关资料留存备查"办理方式。

关于优惠办理方式，施正文提醒，"自行判别、申报享受、有关资料留存备查"是以纳税人为中心、还权于纳税人的体现，但与此同时，纳税人也有依法、如实地缴纳耕地占用税的义务。纳税人需要按照《公告》的具体规定，保存好相关的资料，并积极配合税务机关的查验。

刘剑文提醒，《暂行条例》上升为法律后，刚性增强，如果纳税人存在虚假申报耕地占用税的情况，根据《中华人民共和国税收征管法》的规定，不仅需要补缴税款和滞纳金，而且还可能面临法律的制裁，违法成本将大大增加。（参与本文采写的还有：许蒙亚、虞立教）

【延伸阅读】

国家税务总局财产和行为税司负责人就《耕地占用税法》
实施相关问题答记者问

阙歆旸 王楚捷

记者：可否请您简单介绍一下，《中华人民共和国耕地占用税法》（以下简称《耕地占用税法》）的实施，将会在保护耕地方面发挥哪些作用？

财产和行为税司负责人：我国是人均耕地少、农业后备资源严重不足的国家。截至 2015 年底，我国耕地面积只有约 20.25 亿亩，人均耕地面积仅有 1.52 亩，不到世界人均耕地面积的一半，耕地红线一定要守住。9 月 1 日，《耕地占用税法》以及相关配套文件正式施行，将从更高层级、以更大力度地贯彻落实国家最严格的耕地保护制度，限制非农业建设无序、低效地占用农业生产用地，以经济手段保护有限的土地资源，尤其是耕地资源，促进土地资源合理配置。

记者：请问耕地占用税的纳税人具体包括哪些？

财产和行为税司负责人：耕地占用税的纳税人为占用耕地建设建筑物、构筑物或者从事非农业建设的单位和个人。

需要提醒纳税人注意的是，耕地占用税是对占用耕地以及其他农用地建设建筑物、构筑物或者从事非农业建设的行为进行征税。这种行为必须具备以下两个条件：一是占用耕地、园地、林地、草地、农田水利用地、养殖水面、渔业水域滩涂以及其他农用地；二是建设建筑物、构筑物或者从事非农业建设。

值得关注的是,挖损、采矿塌陷、压占、污染等损毁耕地,属于《耕地占用税法》所称的"非农业建设"。

记者:请问《耕地占用税法》对征税范围的界定有哪些新变化?

财产和行为税司负责人:简单来说,耕地占用税征税范围新增了"园地",同时对"林地""牧草地"以及"渔业水域滩涂"的具体征收范围作了调整。

"园地"包括果园、茶园、橡胶园以及其他园地。"林地"中,将乔木林地、竹林地、红树林地、森林沼泽以及灌丛沼泽,纳入征收范围;"牧草地"调整为"草地",同时,将沼泽草地、用于农业生产并已由相关行政主管部门发放使用权证的草地,纳入征收范围;"渔业水域滩涂"中,将用于种植芦苇并定期进行人工养护管理的苇田,纳入征收范围。

记者:请问《耕地占用税法》的税额标准具体是怎么确定的?

财产和行为税司负责人:从全国层面上看,各地人均耕地面积和经济发展情况的差异较大,人均耕地面积最多和最少的省份相差近10倍。各地平均税额标准也应与之相匹配,因此,《耕地占用税法》将全国所有省份分为9档,分别确定了平均税额标准,并规定各省耕地占用税适用税额的平均水平,不得低于平均税额标准。其中,人均耕地面积不超过一亩的省份平均税额标准分为5档,依次为45元、40元、35元、30元以及25元;人均耕地面积超过一亩但不超过三亩的省份平均税额标准分为2档,依次为22.5元和20元;人均耕地面积超过三亩的省份平均税额标准分为2档,依次为17.5元和12.5元。

各省范围内,由各省根据各县级单位人均耕地面积和经济发展情况,在税法规定的幅度内,制定辖区内各县级单位具体适用税额。

记者:请问《耕地占用税法》在减免税优惠方面有哪些新变化?主要考虑是什么?

财产和行为税司负责人:为保护耕地,切实发挥税收调节功能,《耕地占用税法》在税收优惠方面,基本维持《中华人民共和国耕地占用税暂行条例》(以下简称《暂行条例》)的优惠范围,坚持从严控制减免范围、支持公共基础设施与公益事业、形式规范和便于征管的原则。

其中,将"养老院"扩展为"社会福利机构",将"医院"扩展为"医疗机构",

将因公牺牲军人遗属、符合农村最低生活保障条件的农村居民以及经批准搬迁的农村居民，纳入享受免税优惠范围等。

减免税范围的变化，主要考虑与国家发展战略及相关政策相协调。例如，将"养老院"扩展为"社会福利机构"，是参照《社会福利机构管理暂行办法》中"为建立与全面建成小康社会目标相适应的福利救助制度体系，应当给予税收优惠政策支持"的规定；将"医院"扩展为"医疗机构"，是更好地践行党的十九大报告中提出的健康中国战略；为保障国家对军人的抚恤优待，激励军人保卫祖国、建设祖国的献身精神，参照《军人抚恤优待条例》规定，将农村烈士遗属、因公牺牲军人遗属列入税收优惠范围；根据党中央、国务院《关于打赢脱贫攻坚战的决定》精神，不再区分鳏寡孤独以及老、少、边、穷地区，将《暂行条例》中对农村居民中的特定人群的减免税优惠范围，扩大到符合农村最低生活保障条件的农村居民；同时，为支持地方推进易地扶贫搬迁工作，《耕地占用税法》增加了农村居民搬迁减免税政策。

记者：在纳税义务发生时间方面，请问纳税人需要关注哪些问题？

财产和行为税司负责人：首先，纳税人需注意的是，纳税义务发生时间由"收到土地管理部门的通知之日"，变为"纳税人收到自然资源主管部门办理占用耕地手续的书面通知的当日"。

此前，《暂行条例》规定的纳税义务发生时间为"收到土地管理部门的通知之日"，但在实际土地管理中，"通知"没有统一、固定的形式，有书面通知、电话通知以及口头通知等形式。为使纳税义务发生时间更具确定性和可操作性，自然资源部同意在办理占用耕地手续时增加书面通知程序。也就是说，纳税义务发生时间为"收到办理占用耕地手续的书面通知的当日"。

同时，需要注意的是，《耕地占用税法》规定，纳税人应当自纳税义务发生之日起30日内申报缴纳耕地占用税。

记者：请问《耕地占用税法》为什么强调涉税信息共享机制和工作配合机制？

财产和行为税司负责人：耕地占用税的税收征管与国家土地、森林、草原管理以及土壤污染防治等紧密相关。为健全税收保障机制，切实提高税收共治水平，财政部、税务总局、自然资源部、农业农村部以及生态环境部五部委联合制发了《中华人民共和国耕地占用税法实施办法》，其中明确规定各地政府应建立健全耕地占用税部门协作和信息交换工作机制。对于发生占地行为未申报的，或者申报数据资料异常，占地方式、占地时间以及占地面积等计税要素无法确认的，由税务机关提请相关部门按照职责权限，对涉税事项进行复核认定。

推荐阅读

中华人民共和国
耕地占用税法

财政部公告
2019年第81号

国家税务总局公告2019年
第30号及官方解读

购买新汽车，税收变化多

——《车辆购置税法》热点问题解读

阙歆旸　熊方萍　马川棋

阅读提示

2019 年 8 月 1 日，《中华人民共和国车辆购置税法》实施满月。从消费者视角看，《车购税法》较原《车购税暂行条例》有何显著变化？消费者在购车过程中应该注意什么？汽车经销商又应注意什么？带着这些问题，本报记者实地采访了北京多家汽车 4S 店。

2019 年 8 月 1 日，《中华人民共和国车辆购置税法》（以下简称《车购税法》）实施满月，随着购车需求的逐渐增大，消费者对车辆购置税的关注度越来越高。据悉，取消最低计税价格、全面取消纸质完税证明、调整征收范围，是《车购税法》对比原《车购税暂行条例》的显著变化。那么，这三项显著变化给纳税人带来了怎样的影响？纳税人应注意哪些事项？

变化点一：取消最低计税价格

"我比朋友晚买了 1 个月，省下了近 1 万元。"2019 年 7 月 26 日，在北京某汽车 4S 店内，喜提新车的北京市民张先生告诉记者。

自 2019 年 7 月 1 日起，纳税人申报缴纳车购税，直接按照购车支付给销售方的全部价款（不含增值税）乘以税率（10%）计算应纳税额。而《车购税法》实施前，根据《车购税暂行条例》第七条规定，纳税人购买自用或者进口自用应税车辆，申报的计税价格（不含增值税的购车价格或者关税完税价格加关税加消费税）低于同类型应税车辆的最低计税价格，又无正当理由的，需按照最低计税价格计算缴纳车购税。

案例 2-1

张先生心仪的车型厂家指导价为 50 万元（排放标准为国 Ⅴ 标准）。因北京于 7 月施行国 Ⅵ 排放标准，经销商降价促销，其好友刘先生于 6 月中旬以 40 万元的成交价提车，当时车购税最低计税价格与厂家指导价相同，因此，刘先生缴纳车购税 = 500000 ÷（1 + 13%）× 10% = 44247.79（元）。现在，张先生仍以 40 万元价格购入，但缴纳的车购税 = 400000 ÷（1 + 13%）× 10% = 35398.23（元）。正是按照实际成交价格计算，张先生较刘先生少缴纳车购税 8849.56 元。

长期研究车购税的专家吴伟强分析，取消最低计税价格，对经销商而言，不必顾忌此前的最低计税价格，在进行正常促销活动时底气更足。但值得注意的是，《车购税法》第七条规定，纳税人申报的应税车辆计税价格明显偏低，又无正当理由的，由税务机关依照《税收征管法》的规定核定其应纳税额。

变化点二：全面取消纸质完税证明

就职于北京某事业单位的孙女士，前不久刚入手一辆新汽车。她告诉记者，《车购税法》实施后，全面取消了纸质完税证明，为后续办理车辆注册登记带来了便利——不用担心完税证明丢失、损毁等带来的麻烦了。

《车购税法》规定，公安机关交通管理部门办理车辆注册登记，应当根据税务机关提供的应税车辆完税或者免税电子信息对纳税人申请登记的车辆信息进行核对，核对无误后依法办理车辆注册登记。《国家税务总局 公安部关于应用车辆购置税电子完税信息办理车辆注册登记业务的公告》（国家税务总局 公安部公告 18 号）则进一步明确，自 2019 年 6 月 1 日起，纳税人在全国范围内办理车购税纳税业务时，税务机关不再打印和发放纸质车购税完税证明。纳税人办理完成车购税纳税业务后，在公安机关交通管理部门办理车辆注册登记时，不需向公安机关交通管理部门提交纸质车购税完税证明。

记者在采访中了解到，纳税人可以通过网上申报、电子支付税款等方式，直接在公司、在家甚至在外地在线完成车购税缴纳。支付成功后，会同步生成电子缴款书、完税或者免税电子信息。公安部门应用税务机关的完税或者免税电子信息，办理机动车注册登记，大大简化了纳税人缴纳税款以及办理车辆注册登记的相关程序。

此外，如果纳税人需要纸质车购税完税证明，可以向主管税务机关提出，由主管税务机关打印《车辆购置税完税证明（电子版）》，还可以自行通过本省（自治区、直辖市和计划单列市）电子税务局等官方互联网平台查询和打印。

变化点三：购买部分车型无须纳税

记者从一家电动摩托车行了解到，从 2019 年 7 月 1 日起，购置 150 毫升及以下排气量摩托车和电动摩托车，不再需要申报缴纳车购税。

《车购税法》列示了免征车购税的车辆种类，包括依照法律规定应当予以免税的外国驻华使馆、领事馆和国际组织驻华机构及其有关人员自用的车辆，中国人民解放军和中国人民武装警察部队列入装备订货计划的车辆等。《财政部 税务总局关于车辆购置税有关具体政策的公告》（财政部 税务总局公告 2019 年第 71 号）进一步规定，纳税人购置的 150 毫升及以下排气量摩托车和电动摩托车，以及装载机、平地机、挖掘机、推土机等轮式专用机械车，起重机（吊车）、叉车，不属于《车购税法》规定的应税车辆，不需要申报纳税。

据了解，电动摩托车属于低能耗环保交通工具之一，但按照《车购税暂行条例》的规定，购买电动摩托车须按 10% 的税率缴纳车购税。电动摩托车行的老板给记者举了个例子，《车购税法》实施前，纳税人买一辆售价 5000 元的电动摩托车，需缴纳车购税 = 5000 ÷（1 + 13%）× 10% = 442（元）。《车购税法》实施后，电动摩托车不再属于车购税征收范围，纳税人购买电动摩托车后，不再需要申报缴纳车购税，可以直接到公安机关交通管理部门办理车辆上牌。

需要注意的是，起重举升汽车、起重运输沙漠车、沙漠汽车起重机等专用汽车，属于车购税应税车辆，纳税人购置这类车辆，仍然需要办理车购税申报纳税手续。这些专用汽车如果符合设有固定装置非运输专用作业车规定，纳税人可以办理车购税免税申报。

此外，纳税人购买了应税车辆后，不论是否上道路行驶，都需要按照《车购税法》的规定申报纳税。车购税的纳税义务发生时间，是以纳税人购置应税车辆所取得的车辆相关凭证上注明的时间为准。假如纳税人于 2019 年 6 月 28 日购买了一辆排气量为 100 毫升的电动摩托车，并在当日开具了机动车销售统一发票，那么在 2019 年 7 月 1 日《车购税法》实施后，纳税人依然需要到税务机关办理车购税申报纳税事宜。

【推荐阅读】

中华人民共和国
车辆购置税法

国家税务总局令47号
及官方解读

国家税务总局公告2019年
第26号及官方解读

企业集团内部资金无偿借贷免缴增值税

阚歆旸

阅读提示

2019 年 2 月 1 日～2020 年 12 月 31 日，企业集团内单位（含企业集团）之间的资金无偿借贷行为，免缴增值税。受惠于该项政策，一般房地产公司每年约节省增值税税额上千万元。

2019 年 2 月 11 日，春节后上班第一天，企业财税负责人和有关专家，对企业集团内单位（含企业集团）之间资金无偿借贷免缴增值税的讨论依然热度不减。春节放假前，财政部、国家税务总局发布了《关于明确养老机构免征增值税等政策的通知》（财税〔2019〕20 号，以下简称 20 号文件）第三条规定，2019 年 2 月 1 日～2020 年 12 月 31 日，对企业集团内单位（含企业集团）之间的资金无偿借贷行为，免征增值税。记者注意到，在 2019 年整个春节放假期间，有关各方纷纷对此税收利好拍手叫好，讨论不断。

税收优惠适用主体咋确定

20 号文件一经发布，很多纳税人的第一反应就是：企业集团如何界定？因为 20 号文件明确的免缴增值税适用主体为企业集团，而目前"企业集团"尚无税收视角的解释，实务中，主要参照市场主体登记部门的规定理解。中翰税务联合品牌机构秘书长王骏认为，如果企业法人名称中包含"集团"或者"（集团）"的字样，或在企业信用信息公示系统的成员名单中，企业就可以享受资金无偿借贷免缴增值税的优惠。

具体来说，参考之前统借统还业务的对策规定，企业集团需要取得《企业集团登记证》才属于政策规定的企业集团。但在 2018 年 8 月，市场监管总局发布《市场监管总局关于做好取消企业集团核准登记等 4 项行政许可等事项衔接工作的通知》（国市监企注〔2018〕139 号，以下简称 139 号文件），不再单独登记企业集团，不再核发《企业集团登记证》。因此，企业只需要按照相关的规定，向有关部门申请在名称中使用"集团"字样，获批后，名称中带有"集团"字样的，即可享受无偿资金往来免缴增值税优惠。

同时，王骏认为，资金无偿借贷免税优惠的适用对象，包括企业集团向成员公司借贷、成员公司之间借贷、企业集团不同部门间借贷等情况。139 号文件规定，母公司全资或控股的子公司、经母公司授权的参股公司可以在名称中冠以企业集团名称或简称。而且，目前不再审查企业集团成员企业的注册资本和数量，只是要求集团母公司应当将企业集团名称及集团成员信息，通过国家企业信用信息公示系统向社会公示。"因此，可以参考企业在国家企业信用信息公示系统向社会公示的成员单位信息，确定优惠适用主体。"王骏说。

房地产企业减税效果明显

在采访中，记者了解到，房地产企业集团内部由于资金无偿借贷量相对较大，受 20 号文件政策利好，减税效果十分明显。

案例 2-2

　　一般房地产企业集团每年的无偿借贷行为，涉及金额平均可达上百亿元规模。某房地产企业集团每年可归集资金50亿元，以便无偿借予各项目公司进行日常经营。假设视同销售利率年利息率为10%，如果按年计算视同销售利息，则应缴增值税税额 = 500000 × 10% ÷（1 + 6%）× 6% = 2830.19（万元）。也就是说，根据20号文件的规定，该房地产企业集团可少缴增值税税额2830.19万元。

　　记者了解到，房地开发经营企业作为一类特殊的企业，投资金额庞大、建设周期较长、融资渠道多样、资金关系复杂，在日常经营过程中，企业集团内部成员之间相互拆借资金很常见。"20号文件发布后，我们公司这方面可以节税不少。"当代置业（中国）有限公司税收核算专业总监郭宇轩说。

进项税额请不要盲目转出

　　中汇税务集团全国技术总监赵国庆提醒相关纳税人，在享受优惠的同时，应注意将增值税进项税额划分清楚，切勿盲目转出增值税进项税额。

　　赵国庆分析，结合20号文件规定和《财政部 国家税务总局关于全面推开营业税改征增值税试点的通知》（财税〔2016〕36号，以下简称36号文件）规定，用一般计税方法的纳税人，兼营简易计税方法计税项目、免征增值税项目而无法划分不得抵扣的进项税额，按照公式计算不得抵扣的进项税额。也就是说，只有当期无法划分的进项税额才适用公式转出。

　　同时，考虑到集团间是无偿资金往来，即使根据36号文件进行公式转出，涉及免征增值税项目的销售额（实际为利息，而非借贷本金）的确定又是一个问题。因此，赵国庆建议，除非是企业通过外部借贷资金，专项无偿给集团内单位使用，涉及与借入资金直接相关费用的进项税额按资金金额的使用比例转出，其他情况应该尽量不要盲目适用36号文件公式，进行进项税额转出。

应注意与统借统还的区别

20号文件发布后，有部分纳税人无法区分无偿借贷行为与统借统还行为。"虽同为免税政策，但不可将二者混淆。"赵国庆说。

赵国庆分析，按照36号文件规定，统借统还业务，指企业集团或者企业集团中的核心企业向金融机构借款或对外发行债券取得资金后，将所借资金分拨给下属单位（包括独立核算单位和非独立核算单位，下同），并向下属单位收取用于归还金融机构或债券购买方本息的业务。企业集团向金融机构借款或对外发行债券取得资金后，由集团所属财务公司与企业集团或者集团内下属单位签订统借统还贷款合同并分拨资金，并向企业集团或者集团内下属单位收取本息，再转付企业集团，由企业集团统一归还金融机构或债券购买方的业务。

也就是说，统借统还业务需要满足3个条件：（1）资金来源为金融机构借款或发行债券；（2）借款主体为企业集团或者核心企业；（3）借款单位分拨资金按照不高于对外支付利率收取利息。相比之下，集团间无偿资金往来政策适用条件更为简化，对资金来源、借款主体均不做特殊要求，也不需要支付利息。

-------------------------------- 推荐阅读 --------------------------------

财税〔2019〕20号文件

增量留抵退税有哪些实操要点

阙歆旸　陈晓黎

阅读提示

2019 年 4 月 30 日，国家税务总局发布的《关于办理增值税期末留抵税额退税有关事项的公告》（国家税务总局公告 2019 年第 20 号），进一步明确了享受增值税期末留抵退税的主体条件、增量留抵税额的计算、申请留抵退税需要提交的材料等问题。有关专家提醒，纳税人应把握相关实操要点，顺利办理留抵退税。

当企业增值税销项税额小于进项税额时，当期可以不缴纳税款。同时，未完成抵扣的进项税额可以留存到下期抵扣，留存的部分即为留抵税额。最近两年来，财税部门多次发文，就留抵退税相关问题进行了明确，政策脉络逐渐清晰。2019 年 4 月 30 日，国家税务总局发布了《关于办理增值税期末留抵税额退税有关事项的公告》（国家税务总局公告 2019 年第 20 号，以下简称 20 号公告），进一步明确了纳税人享受留抵退税的实操要点。

留抵退税不再受行业限制

与之前的相关规定相比，20 号公告最突出的变化，是取消了对留抵退税的行业限制。

2018 年 6 月 27 日，财政部、国家税务总局发布的《关于 2018 年退还部分行业增值税留抵税额有关税收政策的通知》（财税〔2018〕70 号，以下简称 70 号文件）明确规定，对装备制造等先进制造行业、研发等现代服务业和电网企业的增值税期末留抵税额予以退还。20 号公告则规定，同时符合 5 个条件的纳税人，不细分具体行业，即可向主管税务机关申请退还增量留抵税额。

根据 20 号公告第一条规定，这 5 个条件是：（1）自 2019 年 4 月税款所属期起，连续六个月（按季纳税的，连续两个季度）增量留抵税额均大于零，且第 6 个月增量留抵税额不低于 50 万元；（2）纳税信用等级为 A 级或者 B 级；（3）申请退税前 36 个月未发生骗取留抵退税、出口退税或虚开增值税专用发票情形的；（4）申请退税前 36 个月未因偷税被税务机关处罚两次及以上的；（5）自 2019 年 4 月 1 日起未享受即征即退、先征后返（退）政策的。

新增"增量留抵税额"概念

根据 20 号公告规定，纳税人在办理留抵退税期间发生规定情形的，应该按照规定确定允许退还的增量留抵税额。中汇税务（重庆）合伙人李明东说，"增量留抵税额"是一个新概念，值得相关纳税人注意。

李明东解释，增量留抵税额，是指与 3 月相比，2019 年 4～9 月新增加的期末留抵税额，即每个月的留抵税额必须大于零，9 月要求留抵税额必须达到 50 万元以上。

案例 2-3

> 假设甲公司 2019 年 3 月的留抵税额为 10 万元，2019 年 4～9 月每个月进项税额均大于销项税额，合计产生了增量留抵税额 110 万元，且 9 月留抵税额大于 50 万元。如果该纳税人还满足其他增量留抵税额申请退税的条件，那么，甲公司符合条件的增量留抵税额即为 110-10=100（万元）。

进项构成比例影响退税额

20 号公告第二条规定，纳税人当期允许退还的增量留抵税额，按照以下公式计算：允许退还的增量留抵税额 = 增量留抵税额 × 进项构成比例

×60%。

进项构成比例，是指 2019 年 4 月至申请退税前一税款所属期内，已抵扣的增值税专用发票（含税控机动车销售统一发票）、海关进口增值税专用缴款书、解缴税款完税凭证注明的增值税额，占同期全部已抵扣进项税额的比重。接上例，企业不能简单地认为，可申请退回的增量留抵税额就是 100 万元，而是要根据进项构成比例做进一步计算。

案例 2-4

> 接上例，假设甲公司 2019 年 4 ～ 9 月共计申报抵扣了进项税额 300 万元，而这 300 万元包括了两部分：一部分是满足抵扣条件的增值税专用发票、海关进口增值税专用缴款书、解缴税款完税凭证注明的增值税额 270 万元；另一部分为取得其他扣税凭证可抵扣的进项税额，如农产品计算抵扣的进项税额、取得非专票部分的旅客运输服务抵扣的进项税额等 30 万元。那么，其进项构成比例为 270÷300＝90%，则甲公司允许退还的增量留抵税额为 100×90%×60%＝54（万元）。

国家税务总局黄山市税务局稽查局严颖提醒，留抵退税对应的发票应为增值税专用发票（含税控机动车销售统一发票）、海关进口增值税专用缴款书以及解缴税款完税凭证，也就是说取得其他扣税凭证计算抵扣的部分并不在退税的范围之内。但上述计算的进项税额并非直接排除在留抵退税的范围之外，而是采用以规定的"允许退还的增量留抵税额"计算公式、通过增加分母比重来计算退税额的形式进行排除。

在申请获得留抵退税后，附加税费的计算基础，也是相关纳税人需要关注的一项内容。

根据现行税法及相关政策规定，纳税人需以实际缴纳的增值税、消费税税额为计税依据，依法缴纳城市维护建设税、教育费附加和地方教育附加。此前，为配合 70 号文件规定的部分行业实施期末留抵税额退税政策的实施，财政部、税务总局发布了《关于增值税期末留抵退税有关城市维护建设税、教育费附加和地方教育附加政策的通知》（财税〔2018〕80号，以下简称80号文件），明确对实行增值税期末留抵退税的纳税人，允许其从城市维护建设税、教育费附加和地方教育附加的计税（征）依据中扣除退还的增值税税额。

国家税务总局长沙市税务局稽查局段文涛认为，鉴于80号文件并未限定只适用某一时期或某个行业，该项政策适用于所有实行增值税期末留抵退税的纳税人。也就是说，20号公告涉及的增值税期末留抵退税，也适用80号文件的规定。

案例 2-5

> 接上例，假设甲公司位于市区，2019年10月产生增值税销项税额150万元，当期取得进项税额20万元，9月期末留抵税额为110万元，3月期末留抵税额为10万元，甲公司允许退还的增量留抵税额为54万元，已在10月取得申请退还的增量留抵税额54万元。此时，甲公司10月的上期留抵税额变为110−54＝56（万元），10月应抵扣进项税额合计为56＋20＝76（万元）。
>
> 10月，甲公司增值税应纳税额＝150−76＝74（万元）。假设在没有相关配套政策情况下，甲公司应申报缴纳城市维护建设税74×7%＝5.18（万元），教育费附加74×3%＝2.22（万元），地方教育费附加74×2%＝1.48（万元），共缴纳附加税费8.88万元。
>
> 如果将留抵退税的金额从城市维护建设税、教育费附加和地方教育附加的计税（征）依据中扣除，则甲公司10月应以74−54＝20（万元）为计税（征）依据，申报缴纳城市维护建设税20×7%＝1.4（万元），教育费附加20×3%＝0.6（万元），地方教育费附加20×2%＝0.4（万元），共缴纳2.4万元。考虑到80号文件的叠加效应，甲公司10月合计可以少缴纳附加税费6.48万元。

推荐阅读

记住三条经验,
顺畅办理退税

国家税务总局公告2019年
第20号及官方解读

企业责任保险费可税前扣除

阚歆旸

阅读提示

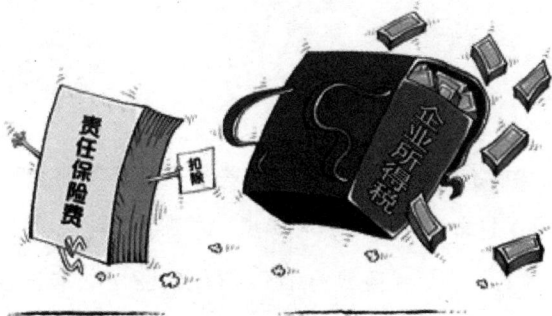

2018 年 10 月 31 日，国家税务总局发布公告，规定企业参加雇主责任险、公众责任险等责任保险，保险费准予在企业所得税税前扣除。受益该政策，某大型超市每年能扣除约 1000 万元保险费，减少 250 万元企业所得税。有关专家表示，该政策的出台，有利于企业化解经营责任风险、减轻负担。

《国家税务总局关于责任保险费企业所得税税前扣除有关问题的公告》（国家税务总局公告 2018 年第 52 号，以下简称 52 号公告）规定，企业参加雇主责任险、公众责任险等责任保险，按照规定缴纳的保险费，准予在企业所得税税前扣除；本公告适用于 2018 年度及以后年度企业所得税汇算清缴。业内人士认为，52 号公告明确了责任保险费税前扣除政策口径，增加了政策的确定性，便于纳税人执行。

责任保险费可扣除

据了解，52号公告出台前，各地关于雇主责任险等责任保险费能否在企业所得税税前扣除的执行口径不太一致。但出于纳税遵从性和防范税务风险的角度出发，相关纳税人多会较为严谨的处理保险费用。"此次政策的出台，对企业是实实在在的优惠。"某大型超市相关负责人说。

据悉，雇主责任险、公众责任险等责任保险在大型商超企业中运用较为广泛。大型商场、超市经常有大规模的促销活动，现场会有人员拥挤、发生踩踏事故的风险，为防止事故发生、规避自身风险，大型商超企业多会购买责任保险。

案例 2-6

某大型超市不仅为新入职员工购买雇主责任险作为工伤保险的补充保险，而且为在超市消费的消费者考虑，购买了公众责任险和产品责任险，该超市全年购买的责任保险费约1000万元。52号公告出台后，该超市可以全额在企业所得税税前扣除，那么，全年就可减少近250万元企业所得税。这笔省下来的成本，还可以继续投入超市的经营上。新政策的出台不仅有利于减轻企业负担，更是对企业勇于承担社会责任的鼓励。

责任保险是什么

企业按照规定缴纳责任保险的保险费，准予在企业所得税税前扣除。那么，什么是责任保险？责任保险又包括什么呢？

需要关注的是，52号公告中列明的保险种类有雇主责任险和公众责任险。

据悉，企业经营者所雇用的员工在受雇过程中，有可能因工作关系遭受意外或者患上职业病，按照《劳动法》规定，企业主应该承担相关的医药费用，并且需负担经济赔偿责任。雇主责任保险就是一种为雇主规避以上风险的保险。雇主责任险，是以用人单位依法对雇员应承担的经济赔偿责任为标的，转嫁用人单位对雇员的赔偿责任风险。它可承保用人单位对其员工在受雇过程中因工作关系遭受意外或者患职业病所致伤、致残或死亡，依法应承担的经济赔偿责任。

据了解，公众责任险又称普通责任保险或综合责任保险，它以被保险人的公众责任为承保对象，是责任保险中独立的、适用范围最为广泛的保险类别。而所谓的公众责任，是指致害人在公众活动场所的过错行为致使他人的人身或财产遭受损害，依法应由致害人承担的对受害人的经济赔偿责任。各种公共设施场所、超市、展览馆以及工程建设工地等，均存在着公众责任事故风险。这些场所的所有者、经营管理者等均需要通过投保公众责任保险来转嫁其责任。

按照业务内容的不同，责任保险可以分为公众责任保险、产品责任保险、雇主责任保险、职业责任保险和第三者责任保险 5 类业务。

那么，52 号公告中未正列举的责任保险是否可以税前扣除呢？

记者采访有关专家获悉，本次 52 号公告的出台，是为了明确雇主责任险等责任保险属于财产险范畴。根据《企业所得税法实施条例》第四十六条的规定，企业参加财产保险，按照规定缴纳的保险费，准予扣除。因此，52 号公告中未列明的责任保险以及其他财产险，按照《企业所得税法实施条例》的规定，均可在企业所得税税前进行扣除。

国家税务总局长治市税务局稽查局主任科员梁晶晶分析，由于 52 号公告允许雇主责任险等责任保险在企业所得税税前扣除，进一步明确了雇主责任险等责任保险为财产险的性质。在增值税方面，雇主责任险作为财产保险，受益人不是员工个人，不属于员工福利。因此，只要取得合法的扣税凭证，且未用于《财政部 国家税务总局关于全面推开营业税改征增值税试点的通知》（财税〔2016〕36 号）第二十七条规定的不得抵扣情形的保险费，均可以抵扣进项税额。

其他可税前扣除保险

除此次 52 号公告中明确的责任保险外，还有哪些保险的保费可以在企业所得税税前扣除呢？

　　小陈税务咨询（北京）有限责任公司董事长陈志坚提醒，其他可税前扣除的保险费用还包括：基本养老保险费、基本医疗保险费、失业保险费、工伤保险费、生育保险费等基本社会保险费，补充养老保险费和补充医疗保险费，特殊工种职工支付的人身安全保险费，财产保险等。

　　补充养老保险费和补充医疗保险费的扣除有具体的额度限制。根据《财政部 国家税务总局关于补充养老保险费、补充医疗保险费有关企业所得税政策问题的通知》（财税〔2009〕27号）规定，自2008年1月1日起，企业根据国家有关政策规定，为在本企业任职或者受雇的全体员工支付的补充养老保险费、补充医疗保险费，分别在不超过职工工资总额5%标准内的部分，在计算应纳税所得额时准予扣除；超过的部分，不予扣除。

　　可税前扣除的存款保险费费率有具体规定。《财政部 国家税务总局关于银行业金融机构存款保险保费企业所得税税前扣除有关政策问题的通知》（财税〔2016〕106号）规定，银行业金融机构依据《存款保险条例》的有关规定、按照不超过万分之一点六的存款保险费率，计算交纳的存款保险保费，准予在企业所得税税前扣除。

推荐阅读

国家税务总局公告2018年
第52号及官方解读

永续债企业所得税如何处理

阚歆旸

阅读提示

财政部、税务总局发布的《关于永续债企业所得税政策问题的公告》（财政部 税务总局公告 2019 年第 64 号）规定，自 2019 年 1 月 1 日起，企业发行的永续债，可以适用股息、红利企业所得税政策，发行方支付的永续债利息支出不得在企业所得税税前扣除；符合规定条件的永续债，也可以按照债券利息适用企业所得税政策，发行方支付的永续债利息支出准予在其企业所得税税前扣除。

永续债，又称无期债券，发行方只需支付利息，没有还本义务，实际操作中会附加赎回及利息调整条款。从理论上讲，永续债可以"永远"地发行，没有明确的到期日。在实际操作中，一些发行人会选择在某个赎回点赎回。也就是说，永续债的实际存续期并非"永续"。近日，财政部、国家税务总局发布的《关于永续债企业所得税政策问题的公告》（财政部 税务总局公告 2019 年第 64 号，以下简称 64 号公告），一举解决了业界关于永续债企业所得税处理的争议。

企业所得税争议得到平息

永续债最大的特点是兼具"股性"和"债性"。永续债的发行方需要支付利息，具有"债性"；但永续债没有明确的到期时间，破产偿还顺序在一般公司债券之后，其发行方没有还本义务，又有着"股性"。也正是因为兼具"股性"和"债性"，发行方该如何定义永续债性质，利息支出能否在企

89

业所得税税前扣除存在争议。

64 号公告中所称的永续债，是指经有关机构核准、注册或备案的，依照法定程序发行、附赎回（续期）选择权或无明确到期日的债券。具体来说，公告中明确的永续债，包括可续期企业债、可续期公司债、永续债务融资工具（含永续票据）以及无固定期限资本债券等。

64 号公告规定，自 2019 年 1 月 1 日起，企业发行的永续债，可以适用股息、红利企业所得税政策，发行方支付的永续债利息支出不得在企业所得税税前扣除。同时，符合规定条件的永续债，也可以按照债券利息适用企业所得税政策，发行方支付的永续债利息支出准予在其企业所得税税前扣除。

"股"或"债"有判定条件

64 号公告为界定永续债的"股性"和"债性"，提出了明确的前提条件。

一般来说，发行方为增加其权益资本、不稀释已有股东的权益，同时不提高其资产负债率，多将其发行的永续债界定为"股"。按照 64 号公告规定，企业发行的永续债，可以适用股息、红利企业所得税政策，即投资方取得的永续债利息收入属于股息、红利性质，按照现行企业所得税政策相关规定进行处理，其中，发行方和投资方均为居民企业的，永续债利息收入可以适用企业所得税法规定的居民企业之间的股息、红利等权益性投资收益免征企业所得税规定；同时，发行方支付的永续债利息支出不得在企业所得税税前扣除。

实践中，如果发行方更倾向于将永续债界定为"债"，需满足相关条件。64 号公告规定，永续债如果符合 5 条以上规定条件的，也可以选择按照债券利息适用企业所得税政策，即发行方支付的永续债利息支出准予在其企业所得税税前扣除；投资方取得的永续债利息收入应当依法纳税。

上文提到的"规定条件"，具体指 9 个条件：（1）被投资企业对该项投资具有还本义务；（2）有明确约定的利率和付息频率；（3）有一定的投资期限；（4）投资方对被投资企业净资产不拥有所有权；（5）投资方不参与被投资企业日常生产经营活动；（6）被投资企业可以赎回，或满足特定条件后可以赎回；（7）被投资企业将该项投资计入负债；（8）该项投资不承担被投资企业股东同等的经营风险；（9）该项投资的清偿顺序位于被投资企业股东持有的股份之前。

案例 2-7

假定居民企业甲企业于 2019 年 3 月 30 日发行 30 亿元的永续债，年利率为 5%。甲企业可以选择将支付的该笔永续债利息，按照"股息"处理，那么，甲企业的永续债利息支出，不得在企业所得税税前扣除。投资方乙企业如果为居民企业，其取得的利息，可以享受股息免缴企业所得税的优惠。

甲企业如果将该笔永续债界定为"债"，利息支出想按照利息处理，应满足 64 号公告规定的 9 个条件中的至少 5 条。如果符合 64 号公告关于利息的规定，甲企业支付的利息支出 30×5%＝1.5（亿元），可以在企业所得税税前扣除。不考虑其他因素，假定甲企业适用税率为 25%，那么，甲企业可以少缴所得税 300000×5%×25%＝3750（万元）。相应地，乙企业取得的利息收入应作为企业所得税应税收入，如果不考虑其他因素，假定乙企业也适用 25% 的税率，乙企业需缴纳企业所得税 3750 万元。

发行方具有定性选择权

64 号公告将永续债定性的选择权交到发行方手中。

中汇税务集团全国技术总监、合伙人赵国庆分析，64 号公告通过发行文件公开税务选择方式，解决"混合错配"问题。64 号公告第四条规定，企业发行永续债，应当将其适用的税收处理方法在证券交易所、银行间债券市场等发行市场的发行文件中向投资方予以披露。"也就是说，永续债性质的选择权在发行人手中。"赵国庆说。

与此同时，64 号公告第五条规定，发行永续债的企业对每一永续债产品的税收处理方法一经确定，不得变更。

北京智方圆税务师事务所主管合伙人王冬生提醒，发行方虽然占据主导地位，但也须明确自身的义务，无论是发行永续债或者其他用于募集资金的金融商品，都应在合同或协议中，按照税法的规定，明确收益的性质，以此来明确自身的纳税义务。

相应地，投资方也应根据发行方的选择，做好税务处理，在做出投资决策时，时刻关注发行方在"发行文件"中披露的信息，以此来确定其投资收益的性质，属于股息或利息，做相应的税务处理。

税会处理不一定需要一致

64 号公告并未要求永续债在税会处理的一致性。

德勤中国税务总监李浩文分析，根据 64 号公告规定，发行方将永续债计入负债的会计处理，只是其可选择永续债作为利息处理需满足的 9 个条件之一，并不直接导致其在税务上一定按照债券利息处理。根据 64 号公告第五条规定，企业对永续债采取的税收处理办法与会计核算方式不一致的，发行方、投资方在进行税收处理时须作出相应纳税调整。

李浩文解释，发行方如果在会计上将永续债界定为权益工具，相应的利息作为利润分配处理；但在企业所得税上仍可以选择将该利息作为债券利息在税前扣除，除非无法满足 64 号公告相关条件。

德勤金融服务行业税务领导合伙人俞娜表示，64 号公告明确了永续债的企业所得税处理，既是对永续债税务监管的必要补充，也是对我国资本市场相关税收政策的重要完善。她提醒相关纳税人，应继续关注我国税收领域对混合性投资工具及投资安排的法规与实践动态，在使用相关投资工具或安排时，将税收因素以及潜在的不确定性风险纳入考量范围。

.... 推荐阅读 ....

财政部 税务总局公告
2019年第64号

改变"按部就班享优惠"的惯性思维

康晓博　周益衡　李　睿

────────── 阅读提示 ──────────

2019 年 5 月 8 日召开的国务院常务会议，决定延续集成电路设计企业和软件企业的"两免三减半"税收优惠政策，这对于相关企业来说，是一个重大利好。业内专家提醒相关企业，尽管税收优惠政策延续了，但是在具体适用的过程中，要改变"按部就班享优惠"的惯性思维，不断升级自身的税务管理能力，形成一批高质量的创新成果。

2019 年 5 月 8 日召开的国务院常务会议决定，延续集成电路设计和软件企业的"两免三减半"税收优惠，并适用于 2018 年度汇算清缴。对此，财政部、税务总局近日发布《关于集成电路设计和软件产业企业所得税政策的公告》（财政部 税务总局公告 2019 年第 68 号，以下简称 68 号公告），对相关政策做了进一步明确。

惊喜：优惠无缝衔接，汇算清缴也适用

68 号公告规定，依法成立且符合条件的集成电路设计企业和软件企业，在 2018 年 12 月 31 日前自获利年度起计算优惠期，享受"两免三减半"优惠，并享受至期满为止——这为相关企业在 2018 年度汇算清缴中享受相应优惠及时提供了政策依据。不少企业闻讯纷纷点赞，连称"惊喜"。

企业之所以感到"惊喜"，与"两免三减半"优惠政策的及时延续密切相关。2000 年，国务院发布了《鼓励软件产业和集成电路产业发展的若干政策》（国

发〔2000〕18 号），规定优惠政策截止时间是 2010 年。优惠到期之际，国务院于 2011 年及时出台《进一步鼓励软件产业和集成电路产业发展的若干政策》（国发〔2011〕4 号），继续延续相关企业"两免三减半"等税收优惠，并规定所得税优惠截止 2017 年 12 月 31 日。此次国务院常务会议的决定，使优惠政策再次"无缝"衔接，对于相关企业来说无疑是重要利好。

案例 2-8

微梦创科网络科技（中国）有限公司（即新浪微博注册公司）在之前已经做了研究分析，预判优惠政策将继续延续，但始终感觉不踏实，因为万一优惠不再延续，企业可能须补缴一笔数额不小的税款，这对于研发投入大、发展速度快的新浪微博来说，将形成一定资金压力。

对此，深圳市汇杰芯科技有限公司财务负责人刘爱军也深有感触。她向记者表示，企业原本不打算在 2018 年度汇算清缴中继续适用"两免三减半"优惠，获悉政策延续的消息后，他们随即开始调整汇算清缴工作，预计算下来还有可能会退税，这简直是"意外的惊喜"。

中汇税务师事务所合伙人孙洋告诉记者，集成电路和软件产业是支撑经济社会发展的战略性、基础性和先导性产业，当前我国经济发展面临比较复杂的内外部环境，加速发展这两个产业意义重大。不过，这两个产业具有资本密集、风险高、周期长等特点，国家延续"两免三减半"优惠政策，将增强企业的研发动力和创新活力，提振投资者信心，形成积极的市场预期，进而助推我国经济结构优化升级。

德勤中国税务合伙人王佳表示，优惠政策在 5 月初明确延续，考虑得比较充分，给企业汇算清缴提供了修改调整时间。对于那些符合优惠条件、已经完成汇算清缴但没有适用优惠的企业来说，可以进行修改申报，具体操作起来难度并不大。不过应当注意的是，企业须严格按照政策规定留存相关资料备查。同时，享受该优惠后需要办理退税的企业，应积极与主管税务机关沟通联系，按照相应要求准备好退税资料。

重点：升级研发管理，持续创新不放松

采访中，不少企业提到，虽然税收优惠政策延续了，但是国家宏观经济政策背景却与以往不同——国家层面对企业创新的总体期望更高，对"真创新"的企业政策环境更宽松，对"假创新"和"只创新不发展"的企业，在享受优惠的资格上要求更严格。这就需要相关集成电路和软件企业改变"按部就班享受优惠"的惯性思维，与时俱进地升级自身的税务管理能力，真正用好税收优惠，持续创新不放松，形成一批高质量的创新成果。

孙洋表示，根据规定，是否符合享受优惠的各项条件，由企业自行判断。其中，研发方面的条件指标是重中之重，这也是企业需要提高相应税务管理能力的关键点。

以软件企业为例，根据《财政部 国家税务总局 发展改革委 工业和信息化部关于软件和集成电路产业企业所得税优惠政策有关问题的通知》（财税〔2016〕49号）规定，软件企业享受相关优惠须满足的条件包括研发人员占企业月平均职工总数的比例不低于20%、研发费用总额占企业销售收入总额的比例不低于6%、在中国境内发生的研发费用金额占研发费用总额的比例不低于60%等。实践中，企业由于研发管理不到位、研发费用归集不准确而发生风险、无法享受相应优惠的例子，并不少见。

"对于企业来说，建立一套良好的研发管理和研发费用归集机制，并依据相关规定准备好备查资料，十分必要。"王佳告诉记者，从整体上看，审批认定取消后，对企业财税人员的要求明显提高了，财税人员不仅要做好本职工作，而且要熟悉企业的经营业务，充分了解企业具体的研发项目安排、研发人员的职责、研发部门的架构和研发费用的构成等，这样才能进行准确核算，防范潜在税务风险。

案例 2-9

深圳雷柏科技股份有限公司在开展研发时并非"漫无目的"，而是有着市场拓展、产品规划、竞争策略等多方面的考量，这些不同考量会

决定研发投入的方向、投入的规模、技术的关键点和先进性等诸多方面，一旦对相关规定中的关键指标重视不足，就很可能无法享受税收优惠。因此，企业建立了一套多部门共同参与的研发管理制度，财税部门要主动参与、提前掌握企业的研发战略，提前做好规划。

在此基础上，企业财税部门还应与研发部门密切沟通、合作，确保研发费用准确归集。必要时还可借助涉税专业服务机构的力量，这样能"事半功倍"。对此，微梦创科网络科技有限公司税务经理金园园感触颇深。她告诉记者，从享受优惠所需资料来看，绝大部分内容都和研发相关，但财税人员不懂技术、研发人员不懂财税，要打破障碍，就需要两个团队加强沟通、密切合作，这样才能将技术的核心要点准确地反映在备案资料中，也有助于准确地设置明细科目，做好研发费用核算，为更顺畅地享受优惠打下良好基础。

提醒：统筹适用优惠，用足用好添动力

综合记者的采访情况来看，对集成电路和软件企业研发创新帮助比较大的税收优惠政策，除了"两免三减半"等行业特有的优惠外，还有高新技术企业优惠、研发费用加计扣除优惠等。

实践中，专门针对行业的税收优惠与其他税收优惠之间，有时可能会出现"无法兼得"的情况，比如，"两免三减半"优惠与高新优惠就不能同时享受，这就需要企业加强对各项税收优惠政策的研究，并结合当前业务状况及未来的发展战略，进行统筹规划和准确适用。

案例 2-10

一家软件企业正值享受"两免三减半"优惠的第二年，从第三年起将减半缴纳企业所得税。恰在此时，该企业通过了高新技术企业资格认定，可以享受15%所得税优惠税率。由于"减半"优惠和高新优惠算下来须缴纳的税款相差不多，该企业产生了困惑：接下来到底应选择享

受哪种优惠？

实践中，有类似困惑的企业可能不在少数。孙洋对此建议，做好统筹考量和规划非常重要。

案例 2-11

北京君正集成电路股份有限公司在海淀区税务机关的贴心服务和辅导下，对各项税收优惠政策有了深入了解，在创立之初，就享受了"两免三减半"优惠。对于刚成立不久、资金较为紧张的企业来说，前两年免缴所得税，可以节省宝贵的发展资金；当君正实现一定发展后，通过了国家规划布局内重点集成电路设计企业资格认定，享受 10% 所得税优惠税率，为企业持续加大研发提供了资金支持。算下来，在企业成立的 10 年内，通过统筹享受优惠政策，在所得税方面节省了上千万元的税款，有力地促进了企业在生物识别、教育电子、物联网、智能家居等行业的领先发展。

君正财务总监叶飞说，大体上看，"两免三减半"优惠，更适合初创期企业，但是享受完 5 年就结束了。之后企业进入稳定发展期，极有可能会通过高新技术企业资格认定。一旦通过认定，不仅有税收上的"红利"，而且对于企业获得政府补助、赢得订单、吸引人才等都有帮助。这就需要企业综合考量各项因素，做好统筹规划，既要"利眼前"，又要"利长远"。

"好比高考，你只有考出了好成绩，才能选择去哪所名校就读。"金园园说，在统筹适用各类税收优惠的过程中，企业应当注重练好"内功"，不断争取满足更多税收优惠政策的享受条件——因为拿到的优惠政策"资质"越多，选择的空间就越大，也才能进一步做好统筹考量和规划安排。

【延伸阅读】

今明两年免缴企业所得税？误读！

阚歆旸

2019 年 5 月 22 日，有知名媒体以《财政部 税务总局：集成电路设计企业今明两年免征企业所得税》为题，介绍了财政部、税务总局发布的《关于集成电路设计和软件产业企业所得税政策的公告》（财政部 税务总局公告 2019 年第 68 号，以下简称 68 号公告）的主要内容。经记者多方了解，证实该媒体的报道有误。"说今明两年免征企业所得税，明显是误读。"中瑞税务师事务所总裁魏斌说。

68 号公告规定，依法成立且符合条件的集成电路设计企业和软件企业，在 2018 年 12 月 31 日前自获利年度起计算优惠期，第一年至第二年免征企业所得税，第三年至第五年按照 25% 的法定税率减半征收企业所得税，并享受至期满为止（以下简称"两免三减半"优惠）。魏斌提醒，正确理解 68 号公告中"自获利年度起计算优惠期"这句话，是享受 68 号公告优惠的关键。

根据《财政部 国家税务总局关于进一步鼓励软件产业和集成电路产业发展企业所得税政策的通知》（财税〔2012〕27 号，以下简称 27 号文件）第十四条规定，获利年度，指企业当年应纳税所得额大于零的纳税年度。

假设 A 公司是符合条件的集成电路设计公司，成立于 2017 年 12 月 1 日，2017 年度应纳税所得额小于零，自 2018 年 1 月 1 日进入获利年度，即其应纳税所得额大于零，则 A 公司可以享受"两免三减半"优惠，开始时间为 2018 年 1 月 1 日。

致同（北京）税务师事务所合伙人王培提醒相关纳税人，如果相关企业在 68 号公告颁布前，已经提交 2018 年度企业所得税年度申报资料的，可以在 2019 年 5 月 31 日前，按照 68 号公告规定的优惠内容，重新办理企业所得税年度申报，以便更好地享受政策优惠。

王培表示，68 号公告只是将 27 号文件的税收优惠截止日期，由 2017 年

12月31日延长到2018年12月31日。至于今年、明年及今后能否继续享受优惠，还有待相关政策进一步明确。记者获悉，对于2018年12月31日以后成立，且符合条件的企业的相关企业所得税优惠政策，有关部门正在研究制定中，请相关纳税人关注。

------------------------------ 推荐阅读 ------------------------------

财政部　税务总局公告
2019年第68号

创投企业合伙人个税核算方式可自行选择

阚歆旸

阅读提示

2019年1月1日~2023年12月31日，创投企业在计算个人合伙人的个人所得税时，可以自行选择两种方式中的一种计税：一种是按单一投资基金核算，另一种是按创投企业年度所得整体核算。有关专家表示，此举有望进一步降低创投企业个人合伙人个人所得税税负，激发其创业热情。

2019年1月23日，财政部官方网站上发布《财政部 税务总局关于创业投资企业个人合伙人所得税政策问题的通知》（财税〔2019〕8号，以下简称8号文件）。采访中，中翰税务联合品牌机构秘书长王骏将8号文件的主要内容归纳为六个"两"：有"两"类适用主体、有"两"种核算方式、单一基金核算模式下需要考虑"两"类所得、有"两"类纳税申报方式，同时，纳税人可以考虑"两"类税收优惠的叠加以及"两"个层面的备案，真可谓六"两"

拨千金。

适用主体分为两类

据了解，8号文件的适用主体分两类：一类是按照发改委要求设立的创业投资企业，另一类是按照证监会私募投资基金管理要求设立的创投基金。

8号文件第一条规定，创投企业是指符合《创业投资企业管理暂行办法》（发展改革委等10部门令第39号）或者《私募投资基金监督管理暂行办法》（证监会令第105号）关于创业投资企业（基金）的有关规定，并按照上述规定完成备案且规范运作的合伙制创业投资企业（基金）。

《创业投资企业管理暂行办法》规定，创业投资企业，是指在中华人民共和国境内注册设立的主要从事创业投资的企业组织。其中，创业投资，是指向创业企业进行股权投资，以期所投资创业企业发育成熟或相对成熟后主要通过股权转让获得资本增值收益的投资方式。创业企业，是指在中华人民共和国境内注册设立的处于创建或重建过程中的成长性企业，但不含已经在公开市场上市的企业。

《私募投资基金监督管理暂行办法》第三十四条规定，创业投资基金，是指主要投资于未上市创业企业普通股或者依法可转换为普通股的优先股、可转换债券等权益的股权投资基金。

税务核算模式分两类

8号文件规定，创投企业可以选择按年度单一投资基金核算或者按创投企业年度所得整体核算两种方式之一，对其个人合伙人来源于创投企业的所得计算个人所得税应纳税额。

具体来说，选择按年度单一投资基金核算的，其个人合伙人在一个纳税年度内，从该基金应分得的股权转让所得和股息红利所得，按照20%税率计算缴纳个人所得税。

> 刘先生投资创投基金 1000 万元，获得其 10% 的份额。2019 年 12 月 31 日，创投基金从被投企业中分回股息红利 500 万元，则刘先生的个人所得税应纳税额为 500×10%×20%＝10（万元）。

创投企业选择按年度所得整体核算的，其个人合伙人在一个纳税年度内，应从创投企业取得的所得，按照"经营所得"项目、5%～35% 的超额累进税率计算缴纳个人所得税。

王骏提醒，符合条件的个人合伙人，在计算经营所得的应纳税所得额时，还可以按照新《个人所得税法》规定，扣除基本减除费用、专项扣除、专项附加扣除以及其他扣除。

> 假设王先生投资创投基金 A 企业 1000 万元，获得其 10% 的份额。A 企业 2019 年取得收入 8000 万元，成本费用及损失共计 5000 万元，按照份额应分配给王先生的金额为（8000－5000）×10%＝300（万元）。假设王先生 2019 年无综合所得，专项扣除（三险一金）10 万元，专项附加扣除 6 万元，则王先生的应纳税所得额为 300－6－10－6＝278（万元）。根据《个人所得税税率表二（经营所得适用）》，王先生应缴纳个人所得税＝2780000×35%－65500＝907500（元）。

中税标准税务师事务所首席合伙人李赢分析，如果某创投企业募集管理的基金有若干投资项目均预期有较大盈利，或者绝大多数项目能盈利、少部分项目亏损但金额可控，那么，其创投企业可以选择按年度单一投资基金核算，个人合伙人按照 20% 的税率计算缴纳个人所得税。如果创投企业募集管理的基金所投项目有盈利也有亏损，且亏损项目金额不小，能较大程度地抵减盈利，进而大幅降低个人合伙人应纳税所得。此时，创投企业可以选择按年度所得整体核算，以便其个人合伙人享受盈亏互抵的筹划收益。

单一基金核算模式下考虑两类所得

按照单一投资基金核算，需考虑股权转让所得和股息红利所得两种形式的所得。

第一类是股权转让所得。王骏分析，股权转让所得的基本计算公式是股权转让收入－股权原值－合理费用，与现行个人所得税法中对"财产转让所得"的应纳税所得额的确定方式类似。需要注意的是，在一个纳税年度内，不同项目的股权转让所得和股权转让损失可以盈亏互抵。

中税标准税务师事务所高级经理张雅丽提醒，8号文件第三条规定，按年度股权转让收入扣除对应股权原值和转让环节合理费用后的余额计算，股权原值和转让环节合理费用的确定方法，参照股权转让所得个人所得税有关政策规定执行。除此之外，单一投资基金发生的包括投资基金管理人的管理费和业绩报酬在内的其他支出，不得在核算时扣除。

案例 2-14

若孙先生投资创投基金1000万元，获得其10%的份额。3年后，该基金投资的A公司转让股权退出。如果A公司的转让收入为3000万元，转让股权成本为1000万元，缴纳印花税1.5万元，那么，孙先生的个人所得税应纳税额为（3000－1000－1.5）×10%×20%＝39.97（万元）；如果在一个纳税年度内，该基金投资的A公司的股权转让所得5000万元（已扣减股权原值及相关税费，下同），投资的另一B公司清算后的投资损失1000万元（已扣减股权原值及相关税费，下同），那么，孙先生的个人所得税应纳税额为（5000－1000）×10%×20%＝80（万元）；如果在一个纳税年度内，A公司的股权转让所得为5000万元，B公司清算后的投资损失为6000万元，那么，孙先生的个人所得税应纳税额为0元，且其未弥补的投资损失不能跨年结转。

第二类是股息红利所得。王骏分析，此类所得可以对比现行《个人所得税法》中的"利息、股息、红利所得"理解，包括创投企业持有投资的股息红利的所得；也包括在创投企业中会涉及一些保本固定收益类的投资收益以及债权投资的收益，其实就是利息所得。

8号文件规定，单一投资基金的股息红利所得，以其来源于所投资项目分配的股息、红利收入以及其他保本固定收益类证券等收入的全额计算。王骏提醒，股息红利所得和股权转让所得之间不能盈亏互抵，分别计税，也就是不能用股息红利所得去抵减股权转让损失。

纳税申报有两种方式

根据8号文件，两种核算模式对应着两种纳税申报方式。

对于单一基金核算模式下的股权转让所得和股息红利所得，采取源泉扣缴的方式，由创投企业按次进行代扣代缴。由于股权转让所得是按照年度计算的，因此对股权转让所得的部分的代扣代缴也是按年扣缴。"如果对合伙人按照项目提前分配，需要预留必要的纳税资金。"王骏提醒。

对于整体核算模式下的经营所得，应当采取自行申报的方式，先按月按季度预缴，在年度终了后规定时间内进行汇算清缴。

可考虑两类优惠叠加

王骏提醒，在计算、缴纳税款时，可以考虑创投企业规定的投资额加计扣除的优惠叠加效果。

8号文件规定，如符合《财政部 税务总局关于创业投资企业和天使投资个人有关税收政策的通知》（财税〔2018〕55号，以下简称55号文件）规定条件的，在计算单一基金模式的股权转让所得和整体核算模式的经营所得时，都可以按照政策规定进行投资额加计抵扣。具体来说，符合55号文件规定的创投企业个人合伙人，可以按照被转让项目对应投资额的70%，抵扣其应从基金年度股权转让所得中分得的份额，或抵扣其可以从创投企业应分得的经营所得后，再计算其应纳税额，当期不足抵扣的，不得向以后年度结转。

案例 2-15

朱先生投资创投基金 1000 万元，获得其 10% 的份额。该创投基金采取股权投资方式直接投资于初创科技型 A 企业。3 年后，该基金投资的 A 公司发生股权转让退出，转让收入 3000 万元，初始股权投资成本 1000 万元，缴纳的印花税 1.5 万元。由于投资符合 55 号文件规定，朱先生当期可抵扣的应纳税所得额 = 1000 × 10% × 70% = 70（万元），则朱先生应缴纳的个人所得税 = [（3000 - 1000 - 1.5）× 10% - 70] × 20% = 25.97（万元）。不难看出，考虑 55 号文件的叠加效应后，朱先生可以节税 39.97 - 25.97 = 14（万元）。

需要做好两个层面备案

王骏提醒相关纳税人，需注意行政监管层面和税务机关两个层面的备案。

在行业监管层面，创投企业应向发改委、省级主管部门或基金协会备案。"在税收征管层面的备案，是此次 8 号文件的新规定，相关纳税人应注意。" 王骏提醒。

8 号文件规定，创投企业选择按单一投资基金核算的，应当在按照本通知第一条规定完成备案的 30 日内，向主管税务机关进行核算方式备案；未按规定备案的，视同选择按创投企业年度所得整体核算。

同时，2019 年 1 月 1 日前已经完成备案的创投企业，选择按单一投资基金核算的，应当在 2019 年 3 月 1 日前向主管税务机关进行核算方式备案。创投企业选择一种核算方式满 3 年需要调整的，应当在满 3 年的次年 1 月 31 日前，重新向主管税务机关备案。

张雅丽提醒，根据相关政策规定，合伙创投企业的个人合伙人符合享受优惠条件的，合伙创投企业应在投资初创科技型企业满 2 年的年度终了后 3 个月内，向合伙创投企业主管税务机关办理备案手续。

【推荐阅读】

财税〔2019〕8号文件

细处着手，保持良好纳税信用记录

阚歆旸　李明炫

───── 阅读提示 ─────

国家发改委办公厅、国家税务总局办公厅联合发布的《关于加强个人所得税纳税信用建设的通知》（发改办财金规〔2019〕860 号）明确，建立个人所得税纳税信用管理机制、完善守信联合激励和失信联合惩戒机制。在此背景下，专家建议自然人纳税人，尤其是高净值人士，今后应对个人纳税信用高度重视，注意保持良好的纳税信用记录。

2019 年 8 月 20 日，国家发改委办公厅、国家税务总局办公厅发布的《关于加强个人所得税纳税信用建设的通知》（发改办财金规〔2019〕860 号，以下简称《通知》）传递出一个清晰的信号：个人所得税申报信用承诺制将全面实施，守信纳税人将获得更大便利和更多机会，严重失信者将面临税务机关的处罚和相关政府部门的联合惩戒。因此，广大纳税人特别是高净值人士，应该按照相关法律、法规的要求，从细处着手，努力保持良好的纳税信用记录。

提醒 1：全面梳理个人涉税信息

《通知》规定，要全面实施个人所得税申报信用承诺制。税务机关在《个人所得税自行纳税申报表》《个人所得税专项附加扣除信息表》等表单中设立格式规范、标准统一的信用承诺书，纳税人需对填报信息的真实性、准确性、完整性作出守信承诺。"纳税人作出守信承诺的前提是全面梳理个人涉税信息——这是非常关键的一步。"国家税务总局甘肃省税务局个人所得税处副处长朱志钢说。

安永税务部人力资本服务合伙人糜懿全分析，个人信用是社会信用体系的重要组成部分。纳税信用在个人信用中扮演着越来越重要的作用。在这种背景下，个人所得税申报信用承诺制，是税务机关将主体责任进一步回归到纳税人的具体体现。通览《通知》全文，可以很清楚地感受到，政府希望通过建立健全个人所得税申报信用承诺制，完善守信激励与失信惩戒机制，有效引导纳税人诚信纳税，公平享受减税红利，推动税务领域信用体系建设迈上新台阶。

那么，自然人纳税人需要梳理哪些涉税信息？糜懿全建议，纳税人可以按照两个部分来梳理：需向代扣代缴单位提供的信息和自行申报需向税务机关提供的信息。糜懿全分析，纳税人向代扣代缴单位提供的相关信息，包括个人所得税改革新增的专项附加扣除相关的信息；外籍个人以非现金形式或实报实销形式取得的合理的住房补贴、伙食补贴、子女教育费补贴、探亲费等免征个人所得税收入项目等信息。

"专项附加扣除，是个人所得税改革元年的新亮点，也是纳税人需要重点关注的信息。"德勤人力资源全球服务组及私人客户服务北方区主管合伙人王欢说。具体来说，专项附加扣除包括子女教育、继续教育、大病医疗、住房贷款利息、住房租金以及赡养老人6个项目，纳税人登录"个人所得税"App首页，选择相应扣除板块后，系统会自动提示。以住房租金为例，填报前，纳税人需要提前准备住房租赁信息（合同编码、租赁房屋坐落地址、租赁方信息）、工作城市信息（市一级主要工作城市）以及扣缴义务人信息（预扣预缴个人所得税的扣缴义务人的完整名称和统一社会信用代码）等资料，并保证信息的完整、准确。

王欢提醒，目前纳税人享受专项附加扣除时，不需要提交证明材料，但需要将相关的证明材料留存备查。因此，纳税人更需特别关注专项附加扣除信息的准确性和真实性，从而保证纳税申报的准确度和合规度。朱志钢说，纳税人自行申报部分，可以根据申报表格的要求，确定需要填报的信息。例如，取得综合所得需要办理汇算清缴的纳税人，需要填报个人所得税年度自行纳税申报表。

（不同类型个人所得税申报表，请扫描文末二维码了解）

提醒2：避免产生违法违规记录

《通知》明确，对于违反《中华人民共和国税收征收管理法》《中华人民共和国个人所得税法》以及其他法律法规和规范性文件，违背诚实信用原则，存在偷税、骗税、骗抵、冒用他人身份信息、恶意举报、虚假申诉等失信行为的当事人，税务机关将其列入重点关注对象，依法依规采取行政性约束和惩戒措施。

廉懿全认为，自然人纳税人要避免被惩戒，最重要的是避免出现违规行为。从实务看，自然人纳税人在年度汇算清缴和专项附加扣除的操作中，相对比较容易产生申报不合规记录。

具体来说，在年度汇算清缴时，自然人纳税人可能会忽视申报的时限。《中华人民共和国个人所得税法》第十一条规定，居民个人取得综合所得，按年计算个人所得税；有扣缴义务人的，由扣缴义务人按月或者按次预扣预缴税款；需要办理汇算清缴的，应当在取得所得的次年3月1日至6月30日内办理汇算清缴。

专项附加扣除方面，纳税人如果报送虚假专项附加扣除信息；重复享受专项附加扣除；超范围或标准享受专项附加扣除；拒不提供留存备查资料以及税务总局规定的其他情形，都可能产生违法违规行为记录。王欢提醒，根据《国家税务总局关于发布〈个人所得税专项附加扣除操作办法（试行）〉的公告》（国家税务总局公告2018年第60号）第二十九条规定，有上述情形之一的，主管税务机关应当责令其改正；情形严重的，应当纳入有关信用信息系统，并按照国家有关规定实施联合惩戒。

纳税人的违法违规行为记录，很可能对个人名誉、生产生活产生一系列负面影响。据国家税务总局官方网站披露信息显示，因违规购买虚开的增值税发票，济南某耐磨生产企业的几名高管被限制乘坐飞机和高铁出行；因大肆虚开农产品收购发票抵扣增值税进项税额，并采取收取手续费方式向下游企业大量虚开增值税专用发票，某药业有限责任公司的法定代表人何某被移送司法机关，并被追缴税款3.8亿元；因未按照有关税法的规定履行纳税义务，并存在偷税行为，三亚某投资公司法定代表人鲁某，在珠海拱北出境时被海关限制出境。

提醒3：高净值人士更需要关注

相较于收入来源单一的自然人纳税人，高净值人士的收入组成和资产分布更具多样性，税务情况相对复杂。被税务机关列为严重失信的当事人，可能面临限制出境、限制购买不动产、乘坐飞机、乘坐高等级列车和席次、旅游度假、入住星级以上宾馆及其他高消费行为等约束和惩罚措施。对于高净值人士而言，如果因纳税诚信问题被处罚，将严重影响其日常生活和社会信誉。

基于此，王欢建议高净值人士关注自行申报个人所得税的合规性。根据不同类型的收入，准确履行对应的纳税申报义务。例如，对于综合所得类型多样化或以稿酬、特许权使用费和劳务报酬为主要收入的个人，需关注境内综合所得的年度汇算清缴要求；对于以合伙人身份进行相关基金投资的个人或以工作室形式开展相关经营的个人，需关注境内经营所得的年度汇算清缴；对于从境外取得综合所得，经营所得，利息、股息、红利所得，财产租赁所得，财产转让所得以及偶然所得等的个人，需关注取得来源于境外所得的自行申报等。

值得注意的是，高净值人士可能需要根据不同的情形，同时进行若干项纳税申报。王欢建议高净值人士，及时梳理个人及家庭成员的税务现状，厘清税务申报要求，并适时寻求涉税专业服务机构的协助，以从容应对较为复杂的税务合规要求。同时，高净值人士还需密切关注失信修复机制的建立和进展，以及时修复因非主观因素所导致的失信事实而造成的不良影响。

·········· **推荐阅读** ··········

发改办财金规
〔2019〕860号文件

税务证明取消后，纳税人应注意什么

熊方萍　阚歆旸

阅读提示

根据国家税务总局发布的《关于取消一批税务事项证明的决定》（国家税务总局令第46号），15项税务证明被取消。不过，这不代表税务机关不再做任何审核。实践中，税务机关会用部门间共享信息等方式，替代原税务证明。这就要求纳税人提供的原始涉税信息必须是真实的，否则将面临一定的税务风险。

2019年3月8日，国家税务总局发布了《关于取消一批税务事项证明的决定》（国家税务总局令第46号，以下简称《决定》），包括总分机构证明、纳税困难证明、退税商店符合有关条件的证明、资源管理证明在内的15项税务证明事项都被取消。据记者了解，纳税人关注度较高的有3项，分别是总分机构证明，有权继承或接受遗赠的公证证明，科技企业孵化器、大学科技园证明。

那么，取消了这些证明对纳税人而言意味着什么？纳税人今后在处理相关业务时又该注意什么？对此，本报记者采访了掌握具体执行口径的多地基层税务机关工作人员，以及涉税专业服务机构有关专家。

总分机构证明：自行留存，无须提交

❖ 具体规定

《决定》第 12 项规定，纳税人办理增值税、消费税汇总纳税时，不再提交总分机构证明。改为纳税人自行留存备查批准设立分支机构的文件，无须由市场监管部门另外出具证明。

❖ 实操建议

在北京市办理增值税汇总纳税时，纳税人需按要求准备总机构和分支机构的营业执照复印件加盖总公司公章，携带已实名认证过的本人身份证原件、公章，前往办税服务厅窗口办理。有关专家提醒，今后，企业只要留存好能充分证明总分机构资格的资料即可。同时，纳税人需注意总机构与分机构的申报期限（季或月）保持一致，还应注意各地税务机关的一些具体规定。

对此，中汇江苏税务师事务所有限公司高级合伙人杨根新提示，不再提交总分机构证明，实质上是税务机关基于诚信假设而取消前置审核的举措。这是对纳税人的信任，但相关纳税人在享受信任的同时，要注意增强自觉性。具体到业务层面，不仅要保存好相关资料和证明，更要加强财务核算、发票管理和价格管理等内部管理，避免因内部资料管理不足而引发涉税风险。

继承、接受遗赠：由纳税人决定是否公证

❖ 具体规定

《决定》第 4 项规定，纳税人办理个人无偿受赠不动产免征个人所得税手续时，属于继承或接受遗赠的，不再提供公证资料、取消公证要求。有关材料报送比照《国家税务总局关于土地价款扣除时间等增值税征管问题的公告》（国家税务总局公告 2016 年第 86 号）第六条执行。

❖ **实操建议**

多位基层税务机关工作人员提醒，取消公证，对纳税人是一大利好，但应注意，取消公证证明，不等于取消资料审核。有关专家表示，税务机关仍然会对资料的完整性进行审核把关，但对相关资料的公证证明，要求从强制项变为可选项。换言之，相关纳税人仍需提供有权继承或接受遗赠的原件及复印件，但省去了办理公证的费用支出。同时，税务机关很可能采取更为严格的后续管理，来防止纳税人少缴或者漏缴相关税费行为的发生。

那么，取消原有的强制公证要求是否会损害继承或接受遗赠的合法性？对此，杨根新解释"不会"。因为取消公证要求后，继承人之间如果有纠纷，也可以采用公证的方式来保障合法性。

孵化器、科技园减免税：留存资料以备日后检查

❖ **具体规定**

《决定》第13项规定，纳税人在办理科技企业孵化器、国家大学科技园按规定免征房产税、城镇土地使用税、增值税备案时，原需提供国务院科技、教育行政主管部门出具的证明材料不再提交，而是通过政府部门间信息共享替代。

❖ **实操建议**

相关税务所工作人员提醒，不再提交，改由部门间信息共享的形式替代，但仍要做好房产土地权属资料、房产原值资料、房产土地租赁合同以及孵化协议等资料的留存保管，以备日后检查。

杨根新认为，对企业而言，房产税、城镇土地使用税按年计算，分期缴纳，税额基本固定。具体纳税期限由省、自治区、直辖市人民政府确定。比如江苏省是按季度申报缴纳。取消证明前，企业需要提供相关证明材料才能享受相应的减免待遇。《决定》实施后，企业按照要求自行对照，无需税务局审批或者备案，可以提高征纳双方的办事效率。

注意具体要求：为资料真实性承担责任

有关专家提醒，纳税人办理税收优惠时，务必注意对涉及证明的要求是"不

再提交"还是"不再提交，自行留存备查"，两者有明显的区别。

"不再提交"指税务机关不再将相关资料作为特别事项进行处理，基于对纳税人的信任假设以及自身获取第三方信息的能力，彻底取消该资料的必要性，政府部门间通过信息共享的方式来替代纳税人专程向税务机关提交材料的方式。比如"五证合一"企业在市场监督局登记的企业信息，就可以在金税三期中实现信息共享。

"不再提交，自行留存备查"就不一样了——该材料仍然是必要的，即纳税人依然需要前往主管部门开具相应证明材料。不同的是，业务办理流程中这类证明材料不再作为应向税务机关提交的必要材料。留存的意义在于，如果日后有相关需要，这些证明材料仍然能派上用场。

换句话说，"不再提交，自行留存备查"的实质是简化办理流程，节约纳税人的办税时间。专家提醒，对于有自行留存备查要求的证明，纳税人需保存好原件或经法院确认过的具有同等法律效力的电子版或复印件。原件不慎遗失时，纳税人务必及时到有关部门补办。"享受这一利好同时，纳税人应对证明资料、留存备查资料的真实性和合法性承担相应的法律责任。"北京鑫税广通税务师事务所业务总监付波说。

<hr>

推荐阅读

国家税务总局令 第46号及官方解读	国家税务总局令 第48号及官方解读

投资扶贫项目，可享多种优惠

——新版《支持脱贫攻坚税收优惠政策指引》使用方法解读

阚歆旸

阅读提示

国家税务总局发布的新版《支持脱贫攻坚税收优惠政策指引》，从支持贫困地区基础设施建设、推动涉农产业发展等6个方面，实施110项推动脱贫攻坚的优惠政策，助力贫困地区企业发展、为扶贫企业减负。

2019年8月14日，国家税务总局发布的新版《支持脱贫攻坚税收优惠政策指引》（以下简称《指引》），涵盖了支持贫困地区基础设施建设、推动涉农产业发展、激发贫困地区创业就业活力、推动普惠金融发展、促进"老少边穷"地区加快发展和鼓励社会力量加大扶贫捐赠6个方面110项推动脱贫攻坚的税收优惠政策，涉及增值税、企业所得税、个人所得税、印花税、耕地占用税等 12 个税种，涉及企业设立、经营、搬迁等多个环节。那么，纳税人如何用好新版《指引》呢？专家建议相关企业财务人员，首先要从整体上了解新版《指引》内容，结合具体经营情况、扶贫项目，找到相关的税收优惠，再判定是否满足税收优惠的条件。如果能够享受到优惠，还需要留存好相关的资料。

直观印象：聚拢优惠点，查阅很方便

近年来，为更好地支持扶贫项目，国家出台了一系列税收优惠政策。但是，这些税收优惠涉及多个税种，散落于不同的法律、法规以及规范性文件中，新版《指引》将这些分散的优惠点聚拢起来，查阅十分方便。

新版《指引》涵盖了支持贫困地区基础设施建设、推动涉农产业发展、激发贫困地区创业就业活力、推动普惠金融发展、促进"老少边穷"地区加快发展和鼓励社会力量加大扶贫捐赠 6 个方面 110 项推动脱贫攻坚的税收优惠政策。中税标准税务师事务所 CEO 李赢分析，新版《指引》涉及增值税、企业所得税、个人所得税、印花税、耕地占用税等 12 个税种；涉及企业设立、经营、搬迁等多个环节；几乎涉及贫困地区企业发展的全部领域。

案例 2-16

中化集团农业事业部致力于农业行业服务，原来涉农的税收优惠比较分散，涉及的税收文件也比较多，新版《指引》对贫困地区适用的税收优惠政策进行了梳理，并且按照不同类别进行列示，可以帮助他们和农户快速、便捷地查找和使用相关税收优惠，便于贫困地区企业和扶贫企业享受税收减免优惠。

那么，国家税务总局为何要推出新版《指引》呢？有关专家分析，这与近年来我国脱贫攻坚战战果显著、参与扶贫企业多、扶贫项目多有着直接的关系。据中国政府网披露信息显示，2013 ~ 2018 年我国农村每年减贫人数

均保持在 1000 万以上。目前,据不完全统计,正式立项开展脱贫攻坚的全国性社会组织共有 686 家,2018 年共开展扶贫项目 1536 个,扶贫项目总支出约 323 亿元,受益建档立卡户约 63 万,受益建档立卡贫困人口约 581 万。"有了新版《指引》的助力,参与扶贫的企业可以方便地享受税收优惠。"李赢说。

学习体会:涵盖内容全,涉及项目多

中税标准税务师事务所合伙人刘红政提醒,新版《指引》包含 6 个方面 110 项具体税收优惠,虽然内容较多,但国家税务总局在发布新版《指引》的同时,以附件的形式发布了新版《指引》汇编及文件目录。刘政红建议,财务人员可以从新版《指引》汇编和文件目录入手,先从整体上了解优惠的范围,在判定具体业务能否享受优惠时,才能做到有的放矢。

中化集团农业事业部税务负责人黄靖翔在了解了新版《指引》的基本框架和具体政策后,对照企业的主营业务,发现他们适用第 23 项、第 30 项、第 31 项、第 41 项至第 45 项等多条优惠。"不仅如此,国家税务总局的官方网站上,还将新版《指引》按照享受主体、优惠内容、享受条件以及政策依据的形式列式,这使得我们可以更加直观、便捷地享受优惠。"黄靖翔说。

中税标准税务师事务所经理袁媛建议企业财务人员,应关注公司的经营范围、归属行业以及创业群体等信息。具体来说,应关注企业的实际经营业务,观察企业是否涉及基础设施建设、涉农产业、普惠金融业务等,对照新版《指引》各大部分,寻找具体业务对应的税收优惠。

同时,还需要考虑企业的所在区域,判断企业是否在欠发达地区、革命老区、少数民族地区等区域内,对应享受相应优惠。在企业经营过程中,财务人员需要定期、动态比对营业范围,尤其关注主营业务涉及的几大税种,例如,企业所得税方面,是否满足小微企业要求;增值税方面,是否购入了固定资产;当年是否发生了捐赠业务等情况。

使用技巧:找到优惠点,继续查文件

满足政策细节,是相关纳税人用好新版《指引》的关键。这就需要通过新版《指引》找到具体的文件，再详细加以研究。

记者在采访中发现，新版《指引》"激发贫困地区创业就业活力"部分中的"重点群体创业税收扣减"关注度很高。中税标准税务师事务所项目经理李瑜介绍，实务中，在享受该优惠时，部分纳税人存在忽略减免顺序及额度问题。李瑜提示，根据《国家税务总局 人力资源社会保障部 国务院扶贫办 教育部 关于实施支持和促进重点群体创业就业有关税收政策具体操作问题的公告》（国家税务总局公告2019年第10号）规定，重点群体人员享受创业、就业税收优惠的税款减免，应依次扣减增值税、城市维护建设税、教育费附加、地方教育费附加。"未关注减免顺序及额度的企业，可能在后续税务机关检查时，面临一定的税务风险。"李瑜提示。

根据新版《指引》，企业在享受税收优惠的过程中，还应注意与税务机关的有效沟通。新版《指引》"促进'老少边穷'地区加快发展"部分中的"西部地区鼓励类产业企业所得税优惠"，是目前覆盖面较广、优惠力度较大的一个优惠。享受该优惠，需要符合企业属于《西部地区鼓励类产业目录》范围、主营业务收入占比70%以上两个条件。但在具体享受优惠的过程中，对于暂时吃不准的问题，应及时向税务机关咨询。

案例 2-17

位于西安的中国电力工程顾问集团西北电力设计院有限公司，可以享受"西部地区鼓励类产业企业所得税优惠"。根据规定，企业在享受企业所得税优惠时，可以"自行判断、申报享受、相关资料留存备查"。但是，为规避税务风险，该公司在对照主营业务、判断企业适用《产业结构调整指导目录（2011年本）（修正）》的几条后，主动与主管税务机关沟通，请主管税务机关复核。得到主管税务机关的确认后，企业享受优惠底气更足。

值得注意的是，做好资料的留存备查工作，是企业享受新版《指引》优惠的依据。例如，企业在享受通过公益性社会组织或政府部门的公益性捐赠企业所得税税前扣除优惠时，就需要留存捐赠收据等支出证明材料，作为税前扣除的凭证。

---------------------------------- **推荐阅读** ----------------------------------

支持脱贫攻坚
税收优惠政策指引

加计抵减比例提高，注意测算税负变化

——生活性服务业纳税人增值税加计抵减比例提高至 15%

阙歆旸

阅读提示

2019 年 10 月 8 日，财政部、国家税务总局在其官方网站上发布的《关于明确生活性服务业增值税加计抵减政策的公告》（财政部 税务总局公告 2019 年第 87 号，以下简称 87 号公告）规定，2019 年 10 月 1 日～2021 年 12 月 31 日，允许生活性服务业纳税人按照当期可抵扣进项税额加计 15%，抵减应纳税额。

加计抵减是一项税收优惠措施，允许特定纳税人按照当期可抵扣进项税额的一定比例，虚拟计算出一个抵减额，专用于抵减一般计税方法下计算出来的应纳税额。今年我国实施更大规模减税降费，3 月，财政部、国家税务总局、海关总署发布的《关于深化增值税改革有关政策的公告》（财政部 税务总局 海关总署 2019 年第 39 号公告，以下简称 39 号公告），规定 2019 年 4 月 1 日～2021 年 12 月 31 日，允许生产、生活性服务业纳税人按照当期可抵扣进项税额加计 10%，抵减应纳税额。其中，生产、生活性服务业纳税人，指提供邮政服务、电信服务、现代服务、生活服务取得的销售额占全部销售额的比重超过 50% 的纳税人。

对比之下，不难发现，87 号公告将加计抵减优惠的适用主体聚焦到生活性服务业。那么，生活性服务具体包括哪些？《营业税改征增值税试点实施办法》第（七）条规定，生活服务，是指为满足城乡居民日常生活需求提供的各类服务活动。包括文化体育服务、教育医疗服务、旅游娱乐服务、餐饮住宿服务、居民日常服务和其他生活服务。

中汇盛胜（北京）税务师事务所技术总监孔令文提醒相关纳税人，应对照自身业务、发票开具以及收入确认的类型，确保满足生活性服务业的要求。同时，结合87号公告对销售额比例要求以及实务中的征管规定，他建议相关纳税人保证实际登记的行业包括生活性服务业，从而规避不必要的税务风险。

记者在采访中发现，很多纳税人对物业公司、物业管理、不动产租赁等现代服务业是否能享受15%的加计抵减存在疑惑。对此，北京中翰联合税务师事务所合伙人王骏认为，上述现代服务业与生活性服务业不同，不在87号公告优惠的范围内。

87号公告对适用主体的销售额条件进行了具体规定。适用87号公告的生活性服务业纳税人，指提供生活服务取得的销售额占全部销售额的比重超过50%的纳税人。

货物与劳务税方面专家叶全华分析，将加计抵减比例由10%提高至15%，这对生活性服务业企业无疑是一大利好。那么，相关纳税人应如何计算当期可抵减加计抵减额？

87号公告第三条规定，生活性服务业纳税人应按照当期可抵扣进项税额的15%计提当期加计抵减额。具体计算公式为：当期计提加计抵减额=当期可抵扣进项税额×15%；当期可抵减加计抵减额=上期末加计抵减额余额+当期计提加计抵减额－当期调减加计抵减额。

案例 2-18

假设B医疗服务机构为增值税一般纳税人，成立于2017年，其销售收入全部属于生活性服务业收入，符合加计抵减政策适用条件。2019年10月，B机构取得医疗服务免税收入1000万元，取得不符合免税条件的医疗服务应税收入1000万元，取得用于应税服务项目并勾选确认抵扣的进项税额40万元，当月没有发生进项税额转出；9月期末留抵税额为0元，未抵减完结转10月继续抵减的加计抵减额余额为1万元。

根据 87 号公告，B 机构 10 月应纳增值税税额＝销项税额－进项税额＝$1000 \times 6\% - 40 = 20$（万元）；10 月计提加计抵减额＝$40 \times 15\% = 6$（万元）；10 月可抵减加计抵减额＝$1 + 6 - 0 = 7$（万元）；10 月实际缴纳增值税＝$20 - 7 = 13$（万元）。

如果按照 39 号公告规定，B 机构 10 月计提加计抵减额＝$40 \times 10\% = 4$（万元）；10 月可抵减加计抵减额＝$1 + 4 - 0 = 5$（万元）；10 月实际缴纳增值税＝$20 - 5 = 15$（万元）。不难看出，根据 87 号公告，B 机构少缴增值税 2 万元。

孔令文提示生活性服务业纳税人，在实操层面，要测算各税种总体税负变化，合规享受税收优惠。孔令文分析，纳税人在享受加计抵减税收优惠的同时，会计上通过"其他收益"科目核算的加计抵减额，会增加企业所得税的应纳税所得额。基于此，相关纳税人应通盘考量小微企业所得税优惠等政策，做好测算和筹划，选择适用优惠。

纳税信用可修复，越早修复越有利

阚歆旸 李雨柔

———— 阅读提示 ————

2019 年 11 月 7 日，国家税务总局发布的《关于纳税信用修复有关事项的公告》（国家税务总局公告 2019 年第 37 号）明确，自 2020 年 1 月 1 日起，纳入纳税信用管理的企业纳税人，在符合特定条件时，可在规定期限内向主管税务机关申请纳税信用修复。引入信用修复机制后，纳税信用管理从静态锁定模式进入动态模式，更具适应性。

甲企业位于北京市丰台区，近几年与三大电信运营商合作，参与 5G 基础设施建设，其承接的所有项目均需通过招投标完成。企业能否中标，纳税信用是一个关键参考指标。但由于纳税评估补税超期，甲企业的纳税信用等级直接被评为 D 级，这可急坏了企业财务人员曹女士。前几天，曹女士在税企日常沟通微信群中，看到可修复纳税信用的消息后，第一时间与主管税务机关联系，了解具体事宜。"这个修复机会，对我们来说是意外之喜，这次我们一定会好好珍惜。"曹女士真挚地说。

纳税信用可修复

曹女士的"意外之喜"，源于国家税务总局发布的《关于纳税信用修复有关事项的公告》（国家税务总局公告 2019 年第 37 号，以下简称 37 号公告）。在此前的信用管理模式中，信用等级是依据过往纳税行为记录评定的，纳税人一旦做出不当行为影响其信用等级之后，在未来的一段时间内，只能承受低信用等级的限制。根据 37 号公告，共有 19 种情节轻微或是未造成严重社会影响的纳税信用失信行为，在符合相应修复条件时，可以向主管税务机关申请纳税信用修复。

记者在 37 号公告的附件 1《纳税信用修复范围及标准》看到，这 19 种情节轻微或是未造成严重社会影响的纳税信用失信行为，按照扣分多寡分为四类：一是未按规定期限填报财务报表等八项扣 3 分的失信行为；二是未按规定期限纳税申报等四项扣 5 分的失信行为；三是三项扣除 11 分的失信行为；四是四项纳税信用等级直接判定为 D 级的失信行为。结合往年纳税信用评价的具体情况看，这 19 项纳税失信行为扣分频次较高、涉及纳税人范围较大。

根据国家税务总局发布的《纳税信用评价指标和评价方式（试行）》（国家税务总局公告 2014 年第 48 号），至评定期末，已办理纳税申报后，纳税人未在税款缴纳期限内缴纳税款，或经批准延期缴纳的税款期限已满，纳税人未在税款缴纳期限内缴纳的税款在 5 万元以上（含 5 万元）的；出现银行账户设置数大于纳税人向税务机关提供数情形的；或是已代扣代收税款，未按规定解缴的，一次性扣除 11 分。37 号公告发布后，出现这三项失信行为的纳税人，在规定时间内及时改正的，最高可恢复 11 分。

根据规定，有非正常户记录的纳税人，在规定期限内未补缴或足额补缴税款、滞纳金和罚款，非正常户直接责任人员注册登记或负责经营的其他纳税户，以及 D 级纳税人的直接责任人员注册登记或负责经营的其他纳税户，纳税信用等级将直接判定为 D 级。根据 37 号公告，出现这四种情形的失信纳税人，在及时纠正其失信行为后，也可申请修复纳税信用。需要注意的是，前两种情形下，纳税人纠正其失信行为后，税务机关依据纳税人申请重新评价纳税信用级别，但是不得评价为 A 级。

修复时段分三档

根据 37 号公告，纳税人可在失信行为被税务机关列入失信记录的次年年底前，或是被直接判为 D 级的次年年底前，向主管税务机关提出信用修复申请。《纳税信用修复范围及标准》中，对信用修复加分的分值和修复标准做了明确的规定。记者发现，纳税人信用修复的程度，与其纠正失信行为的时间有着重要联系。

以纳税人未按规定时限报送财务会计制度或财务处理办法为例，纳税人出现这一失信行为，将被扣除 3 分。根据 37 号公告，如果纳税人在失信行为被税务机关列入失信记录后 30 日内纠正该行为，可以修复的分数为 2.4 分；如果是超过 30 日且在当年年底前纠正，可以修复的分数为 1.2 分；如果纳税人是超过 30 日且在次年年底前纠正失信行为，则只能修复 0.6 分。

值得关注的是，部分失信行为的修复程度，也与此项行为的严重程度有关，其严重程度主要体现在涉及税款的金额上。比如，纳税人已代扣代收税款，未按规定解缴的，按照规定将一次性扣除 11 分。若纳税人在失信行为被税务机关列入失信记录后 30 日内纠正该行为，涉及税款在 1000 元以下的，扣除的 11 分可以全部修复，但涉及税款超过 1000 元的，只能修复 8.8 分。"由此可见，企业一旦出现失信行为，应当尽早纠正，以最大限度降低失信行为对企业造成的影响。"国家税务总局北京市丰台区税务局纳税服务科朱睿说。

朱睿分析，从《纳税信用修复范围及标准》的 19 项具体失信行为来看，其中的 11 项是由于纳税人超过规定期限未办理相关税务事项而导致的。这在一定程度上说明，纳税人在日常税务处理中，对"规定期限"的关注度不高。实务中，曾有企业因未按规定期限解缴代扣代收税款，纳税信用等级从 A 级降至 B 级，引起供应商的关注，企业还就此事项专门向供应商做出详细解释。

虚假承诺有处罚

37 号公告第三款明确规定，提出纳税信用修复申请的纳税人应填报《纳税信用修复申请表》，并对纠正失信行为的真实性作出承诺。如果纳税人对纠正失信行为作出虚假承诺，一经发现，不但相应的纳税信用修复会被撤销，还会因故意隐瞒真实情况、提供虚假承诺办理有关事项而被扣除 5 分。

致同（北京）税务师事务所合伙人王培提醒，一定要杜绝纳税人利用信用修复机制，作出虚假承诺，弱化对申报纳税期限的重视程度，持续、多次、反复延误申报或滞纳税款，扰乱正常申报纳税秩序，增加税务机关的征管成本负担。

根据规定，被认定为非正常户的纳税人，须在履行相应法律义务并由税务机关依法解除非正常户状态后，方可申请信用修复。同时，非正常户失信行为纳税信用修复一个纳税年度内只能申请一次。王培表示，此项规定也在一定程度上有助于防止信用修复机制被纳税人恶意利用。

自2016年4月建立税收信用修复机制以来，截至2019年9月，全国累计有1650户涉及偷逃税款的"黑名单"当事人，在主动缴清税款、滞纳金和罚款后，被从"黑名单"公告栏中撤出，体现了信用监管对诚信纳税的引导作用。

对此，中汇盛胜（北京）税务师事务所技术总监孔令文表示，惩戒好比高悬的剑，未必真要刺中谁。国家实施纳税信用等级管理，主要是为了提升纳税人的纳税遵从度，处罚或降级不是最终目的。因此，纳税人应该利用好37号公告提供的信用修复机会，尽早实现纳税信用等级的升级，并以此为开端，全面优化企业内部的纳税信用管理，擦亮诚信企业的"金字招牌"。

【推荐阅读】

纳税信用修复
范围及标准

国家税务总局公告
2019年第37号解读

第三章　难点疑点

企业要跨区域迁移，到底应该怎么办？税务注销到底难不难？在减税降费背景下，企业如何更好地享受减税降费红利？企业所得税汇算清缴中遇到的疑难问题，究竟要怎么解决……

在这一章，来自税务系统和涉税专业服务机构的税收实务专家，以及在实操一线的企业财务负责人，在总结实战经验的基础上，结合具体案例，深度剖析企业在日常涉税业务中遇到的疑难问题并分享有效的应对方法。

在办理跨区域迁移、税务注销等具体业务中，企业既要做好前期规划，也要掌握一定的技巧：对建筑施工企业来说，既要关注日常税务风险高发点，也要加强内部税务管理制度的建设；在签订交易合同时，企业要用好涉税条款，合规、有效地规避风险；在企业所得税汇算清缴工作中，企业应对疑难问题分类处理……

跨区域迁移：请收好这份税收指南

李传翠　董泽斌　周益衡　龙晶晶

阅读提示

国家税务总局发布《关于贯彻落实全国深化"放管服"改革转变政府职能电视电话会议精神 优化税收营商环境有关事项的通知》（税总函〔2018〕461号），明确提出要简化跨区域迁移流程。那么，该文件发布以来，企业在办理迁移手续过程中有哪些新变化？又有哪些值得注意的税收事项呢？带着这些问题，本报记者做了调查采访。

跨区域迁移，是企业在实务中常见的事项。然而，在迁移过程中，不可避免地要进行工商登记和税务登记的变更。由于税务登记的变更会带来税源的迁出，企业迁出地政府不一定乐意，在迁移过程中难免会"遇到点麻烦"，怎么办呢？

调查｜跨区域迁移正在变得更容易

案例 3-1

一家大型央企在某市 A 区开展经营活动，税务关系却在该市 B 区，而且长期未申请将税务关系由 B 区迁至 A 区。该公司之所以未办理迁移，是担心税务迁移办理工作过于复杂，特别是像他们这种大型央企，每年税收贡献较高，生怕迁出地政府"不放"。

其实，企业大可不必为此焦虑。因为，企业类似的痛点问题，正是政府"放管服"改革关注的重点。在各级税务机关的努力下，企业办理跨区域迁移正在变得更容易。

2018年8月，国家税务总局发布《关于贯彻落实全国深化"放管服"改革转变政府职能电视电话会议精神 优化税收营商环境有关事项的通知》（税总函〔2018〕461号，以下简称《通知》），明确提出，简化跨区域迁移流程，2018年底前，对不存在未办结事项且属于正常户的纳税人在本省内跨区迁移即时办结。"《通知》提出的举措紧扣纳税人最关注、最迫切的问题，有很强的针对性和有效性，对于降低企业制度性交易成本具有重要作用。"中共中央党校（国家行政学院）教授许正中表示。

此外，本着优化营商环境，最大程度便利市场主体，激发市场活力的考虑，各地也陆续出台具体举措简化跨区域迁移流程。

比如，北京市推出了《北京市纳税人跨区迁移管理办法》，明确：年度缴纳税款1000万元以上、市级重点税源企业及纳入白名单管理的纳税人跨区迁移事权在国家税务总局北京市税务局；年度缴纳税款不满1000万元的纳税人跨区迁移事权在各区税务局。并且对于符合条件的市内跨区迁移申请，要求受理机关于5个工作日内办理完毕，纳税人可通过网上申请或上门申请的方式办理跨区迁移手续。

国家税务总局上海市税务局在全国首创以"变更登记"代替"注销登记"方式，优化办税流程，实现企业跨区迁移快速办理。

国家税务总局贵州省税务局制定《纳税人跨区迁移办理规范（试行）》，简化了登记流程。纳税人只需持《变更税务登记表》向迁出地主管税务机关提出申请，即可即时办结纳税申报、空白发票缴销、税控系统信息修改等全部涉税事项。企业原来享受的税收优惠政策、增值税一般纳税人资格、网上勾选认证资质等信息，也将自动保留并同时迁移至迁入地主管税务机关，无须重新办理。

案例 3-2

2018年10月，字节跳动有限公司由于注册地址变更，刚刚办理完从北京市朝阳区到海淀区的跨区税务迁移。通过CA"一证通"登录北京市电子税务局网上办税服务厅，点击"跨区迁移"业务模块，提交税务跨区迁出及迁入申请后，仅2个工作日，公司的申请就得到了电子税务局的批准受理，税务关系全部迁移成功。

国家税务总局北京市海淀区税务局第三税务所在接到企业的税务迁入申请后，第一时间与该公司财务人员小郭联系，提示其进行迁入后的相关税务操作及日常税务工作中可能会遇到的问题，并清晰地告知其需要准备的相关资料和手续，帮他省了不少事。整个过程，小郭不用到办税服务厅排队，只需在网上操作即可办结。

案例 3-3

2018年9月10日，某商贸有限公司的办税员小李在网上提交了跨区迁移申请，因为有欠税，当天申请被驳回了。申请驳回后，小李收到了税务机关给出的一份内容清晰的处理通知书，包括欠税的税种、所属期间以及欠税的金额、去哪里办理等，都列得很详细。小李只需按照指引操作，就可以顺利办完所有事项，非常便捷。处理完毕后，小李于9月12日再次提交了申请，很顺利地就办完了迁出手续。

提醒 | 迁移前做好准备避免走弯路

迁移前和税务机关深入沟通，弄清流程非常关键。

案例 3-4

中影星美电影院线有限公司的注册地在北京市朝阳区，2008年6月，由于经营原因，搬迁至北京市海淀区办公，税务关系却一直留在朝阳区。2018 年 8 月，按照国家税务总局经营地和纳税地一致的要求，该公司开始办理跨区迁移事项。在迁出地和迁入地税务人员的指导下，公司财务负责人提前弄清了办理迁出、迁入需要准备的相关资料和手续，迁移的过程很顺畅。

据了解，企业发生跨区域迁移，具体的操作流程，是先在迁出地申请跨区迁移，然后到迁入地办理迁入手续。"其实，单纯的迁出、迁入手续并不复杂，复杂的是办理手续前资料及相关事项的准备工作。"字节跳动有限公司财务人员小郭表示。

按照《税收征收管理法实施细则》，纳税人因住所、经营地点变动，涉及改变税务登记机关的，应当在向工商行政管理机关或者其他机关申请办理变更或者注销登记前或者住所、经营地点变动前，向原税务登记机关申报办理注销税务登记，并在 30 日内向迁达地税务机关申报办理税务登记。同时，纳税人在办理注销税务登记前，应当向税务机关结清应纳税款、滞纳金、罚款，缴销发票、税务登记证件和其他税务证件。

中汇四川税务师事务所合伙人邹胜提醒说，上述操作，都有既定规范和时限。因此，企业迁移前，务必做好充分的准备，了解主管税务机关要求，熟悉变更及注销税务登记的相关法律法规及政策性文件的规定，按其对于申请时限、申请程序、提交材料、发票缴销、后续事项等的具体规定操作办理。

这一点，也是国家税务总局北京市西城区税务局要着重提醒纳税人的。该局有关负责人表示，在日常业务受理过程中，大多数企业并不熟悉办理迁移程序，准备不充分。比如，企业存在已发起未办结的待办任务或尚未处理完毕的税收违法行为，税务人员在退回补正或不予受理通知书中已经写明：请企业至办税服务厅办理完结后再次提交迁出申请。可是，很多企业并没有认真履行，而只是一味地重复提交迁出申请，延缓了迁移的进程。

除了弄清流程，企业还需要注意实务方面的问题。国家税务总局北京市海淀区税务局相关负责人表示，纳税人在申请跨区域迁移前，务必保证企业自身在税务机关无未办结的稽查案件、风控事项及其他核查工作，确保迁移申请可以及时受理。

此外，邹胜还提醒，在迁移办理过程中，由于各地的办理流程、要求等不同，有的会存在一定时间的发票空档期，企业应及时开具完应开发票后再进行发票缴销、办理税务迁移，还要及时认证勾选手中尚未抵扣的增值税凭证，避免因迁移后纳税人识别号发生变化而无法抵扣，影响企业经营。

同时，企业迁移过程中如果涉及资产损失，应及时进行税务处理。比如，企业在迁移前清点资产可能会发现资产短缺盘亏，迁移过程中处置一些资产，也可能会出现资产损失。出现这种情况，企业应该及时准备资产损失的备查资料，涉及增值税进项税额转出的还需要进行转出。

案例 3-5

> 2018 年 10 月，一家大型国企的税务总监正在为企业办理跨地区迁移。由于公司高层变动，业务交接出现一定空档，影响了迁移业务的办理进程。这位税务总监感慨："企业特别是重点税源企业办理迁移，公司高层领导一定要高度重视并积极参与协调和配合。"

建议｜关注重点事项防控税务风险

企业发生跨区域迁移，大都是只迁移经营地址，其他事项不变，并存续生产经营。"其中涉及的主要税务问题，是与增值税和企业所得税相关的事项。"邹胜表示。

具体到增值税的处理而言，主要包括保留增值税一般纳税人资格和进项留抵税额两个方面。

根据《国家税务总局关于一般纳税人迁移有关增值税问题的公告》（国家税务总局公告 2011 年第 71 号）规定，增值税一般纳税人因住所、经营地点变动，按照相关规定，在工商行政管理部门作变更登记处理，但因涉及改变税务登记机关，需要办理注销税务登记并重新办理税务登记的，在迁达地重新办理税务登记后，其增值税一般纳税人资格予以保留，办理注销税务登记前尚未抵扣的进项税额允许继续抵扣。据此，企业应当按照文件的有关规定，向迁出地主管税务机关办理《增值税一般纳税人迁移进项税额转移单》，在迁达地主管税务机关确认无误后，继续申报抵扣。

具体到企业所得税方面，企业需要注意的是做好相关事项的延续。

根据《财政部 国家税务总局关于企业重组业务企业所得税处理若干问题的通知》（财税〔2009〕59号）第四条规定，企业发生其他法律形式简单改变的，可直接变更税务登记，除另有规定外，有关企业所得税纳税事项（包括亏损结转、税收优惠等权益和义务）由变更后企业承继，但因住所发生变化而不符合税收优惠条件的除外。据此，企业发生迁移，除因迁达地不符合税收优惠条件（比如享受西部大开发税收优惠企业迁移到非优惠地区）外，相关税收事项均需做延续处理。

同时，根据《国家税务总局关于发布〈企业政策性搬迁所得税管理办法〉公告》（国家税务总局公告2012年第40号）、《国家税务总局关于企业政策性搬迁所得税有关问题的公告》（国家税务总局公告2013年第11号）等政策文件规定，企业因社会公共利益的需要，在政府主导下进行整体搬迁或部分搬迁可以进行相关优惠处理。"因此，如果企业发生符合政策性搬迁的情况，要记得进行企业所得税方面的优惠处理。"邹胜提醒道。

另外，办理跨区域迁移时，企业还应全面评估经营中的税务风险，比如，是否存在欠税的情况；是否存在税收违法行为，如偷漏税、发票违法行为等；是否存在避税行为，如不符合合理商业目的的税收筹划行为等。

业内专家指出，目前我国还没有全国统一的税务迁移管理办法，各地大多按照全国税收征管规范要求，结合金税三期业务流程制定具体举措，在制度规范、报送资料、办理流程、办理要求等方面可能会有所差异。同时，迁入地的征管要求也可能与迁出地存在差异。因而，企业在办理跨区域迁出、迁入业务时，一定要及时和主管税务机关沟通，准确无误地了解税务机关的具体要求，避免出现不必要的涉税风险。

　　北京中翰联合税务师事务所管理合伙人刘晓忠表示，企业特别是大企业的跨区域迁移，是一项系统的业务，涉及许多方面。企业既要抓重点，也要抓细节，与主管税务机关保持良好沟通，按照税务机关的要求提供相关材料，以便顺利完成迁移。

正常户办理税务注销并不难

覃韦英曌　赖星潇　刘浩彬

阅读提示

自2018年10月1日起,对符合相应条件的纳税人,实行清税证明免办服务、税务注销即办服务,并简化税务注销办理的资料和流程。各地税务机关陆续出台了具体举措,简化注销程序,并利用网上税务局等平台,为纳税人办理税务注销登记提供便利。部分纳税人所说的税务注销难,是因为存在未办结事项,事项清理后,也能很快办结税务注销。

企业办理税务注销难不难?

2018年10月17日,记者来到国家税务总局无锡市税务局第三税务分局办税服务厅一探究竟。记者看到,清税注销业务专窗并不如记者想象的那么繁忙。原来,利用网上税务局,正常户企业能很方便办结税务注销登记手续。部分纳税人所说的税务注销难,是因为存在未办结事项,事项清理后,也能很快办完税务注销。

没有未决事项的可即时办理

记者在无锡市税务局第三税务分局办税服务厅,亲眼见证了一家企业的办税人员利用网上税务局,即时办结了企业税务注销登记手续。

案例 3-6

　　企业办税人员登录了网上税务局，点击税务注销预检和办理板块，按照系统中的相关要求，上传附件资料，点击"监控扫描"按钮，对是否符合注销登记即办资格进行自检。经过系统核验，由于企业纳税信用属于 A 级，且无未办结事项，符合《国家税务总局关于进一步优化办理企业税务注销程序的通知》（税总发〔2018〕149 号）中列明的即时办理相关条件。点击、确认，办税人员递交了税务注销登记申请。当天，该企业就通过了审核，并在相应板块下载了《清税证明》，完成了税务注销登记。

　　税务注销登记手续竟然如此简单？原来，这家企业之所以能如此快速地办理完结税务注销登记，是因为税务机关近期对税务注销登记的程序进行了优化，极大地简化了相应的程序。

　　2018 年 9 月 18 日，国家税务总局发布了税总发〔2018〕149 号文件，明确规定进一步优化办理企业税务注销程序。自 2018 年 10 月 1 日起，对符合相应条件的纳税人，实行清税证明免办服务、税务注销即办服务，并简化税务注销办理的资料和流程。各地税务机关陆续出台了具体举措，简化注销程序，并利用网上税务局等平台，为纳税人办理税务注销登记提供便利。

　　记者看到，无锡市税务局第三税务分局办税服务厅清税注销业务专窗旁张贴着一张《税务注销登记一次性告知书》，按照告知书，在江苏省境内，对于纳税信用级别为 A 级和 B 级、未达到增值税纳税起征点等五类特定纳税人，只要不存在未结事项，税务机关将当场出具《清税证明》，注销其税务登记。

　　如果纳税人具备了即时办结资格，却由于资料准备不齐全等原因，没能即时办结税务注销登记，也可选择"承诺制"容缺办理。在签署承诺书后，税务机关即时向其出具《清税证明》，纳税人只要在不超过 6 个月的承诺期内办结其他未办结事项即可。

　　对于符合即办资格及条件，却因递交资料不准确而导致审核未能通过的企业，税务机关还会给出一份《税务事项通知书》，内容十分清晰，是什么原因导致企业未能即时办结,需要补充递交哪些材料,通知书中都列得很详细。纳税人只需按照指引来操作,就可以顺利办完所有事项,非常便捷。

无锡市某税务代理公司市场部门经理张婷当天恰好来到办税服务厅为客户提交税务注销登记申请。她告诉记者,自10月1日以来,她所代理的客户中,约有20%具备了免办、即办的资格,能在递交申请的一个工作日内办理完结税务注销登记。

不仅如此,使用江苏省网上税务局的税务注销预检和办理功能,符合免办、即办条件的纳税人,甚至可以不用到税务局,即可办理完结税务注销登记,并下载《清税证明》或《注销税务登记通知书》。

未结事项清理后可快速办理

程序简化了,甚至不用到税务局就能办理好税务注销登记,但不少纳税人还是觉得办理税务注销很难。为什么会这样?记者在采访中发现,主要是企业存在未完结事项。

案例 3-7

> 2017年,由于经营不善,杨某决定注销其在无锡市成立的贸易企业,回老家发展。税务机关在审核杨某递交的税务注销申请时发现,公司还有共计约2万元的应纳税款没有缴清,因此未受理杨某的注销申请,并要求其在规定时间内缴清税款,再递交注销申请。杨某当时认为,自己无力承担这笔税款,且就算不办理税务注销也不会对自己产生什么影响,于是放弃了继续办理,直接离开了无锡市。2018年底,杨某希望能把税务注销登记手续办结。在办理税务注销登记过程中,他不仅需要补缴近2万元的税款,还需要缴纳相应的滞纳金。

张婷说,这其实是一种得不偿失的做法。究其原因,还是企业创办人在办理税务注销登记时,有未结事项。

记者了解到,未完结事项,主要包括纳税人存在违法违规事项尚未处理、应纳税款尚未缴清、发票未缴销、金税盘尚未办理注销等事项。纳税人应在办理税务注销前，按照规定办理完结这些事项。如果属于被纳入了非正常户的企业，还需要先补充纳税申报、补缴税款并缴纳相应的滞纳金和罚款，解除非正常状态后，才能按照正常程序提交注销申请。

但在实务中，有一些企业负责人却错误地认为，停止经营后，企业实际就已经"死亡"，企业的未结事项可以不用再管，不须进行相应的处理，这很容易导致税务注销申请不被通过。

无锡市税务局第三税务分局一股股长孔冰清告诉记者，大多数企业的法定代表人并不熟悉税务注销程序。

案例 3-8

> 某企业法定代表人张某在办理注销时，尽管税务机关已经多次提醒过对方：企业存在未办结事项、未清理的资产或尚未处理完毕的税收违法行为，须在办理完结后再次提交注销申请。可是，张某并没有认真履行，只是一味地重复提交申请，既浪费了人力物力，还拉长了办结税务注销登记的时间。

孔冰清告诉记者，无锡市税务局推出了"套餐式"服务，会根据纳税人的实际情况，出具《未结事项告知书》，对纳税人的未办结事项进行提示。"只要纳税人处理完未结事项，税务注销很快就能办完。"孔冰清说。

企业存在未办结事项该怎么做？北京大力税手信息技术有限公司创始人郝龙航建议，企业在办理税务注销登记的过程中，如果涉及资产、负债清算，应及时进行税务处理。比如，有些企业由于清算需要办理注销时，账面仍有大额的对外应付款项，依照清算所得的一般计算规则，无法支付的款项将被视为所得处理，企业应按照规定及时清理。

张婷提示说，企业在办理税务注销前，要排除存在的税务风险，保证企业不存在待缴、未缴的税款，在税务机关无未办结的稽查案件、风控事项及其他核查工作；同时，企业还要及时注销金税盘、缴销发票等。

平时管好风险能少很多麻烦

企业办理税务注销难的根本原因，是企业在存续期间税会管理不规范，留下了税务问题。因此，专业人士建议企业，要从源头把控税务风险，在日常经营活动中做好税务处理。

郝龙航向记者介绍，实务中，企业的经营情况比较复杂，要办理税务注销，常常涉及过去数年数据的复核。因此，如果企业在存续经营期间不关注税务风险的管控，这些风险点将很有可能在税务注销环节一一爆发。

案例 3-9

A公司要办理税务注销。由于前期管理不善，日常会计核算不够严谨，该公司的会计报表中记载有大量的存货。经过实际盘点，这实际是企业以前年度的会计结转出现了错误。最终，A公司需先进行追溯调整，再考虑下一步的注销问题。

郝龙航告诉记者，不少企业的风险其实从设立伊始就已经埋下了。

案例 3-10

B公司成立当时，按照《公司法》的规定，企业股东必须实际出资，但股东资金比较紧张，遂请第三方代为出资。验资后，对方随即抽出资金。会计处理中，该企业将这笔高达几千万元的资金核算在了股东借款科目下。后来，B公司因停止经营需要办理税务注销，但由于计入该股东名下的借款已经超过一年，这家企业只能暂停了注销程序。

合规进行纳税申报，则是张婷给企业的建议。

案例 3-11

C公司是一家规模较小、职工人数只有五六个人的小型贸易企业，近期要办理税务注销。日常经营中，该公司一般直接将货物销售给消费者，较少开具增值税发票。由于纳税意识不高，C公司法定代表人和财务负责人认为，没有开具发票就无须办理纳税申报，遗留了很多问题。在办理税务注销时，这家企业受到了税务机关的注销管理。

专家提醒，不少纳税人往往认为企业注销后就万事大吉，但事实并非如此，企业注销后，如果税务机关发现企业存在重大税务问题，企业负责人仍然要承担责任。

【延伸阅读】

被列入非正常户 税务注销怎么办

张同鹏 贠相前 王 芸

"部分纳税人反映注销难，关键原因还是在于自己不按时申报纳税，税务处理不规范，被税务机关认定为非正常户。"国家税务总局肥城市税务局征管业务部门负责人尹逊强说。

什么是非正常户

非正常户，指已办理税务登记的纳税人未按照规定的期限申报纳税，在税务机关责令其限期改正后，逾期不改正，并经税务机关派员实地检查，查无下落并且无法强制其履行纳税义务的纳税人。

非正常户不但影响税收征管，而且破坏市场经济运行秩序。因此，企业被认定为非正常户后，将承担非常严重的后果。

甲企业如果被认定为非正常户，将无法使用发票领购簿和发票，其纳税信用等级将在下个纳税年度直接被认定为D级，相关生产经营活动将受到重重限制；而如果甲企业是出口企业，在被列为非正常户后，其出口退税业务还将暂不被税务机关受理。不仅如此，企业的法定代表人、相关财务负责的征信记录也有可能受到影响。

据尹逊强介绍，纳税人被列为非正常户超过一年仍无法取得联系的，主管税务机关将按《税务登记管理办法》的有关规定，对其加强监管，同时，"金三"系统中会建立非正常户注销库，即日常人们所说的税务机关"黑名单"，自动对非正常户税务注销登记情况进行实时监控。

尹逊强强调，"非正常"只是一种税务状态，并非税务注销。如果非正常户想要办理工商注销，就必须提交税务清税证明。而这类纳税人由于存在未按照规定申报纳税等情形，待处理的事项相对较多，想要办理税务注销登记，就会比一般的企业要难。

不正常申报是主因

记者在采访中了解到，造成非正常户的原因是多方面的，最根本的原因，还是在于企业不正常申报纳税。

由于社会经济迅速发展，竞争激烈，企业破产、兼并或分设等活动大量增加。部分私营企业规模小，竞争力不强，容易被市场淘汰。而这些纳税人虽然实际发生了解散、破产、撤销以及其他情形，但因为经营状况差、经营场所拆迁或不愿意缴纳所欠税款等各种原因，就不按程序向税务机关申报注销税务登记，"自主"停业、"自动"消失，在经营失败时"一走了之"，加大了税务机关税源监控的难度。

不仅如此，部分纳税人到税务机关领取了发票，或是办理了增值税一般纳税人认定手续并领取了增值税专用发票及税控专用设备，却没有进行纳税申报；有的纳税人在有经营收入并且申报后却不缴纳税款；有的纳税人甚至长期不到税务机关进行纳税申报，经税务人员到其注册地实地核查，无法与其取得联系。甚至存在少数违法犯罪分子伪造或利用他人身份，恶意套取增值税发票进行虚开，在主管税务机关事后管理发现后走逃的情形。这些纳税人也因此被税务机关认定为非正常户。

有的纳税人缺乏纳税申报意识。有些企业因为处于筹建期、免税期或清算期间，或是因为经营不理想，没有应税收入，没有产生相应的税款，这些企业主错误地认为，我没有收益，也没有税款可缴纳，因此不需要进行申报。

尹逊强强调，纳税人要明白，纳税申报是企业日常经营的一项基本义务，纳税人不论是否产生利润、是否有税要缴，都需要申报[①]，这种没有实现税款所进行的申报就是零申报。要注意的是，零申报并不是不申报，两者之间切不可画等号。零申报是对企业履行完纳税申报义务后税款是否实现的一种描述，不申报则是一种税收违法行为。

税务注销怎么办？

被列入非正常户的企业，如何办理税务注销登记？

"长时间被列入税务非正常户的企业，必须先办理非正常户解除手续，将税务登记状态变更为税务正常户后，才能进行税务注销登记。"尹逊强强调。

那么，这些企业要办理非正常户解除手续，具体应该怎么处理？据尹逊强介绍，要先到办税服务厅填写《解除非正常户申请审批表》，保证内容填写准确，并加盖单位公章。若税务登记信息发生变化，还要填写《变更税务登记表》，并加盖单位公章。办税服务厅将根据管理部门反馈的情况，在纳税人补充申报、补缴税款、滞纳金、罚款后，解除纳税人非正常状态。

"非正常状态解除后，纳税人就可以注销税务登记了。"尹逊强说。纳税人履行完正常的注销程序后，其税务注销登记即办理结束。

---

① 定稿时，海口市等地已经开始推行无税不申报办法。

建筑施工企业：
关注高发税务风险，选择有效应对方式

覃韦英曌

2018 年建筑财税大会现场

建筑施工企业由于跨区域经营、涉税事项复杂等原因，在境内业务中常常出现三类税务风险：一是发票管理不合规，二是进项抵扣不规范，三是预缴申报不及时。有关专家建议建筑施工企业，一定要关注这些高频税务风险，并选择有效应对方式加以防控。

2018 年 11 月 17 ～ 18 日，中国施工企业管理协会主办的"2018 年建筑财税大会"在北京举行。记者从会上了解到，建筑施工企业由于跨区域经营、涉税事项复杂等原因，在境内业务中常常出现三类税务风险：一是发票管理不合规，二是进项抵扣不规范，三是预缴申报不及时。有关专家建议建筑施工企业，一定要关注这些高频税务风险，并选择有效应对方式加以防控。

风险点 1：发票管理不合规

实务中，发票的管理不够规范，是建筑施工企业较常面临的税务风险之一。航天信息股份有限公司客户部副部长吴玉坤认为，发票管理是企业税务管理的关键一环，千万马虎不得。

增值税专用发票在企业内部流转耗时长，是建筑施工企业面临的一个问题。北京华政税务师事务所高级经理李海鸥向记者介绍，根据《国家税务总局关于进一步明确营改增有关征管问题的公告》（国家税务总局公告 2017 年第 11 号）的规定，增值税一般纳税人取得的 2017 年 7 月 1 日及以后开具的增值税专用发票，应自开具之日起 360 日内认证，或登录增值税发票选择确认平台进行确认，并在规定的纳税申报期内，向主管税务机关申报抵扣进项税额[1]。但是，由于建筑施工企业内设部门较多，发票的传递和流转耗时一般较长，常常出现认证抵扣不及时的情形，给企业抵扣进项税额带来了负担，需要引起企业的重视。

在实务中，计税方法的选择，也会伴随着发票方面的税务风险。一般纳税人为甲供工程提供的建筑服务，可以选择适用简易计税方法计税。一般来说，增值税计税方法不同，建筑企业工程项目对应的税前造价及适用税率也不同，最终将会影响建筑项目成本，企业一般会根据自身具体情况，选择是否适用简易计税方法。选择了简易计税方法的项目，进项税额不得扣除，一般取得增值税普通发票即可。

据李海鸥介绍，选择适用简易计税方法，却取得客户开具的增值税专用发票，这就很容易给自身带来税务风险。一方面，财务人员在取得增值税专用发票后，需要进行发票认证抵扣，这将导致企业出现进销项不匹配的问题，需要做进项税额转出处理，增大了自身工作量；另一方面，如果财务人员因

---

[1] 2019 年 12 月 31 日，国家税务总局发布的《关于取消增值税扣税凭证确认期限等增值税征管问题的公告》（国家税务总局公告 2019 年第 45 号），取消了发票认证、稽核比对、申报抵扣的期限。

不得抵扣进项而不做发票认证抵扣，还可能导致发票滞留，被金税三期系统作出风险预警提示。

针对这一问题，一些建筑施工企业选择开发、利用税务管理信息化系统，提高发票管理的质量和效率。

案例 3-12

中国中铁股份有限公司采用的税务管理信息化系统，能从集团层面加强对税务风险的管理能力，系统内设置了发票税务风险识别模型，如果出现开票金额超过合同总额、发票存在异常、发票有效期即将到期、已预缴税款但未开票、已开票但未办理预缴、已收款但未开票或发票滞留等问题，系统将自动识别相应税务风险，作出预警。

风险点 2：进项抵扣不规范

建筑施工企业的供应商，包括水泥、钢材、沥青等类型的企业，还包括机械租赁、零星材料等增值税小规模纳税人的供应商群体，且大部分上游供应商企业管理不够规范，其税务风险管理体系和进项抵扣链条不完善，很容易给建筑施工企业带来税务风险。

根据规定，如果供应商因自身原因，出现走逃、失联等情形，企业从供应商处取得的增值税专用发票将无法办理认证和抵扣，已经办理认证并抵扣的相应进项税额，还需要做转出处理。不仅如此，建筑施工企业的企业所得税税前扣除等环节都将受到影响。

因此，李海鸥建议，建筑施工企业要加强对供应商的系统性管理，选择信用等级较高的供应商。在供应商选择阶段，要根据项目的具体情况进行综合成本测算，按照不含税价格进行比较，并考虑附加税费的影响。在成本报价相同的条件下，尽量选择纳税信用等级较高、规模较大的增值税一般纳税人作为供应商。

实务中，许多建筑施工企业已经建立起了内部管控和信息传导机制，加强对上下游的税务风险把控。中国建筑股份有限公司就是其中一个具有代表性的企业。

案例 3-13

中国建筑股份有限公司通过建立全公司税务管理信息化系统，实现了公司内部的信息共享，不仅实现了发票的实时传输比对，提升了税务管理效率，还为企业识别税务风险提供了便利。举例来说，如果供应商有管理经营不规范的情形，将在系统中标记出来，供应商纳税信用等级为 C 级或 D 级，税务风险较大时，还将被纳入内部黑名单，并在公司内部进行信息传送，任何一个分子公司或项目部即可通过内部黑名单，将这些供应商排除在选择范围之外，有效规避了因供应商走逃等情形带来的税务风险。

同时，李海鸥提醒企业，在与供应商签订合同时，要关注涉税事项的规定。

案例 3-14

建筑施工企业签订合同时，应注意考虑增值税的政策因素，合同价款应明确区分价款和税金，以避免后续适用税率产生变动给企业带来的影响，并在涉税条款中明确规定付款的程序、时间和方式，明确所开具发票的种类、适用税目和税率等具体内容。

取得的发票后，除了及时核验和办理认证，企业还应在后续的管理中，从资金流、运输流和货物流的逻辑关系着手，对舍近求远的顶额票以及出票方不集中、无进场检验资料或与经营逻辑不符的发票予以重点关注，保存好物流证明和资金支付等相关证明，避免因供应商问题带来的税务风险，规避取得虚开增值税专用发票的风险。

风险点 3：预缴申报不及时

跨区域提供建筑施工，是建筑施工企业的常态之一。

北京华政税务师事务所总经理孙治红表示，跨区域项目需在项目所在地预缴增值税和企业所得税，但由于地域跨度大、层级跨度多，具体操作起来难度较大，这容易给企业带来税务风险。

根据《财政部 税务总局关于建筑服务等营改增试点政策的通知》（财税〔2017〕58号）的规定，纳税人提供建筑服务取得预收款，应在收到预收款时，以取得的预收款扣除支付的分包款后的余额，按照规定的预征率预缴增值税。因此，取得预收款的企业，应当在收到预收款时办理增值税预缴。

同时，根据《国家税务总局关于跨地区经营建筑企业所得税征收管理问题的通知》（国税函〔2010〕156号）等相关规定，建筑企业总机构直接管理的跨地区设立的项目部，应按项目实际经营收入的0.2%按月或按季向项目所在地预缴企业所得税，并由项目部向所在地主管税务机关预缴。

案例 3-15

某企业由于缺乏对项目的整体规划，对相关处理不够重视，没有按照规定及时办理预缴。这可能给企业带来一定的税务风险，特别是金税三期系统启用后，对跨区域涉税事项申报表申办、延期、核销，都在系统内记录反映，如果每出现一次未按规定及时延期或核销的情况扣3分，信用评价累计扣10分以上，企业将不能评定为A级纳税人。

案例 3-16

某企业在收到预收款时尚未支付分包款，也未取得相应的发票，无法按照差额计算应预缴的增值税税额，只能按照预收款全额计算并预缴税款，给企业资金流带来了不小的压力。

孙治红建议建筑施工企业，应加强税务风险管控意识，尽可能提前规划项目的实施进程，合理筹划增值税销项税额与进项税额的配比问题。同时，要及时按照完工进度或完成的工作量确认收入的实现。重点核查工程价款结算单、工程监理记录等资料，对比工程施工、主营业务收入或主营业务成本等科目是否相符，并比对工程监理记录等数据，及时排查税务风险。

孙治红认为，建筑施工企业还应加强对跨区域涉税事项的管理，及时办理外出经营管理证明延期或者核销等手续，避免出现因违规影响企业纳税信用的情况，进而加强对项目的全流程税务风险的管控和应对能力。举例来说，提前确定企业所得税预缴计算的方式，尽量在办理增值税及附加税预缴时，同步记录企业所得税预缴情况，并利用信息化系统等手段，制作企业的《异地预缴企业所得税统计表》，如果信息化水平不足，也应建立起《异地预缴企业所得税台账》，以便全面实时掌握集团各地企业所得税税款预缴情况。

许多建筑施工企业财务负责人还提到，建筑施工项目涉及的税种较多，除增值税和企业所得税、个人所得税外，还包括房地产税、土地使用税、契税、车辆购置税、印花税和城市建设维护税等，这要求企业及时判断自己是否具有纳税义务，并及时、准确地计算缴纳相应税款。

···················· **推荐阅读** ····················

管理税务风险
需要"一体化"思路

细抠涉税条款，妥签交易合同

覃韦英曌 黄跃文 林煜强 郑晓欧

阅读提示

合同签订要重视涉税条款

交易合同中，隐藏着不少税收信息，合同具体怎么签，涉税条款如何约定，将对企业税负产生直接的影响。专业人士提醒企业，细抠涉税条款，妥善签订交易合同，不仅能够帮助企业有效规避税务风险，还能帮助企业合规控制税收成本。

梳理合同、加强合同管控是企业财税负责人的工作重点之一。有关专家分析，合同里隐藏着不少税收信息，公司管理层和各相关部门应该共同重视，认真对待，绝对不能一签了之。否则，很可能会潜藏不少税务风险。

现象：面对税率调整，不少企业适应起来很从容

记者在采访中明显地感受到，面对此次增值税税率下调，一些企业财务

人员显得十分从容，相关工作推进得有条不紊。深入了解之后才知道，这些企业签署的交易合同里都有"秘密"。

案例 3-17

2019年4月1日前后，与有些企业财务团队忙得焦头烂额不同，中国德力西控股集团有限公司税务部经理李晓丽与她带领的团队，按部就班地进行了相关调整，为迎接增值税改革做好了准备。原来，在德力西集团及下属子公司签订合同的整个过程中，李晓丽及其团队就一直参与其中，并高度关注合同中的涉税条款。由于对企业经销合同中的涉税问题约定得比较明确，她只需按部就班地合规办理各项涉税业务，就能轻松完成自己的本职工作，不用花费精力"事后灭火"。

案例 3-18

浙江力诺流体控制科技股份有限公司的经验是：加强合同中的涉税条款管控，能帮助企业有效享受减税降费红利，避免合同纠纷。在力诺流体与供应商签订的经济合同中，均明确了增值税税率，并明确约定：在税率调整政策发布前已经签订了采购合同，但2019年4月1日后交付并开具发票的，按原适用税率计算增值税。由于加强了采购合同中涉税条款的整体把控，力诺流体与供应商顺利地进行了结算，减少了沟通成本，有效避免了合同纠纷。

案例 3-19

浙江正泰电器股份有限公司财务部税务管理团队十分关注政策的最新变化。鉴于税收政策调整会给企业带来一系列重要影响，正泰从年初起就在合同中写明保障性条款："如因国家税制改革引发增值税税率变化，本合同应适用调整后最新税率，合同原约定的价格不因税率变化而改变。"

对此，北京华政税务师事务所总监仉喜林分析，实务中，合同具体怎么签，涉税条款如何约定，将对企业税负产生直接的影响。举例来说，合同总价款在经济合同中的体现往往有两种方法——"含税价"和"不含税价"。前者在缴纳印花税时的计税依据，是含增值税金额的合同总价格，即增值税金额需要缴纳印花税；后者在缴纳印花税时的计税依据则是不含增值税的合同金额。

因此，利用合同的具体涉税条款，能帮助企业合理降低税收负担。"重视合同控税的企业，在任何税种的改革中，都相对更从容一些。"仉喜林说。

分析：重视合同管税，有利于合规控制税收成本

合同中的涉税条款，对企业的税收将产生重要影响。在这方面，税收筹划专家肖太寿有着深入研究，近年出版了多部有关合同控税的专著。

肖太寿说，经济合同决定了企业的业务流程，合同中约定的付款方式、付款时间以及发票开具等各个细节，将影响企业的纳税义务发生时间，进而决定企业的账务处理方式和税务处理方式。所以，对企业来说，企业的税收，不是财务做账做出来的，而是做业务做出来的。合同签对了，不仅能实现节税的目的，而且能有效控制税务风险。

案例3-20

房地产企业甲公司从电梯生产企业购买电梯和安装服务。对甲公司来说，签订合同的方法不同，税负可能会存在差异。常见的方法是，甲公司与电梯生产企业签订一份合同，并在合同中分别注明电梯设备价、电梯安装服务价。在这种情况下，电梯生产企业可分别核算电梯设备价款和设备安装价款的销售额，分别适用13%的增值税税率和3%的征收率。

实践中，企业还可以采用两种方法。一种方法是：双方签订两份合同，即一份电梯销售合同和一份电梯安装服务合同。在这种情况下，电梯设备价款适用13%的增值税税率，安装服务价款适用3%征收率。另一种方法是：双方仅签订一份合同，且合同价款中包含了安装费用，并未分别明确电梯价

和安装价。在这种情况下，甲企业可获得电梯生产企业依照合同总价款，按13%税率开具的增值税专用发票。"结合企业的实际经营情况，几种方法一对比就知道，在合规的前提下，哪种方法更节税。"肖太寿说。

对此，协信控股（集团）有限公司税务高级总监汪道平也深有感触。他说，合同中的各个细节，都可能对企业的税收产生重要影响。

案例 3-21

> 乙公司要开展股权收购，希望适用特殊性税务处理。按照规定，企业需要满足"收购企业购买的股权不低于被收购企业全部股权的50%，且收购企业在该股权收购发生时的股权支付金额，不低于其交易支付总额的85%"等条件。

在交易过程设计环节，这家企业征求了企业税务部门的意见，可在合同拟定中，却忽视了税务审核，对支付对价比例和方式作了修改。最后，由于体现在交易合约中的现金支付等非股权支付对价超过了15%，乙公司不能满足特殊性税务处理的硬性条件，股权收购的税收成本因此大幅增加。

"收购和并购合约中的税费承担条款尤其要高度重视。"汪道平说，在交易进行之前，如企业对交易数据测算有误或未考虑到某些重要因素，很有可能导致税收成本偏离预期，进而导致交易无法顺利推进甚至面临诉讼，功亏一篑。因此，企业需要在合同签订前，对涉税条款进行详尽而严密的梳理和审核，作出尽可能最优的安排。

提示：加强后续管理，确保合同条款真正"落地"

在实践中，不少企业签署完合同之后便将其束之高阁，缺少必要的后续管理。对此，肖太寿直呼"不可取"。

案例 3-22

> 为销售建材，丙公司购买了一间临街商铺，价值150万元。开发商承诺，只要客户买商铺，就可以承担其契税和手续费。在签订合同时，

双方约定，铺面的契税、印花税及买卖手续费均由开发商承担。丙公司按合同约定付清了所有房款，但开发商并没有履行承诺，及时代替丙公司缴纳契税、印花税及买卖手续费。不久后，丙公司办理房产证时，被税务机关要求补缴契税 6 万元、印花税 0.45 万元和滞纳金 5000 多元。丙公司以合同中约定由开发商包税为由，拒绝缴纳税款。最后，税务机关按照《税收征收管理法》的相关规定，从丙公司银行账户划转了相关的税款和滞纳金，还对其处以罚款。

"实务中，这样的情形并不少见。"汪道平介绍，不少纳税人错误地认为，只要签订了包税合同便万事大吉，事实并非如此。汪道平认为，丙公司与开发商签订的税费承担协议，在合同法层面是有效的，但丙企业不能以此规避自身的纳税义务。丙公司作为购房者，是法定的契税、印花税纳税义务人，不因合同约定而免除相应的纳税义务。当开发商没有为丙公司缴纳税款时，责任人是税法上的纳税义务人（即丙公司），而不是开发商。

那么，如何才能有效规避合同签署后的税务风险呢？肖太寿结合上述案例分析，签订合同后，丙公司如果能够及时进行后续管理，完全可以规避税务风险。他说，丙公司在签订经济合同后，一方面，应及时督促开发商缴纳其在合同中承诺的铺面契税、印花税及买卖手续费，缴纳完毕后，再付清铺面的购买价款；另一方面，应该凭经济买卖合同到铺面所在地主管税务机关进行备案，让税务机关了解，没有及时缴纳税款并非主观故意。

"如果丙公司有合同控税的意识，还可以有更好的选择。"肖太寿告诉记者，丙公司可以在经济合同中明确约定：铺面的契税、印花税及买卖手续费均由开发商承担，由丙公司支付价款时代收代缴。这样，丙企业在支付开发商价款时，就可以先扣除掉相应税款，再在缴纳完相关税费后，凭有关完税凭证到当地房管部门去办理过户产权登记手续。

汪道平表示，合同签订后，在具体执行中，可能因各种情况会发生变更，会对事前设计的税务安排方案造成一定影响，这就需要税务管理人员参与其中，分析利弊，及时作出调整，不要等税务风险已经形成再去补救。

减税降费红利：看到更要"吃"到

李雨柔　熊方萍　覃韦英曌

阅读提示

　　面对一系列减税降费政策，企业怎么做，才能更好地享受到减税红利？实务中，一些企业由于存在对减税降费政策理解不到位，导致无法充分享受税收优惠政策。专业人士认为，关键还是要吃透税收优惠政策，把税务与业务结合起来。

　　2019年4月18日，中国注册税务师协会联合中国注册税务师同心服务团在北京召开减税降费座谈会。来自税务机关、高等院校、企业和税务师事务所的专业人士，围绕企业如何落实减税降费政策等内容展开讨论。讨论中，与会人士认为，有的企业存在对减税降费政策理解不到位，因而无法充分享受税收优惠政策的情况。对此，专业人士建议企业，要吃透税收优惠政策，把税务与业务结合起来。

实务操作有疑惑

　　记者在采访中发现，增值税税率下调后，由于对政策理解不够准确，有的企业在实务操作中遇到了问题。

案例3-23

　　北京金隅天坛家具股份有限公司（以下简称天坛家具）主要从事活动家具和固装类家具的生产和销售，同时会提供安装服务。之前，天坛家具发生了一笔不仅跨纳税年度，还横跨2019年4月1日前后的业务。

2018 年，企业已经向客户收取了一笔安装费，也开具了相应的增值税专用发票。按照合同的约定，该客户尾款支付时间是 2019 年 4 月 1 日以后。因此，就尾款部分，企业打算按照下调后的税率开具发票。但客户认为，应按照原适用税率开具发票，理由是安装业务是一个连续的过程，今年支付的款项是去年业务的延续。企业很疑惑，新老业务到底应当如何界定？发票如何开具才合规？

实务中，企业对实操细节存在疑惑的情形时有发生。记者曾经采访过一家处于初创期的企业，企业负责人将大部分的精力放在了生产经营上，却忽视了税务管理，对税收政策更是缺乏关注，导致本可以享受到的减税政策没有及时享受。

吃透政策是关键

不同企业的业务与经营模式各有不同，税法也不能穷尽列举实务操作中企业可能遇到的所有情况。对于税务处理中遇到的问题，企业应该怎么处理？

专家建议企业财税人员，吃透政策原理，把握好基本原则是关键。比如天坛家具遇到的新老业务划分问题，根据业务的纳税义务发生时间来界定即可。纳税义务发生时间与业务持续时间没有关系。按照税收法律法规的规定，如果该项业务采用分期收款的方式，那么，纳税义务发生时间就是合同约定的付款日，合同约定 2019 年 4 月 1 日以前收款的部分，按照原适用税率开具发票，合同约定 2019 年 4 月 1 日以后收款的部分，则应按照现行适用税率开具发票。

其实，对于企业财税人员来说，学习、了解减税降费优惠政策的渠道有很多。记者了解到，自减税降费政策出台以来，国家税务总局先后发布了一系列政策解读文件和政策宣传问答，就纳税人较为关注的问题作了解答。各级税务机关也围绕减税降费政策开展宣传辅导。另外，不少涉税专业服务机构也及时跟进，推出有针对性的服务，以帮助纳税人理解税法、应用税法。北京华政税务师事务所积极举办公益性讲座，分行业为纳税人讲解、分析税收优惠政策。中联税务师事务所建立了全国税收呼叫中心，利用"智能机器人—人工—专家座席"三层架构,为纳税人提供专业解答,并通过建立知识库、制作音频和视频等方式,为纳税人提供在线学习减税降费政策的平台。

税务与业务相结合

记者在采访中发现,将税务与业务结合起来,注重税务风险的全流程管理,已经成为企业充分享受减税降费优惠政策的必然选择。

据北京华政税务师事务所所长董国云介绍,实务中,一些企业因为税务与业务脱节,不能充分享受减税红利。

案例 3-24

> 某企业开展研发活动,发生了研发支出。企业财务人员由于对具体的研发活动了解不多,到了年底才根据企业财务资料进行相应调整。最终,这家公司在享受研发费用加计扣除政策时,出现了备查资料准备不足的情况,导致企业无法用好用足税收优惠。

对此,董国云认为,企业的税收受业务影响,合同如何签订、业务如何开展,都会影响企业的税务,并不是由财税人员如何做账决定的。因此,不仅是企业财税人员,企业的管理层、业务部门也应该重视税务问题。董国云建议企业高管和经营部门、集中采购中心等各部门的相关负责人,加强对税收政策的了解,并掌握一定的减税降费政策。尤其是业务人员,建议其在签订合同等环节加强与财税部门沟通,从业务前端规避税务风险。

北京智方圆税务师事务所董事长王冬生表示,企业高管如果能重视税务问题,主动学习减税降费政策,不仅可以降低企业税收成本,还能进一步提升企业税务管理的合规性。对企业来说,衡量价值的最终标准是利润而非税负。要实现税后利润最大化,企业必须考虑生产经营活动的各个环节,尤其是企业税务处理是否合规,是否合规向上下游企业取得或开具发票,是否符合企业所得税税前扣除要求等细节,都需要在业务开展过程中予以重视。而要统筹好这些事情,离不开企业高层管理人员的参与和支持。

建筑企业也可以成为高新企业

李雨柔　覃韦英曌

阅读提示

不少建筑企业都自主研发了新工法、新工艺、新材料，并在超高层建筑施工、复杂特殊地质条件下施工、填海造地、隧道施工、绿色建筑、装备式建筑、特殊建筑材料工艺、智慧建造等方面投入应用。这些建筑企业实际上已经具备了成为高新技术企业的条件。

建筑企业也能成为高新技术企业？2019年4月29日，由北京市注册税务师协会和中国建设会计学会共同举办的减税降费背景下高企认定及研发费全流程管理研讨会，吸引了300多家建筑企业的关注，并对这一问题做了深入讨论。专业人士提示建筑企业，只要把握高新技术企业认定管理要点，全面把控税务风险，符合条件的建筑企业，也能获得高新身份，并可以享受研发费用加计扣除等税收优惠。

现象：具备申请条件却不自知

案例 3-25

某建筑企业具备了高新技术企业的资质，但由于对高新技术企业认定的相关条件和具体要求了解得不够，这家企业对此并不自知，也没有进行相关的认定，按照一般企业的企业所得税税率计算纳税，这就相当于自动放弃了通过高新技术企业资格认定后的低税率优惠。

北京华政税务师事务所董事长董国云说，建筑行业作为传统产业的主要构成部分，长期以来给人留下劳动密集型产业的刻板印象，很少有人将其与高新技术企业联系在一起。

但实际上，不少建筑企业自主研发了新工法、新工艺、新材料，并在超高层建筑施工、复杂特殊地质条件下施工、填海造地、隧道施工、绿色建筑、装备式建筑、特殊建筑材料工艺、智慧建造等方面投入应用。这些建筑企业实际上已经具备了成为高新技术企业的条件。

据董国云介绍，华政过去3年对建筑行业的100多家上市企业进行了调研，发现企业间所得税实际税负差异很大。有的建筑企业所得税税负远远低于25%，而有的又高达32%。究其原因，董国云分析说，主要还是因为大部分企业在税收优惠政策的应用上存在欠缺，尤其是高新技术企业优惠税率和研发费用加计扣除这两个税收优惠政策，许多建筑企业能够享受而不自知，导致无法充分获得这部分减税降费红利。

对于无法认定为高新技术企业的部分建筑企业来说，如果有符合条件的研发活动，也可以享受研发费用加计扣除的税收优惠，但实践中不少建筑企业都放弃了。北京华政税务师事务所副总经理仉喜林说，如果企业开展了研发活动，尤其是提供了房屋建筑工程设计（绿色建筑评价标准为三星）、风景园林工程专项设计服务的，完全可以享受研发费用加计扣除这一优惠政策。

经验：掌握窍门顺利通过认定

一些成功通过高新技术企业认定的建筑企业发现，只要掌握了一定的窍门，顺利通过高新认定并非难事。其中，最需要掌握的窍门，就是提前划分出属于高新技术部分的收入，梳理好可用于进行高新技术企业申报的研发项目和知识产权。对此，仉喜林建议，应立足于公司财务数据，对各类收入进行详尽梳理。

案例 3-26

> 某企业在进行高新技术企业资格认定时，聘请了认定服务机构代为出具专项报告。但是，报告中的相关研发数据与企业具体的财务数据严重脱节，二者之间无法一一对应，更无法与研发合同、发票和用料明细表等会计凭证后附相关资料进行对应。这导致该企业最终无法通过高新技术企业资格认定。

这种情形在实务中并不少见。对此，仇喜林建议，企业科技部门应与财务部门紧密配合，注重研发数据与财务数据的匹配性，结合《高新技术企业认定管理工作指引》（国科发火〔2016〕195号）中的要求，分类梳理各类研发支出。具体来说，《高新技术企业认定管理工作指引》附件2《研究开发费结构明细表》中列示了费用归集的八大项目，分别是人员人工费用、直接投入费用、折旧费用与长期待摊费用、设计费用、装备调试费用、无形资产摊销费用、委托外部研究开发费用和其他费用，企业可先从科研支出中筛选出足额的、与这八个项目相对应的总金额，再由公司相关人员根据研发费管理要求充分归集费用。

值得关注的是，知识产权、科技成果转化能力、研究开发组织管理水平、企业成长性这四项指标，是高新技术企业认定专家组进行评定的主要依据。综合得分达到70分以上（满分为100分）的企业，才有可能被认定为高新技术企业。仇喜林说，准备好所需的一切材料是基础中的基础。材料齐全后企业可先自行判断，或联系领域内专家进行内部预审，有针对性地补齐短板再正式提交认定申请。

提醒：注意防控潜在税务风险

充分享受税收优惠政策只是助力企业自身发展的第一步，严格把控税务风险才能走得更远，走得更顺。

记者了解到，企业因形式资料不合规、缺乏完整的资料凭证而被取消高新技术企业所得税税收优惠资格的情况时有发生。

> 　　税务机关在对某企业进行以前年度高新技术企业资格审查时发现，该企业研发人员名单不属实，其名单中包含招标代理、市场等非研发部门人员，甚至还出现了非本单位人员。同时，由于该企业没有制定研发人员考勤表，其研发人员的工时分配情况也无法得到确认。最终，该企业的高新技术企业所得税税收优惠资格被取消，补缴企业所得税2900多万元，并缴纳了几百万元的滞纳金，可谓"赔了夫人又折兵"。

　　董国云认为，研发费用的归集，是企业加强后续税务风险管控的重点。明晰的工作流程与部门分工，完整的证据链与资料凭证，是建筑企业规避研发费用税务风险的关键因素。董国云建议企业，从研发项目的立项、实施和完成，到纳税申报、会计核算，再到企业研发项目制度建设与各部门职责划分，对研发费用进行全流程的财税管理。

　　以研发项目立项阶段为例，从项目名称的选择上就要予以考虑。仇喜林建议企业，避免在项目名称中使用"功能优化""升级""维护""技术支持"等字样，以免被税务机关认定为非研发项目。同时，项目名称一旦确定，立项、实施和完成阶段不要随意变更，在企业留存备查的资料中也要保持名称的一致。

　　实践中，建筑企业签订的施工合同通常注明的是工程总收入，建筑企业如果想申请高新技术企业资质，需要向高新资格评审专家组证明归属于高新技术收入的部分，处理不慎则可能造成认定不成功。有关专家建议，在这种情况下，建筑企业在签订合同时可同时签订一份补充协议，明确工程中通过运用高新技术获得的收入比例和金额。

用对"处方"，不少汇缴难题都有解

覃韦英曌

阅读提示

2018 年度企业所得税汇算清缴已经结束，但对企业来说，总结经验、教训的工作仍在继续。针对在汇算清缴过程中遇到的难点问题，企业究竟应该如何应对？专业人士在讨论后一致认为，尽管企业在企业所得税汇算清缴中出现的问题不尽相同，但是只要抓住问题的本质，用对"处方"，不少税收问题都能得到解决。

2019 年 7 月 25 日，北京 15 家税务师事务所举办了第十届企业所得税业务问题研讨会，"会诊"企业在汇算清缴过程中容易出现的税务风险。在研讨过程中，15 家税务师事务所的 30 余位专业人士深入分析了 66 个实际案例，并给出了相关的处理建议。本报记者发现，尽管企业在汇算清缴中出现的问题不尽相同，但是只要抓住问题的本质，用对"处方"，不少税收问题都得到了解决。

处方一：准确理解税收法规具体条款

不到 9 个小时的时间，要讨论完 66 个涉税问题，工作量不可谓不大。不过，记者发现，如果能够准确理解税收法律法规，以合规税务处理为出发点和落脚点，超过半数案例的税收问题都能找到确定的答案。

案例 3-28

某房地产开发企业 A 公司为集团下属子公司，自 2015 年开始预售房产项目。截至 2018 年底，该公司账面上有大量的银行借款，被无偿转借至集团内其他关联项目公司，但未收取相关利息费用。

对此，中瑞税务师事务所集团税务经理张瑞玲认为，A 公司这种操作税务风险很大。企业将银行借款无偿让渡给另一家企业使用，实质上是将企业获得的利益转赠他方的一种行为。因此，其支付的银行利息，与企业取得收入无关，不得税前扣除，应调增当年度应纳税所得额。

张瑞玲说，关联方间无偿借贷资金的行为虽然有增值税免税政策，但这一优惠政策仅适用于企业集团内部，其他非企业集团的关联企业之间的资金借贷，仍应视同销售缴纳增值税。而企业所得税方面，无偿将资金让渡给其他企业使用所产生的利息费用，是与企业取得收入无关的支出，不得在企业所得税税前扣除。

张瑞玲表示，关联企业之间的资金拆借，应本着独立交易原则进行。一种可行的方法是，比照统借统还的增值税相关政策规定进行税务处理，以享受增值税的税收优惠，并取得相应的免税发票，再以此为凭证，企业所得税税前扣除相关支出，同时避免企业所得税纳税调整的风险。

"上述案例很有代表性。"北京市注册税务师协会副会长、北京鑫税广通税务师事务所董事长王进说。作为企业所得税业务问题研讨会的发起人，王进对历年企业所得税汇算清缴问题都非常关注，并举一反三，找到这些问题产生的根本原因，向客户提出有针对性的处理意见。在王进看来，相当一部分汇算清缴问题，都是由于企业财税人员对税收政策的具体条款理解不到位导致的。

与税收政策法规理解不到位密切相关的，就是凭证的合规性问题。对此，王进表示，自 2018 年 7 月 1 日《企业所得税税前扣除凭证管理办法》实施后，企业税前扣除凭证如何管理才合规，已经有了更加明晰的解答。王进建议企业，在准确掌握税收政策法规具体规定的过程中，应与《企业所得税税前扣除凭证管理办法》结合起来研究，这样更有助于提升税务处理的合规性。如果遇到自己拿不准的问题，应该及时咨询税务机关或涉税专业服务机构。

处方二：牢牢把握最新业态业务实质

最近几年，在"大众创业、万众创新"等背景的影响下，许多新兴业态不断涌现，而这些新兴业态应如何进行税务处理才能更好地规避税务风险，许多企业并不十分确定。对此，专业人士作出了解答：其实，尽管业务形态在变，企业税务处理的应对诀窍却始终是一致的，那就是从业务的实质出发。秉持着这个理念，一些新兴业态的税务问题就会迎刃而解。业务实质，也成为此次研讨会上出现频次最高的一个词汇。

案例 3-29

某企业作为信托计划的委托人，委托专业的信托公司设立慈善信托项目，项目执行人是具有公益性捐赠税前扣除资质的公益组织。企业在信托项目初设时，一次性交付信托计划总规模金额。之后每年，根据上一年度信托计划的具体执行情况，收到项目执行人开具的符合税前扣除规定的公益性捐赠票据。

慈善信托项目，是最近几年逐渐兴起的新兴业务。目前，尚没有针对这类业务的具体税收政策。许多企业对慈善信托项目如何税务处理存在一些困惑：在项目执行人符合公益性捐赠税前扣除资质的前提下，企业支付的信托计划金额，是否可以作为公益性捐赠在税前扣除？如若可作为公益性捐赠在税前扣除，那么，由于慈善信托计划执行时间和结算时间的特殊性，获取公益性捐赠票据的时点，是在项目执行人完成资助业务的次年。这种情形下，企业是应以获取捐赠票据的时点为费用列支的时点，还是以项目实际执行年度作为费用列支的时点呢？

与会专家表示，从业务实质来分析，这个问题并不难解决。致同（北京）税务师事务所总监李巍认为，慈善信托项目的委托人，最终是向符合公益性捐赠税前扣除资质的公益性组织支付相应款项，且能够获取到符合税前扣除规定的公益性捐赠票据。因此，这笔支出应该可以作为公益性捐赠在税前扣除。关于税前扣除时点，中汇盛胜（北京）税务师事务所高级合伙人郑蕊认为，需结合慈善信托的业务特点，与税收法律法规的具体规定来分析。

《企业所得税法实施条例》第九条规定，除另有规定外，企业应纳税所得额的计算，以权责发生制为原则，属于当期的收入和费用，不论款项是否收付，均作为当期的收入和费用；不属于当期的收入和费用，即使款项已经在当期收付，均不作为当期的收入和费用。同时，《国家税务总局关于企业所得税若干问题的公告》（国家税务总局公告 2011 年第 34 号）也对企业提供有效凭证的时间问题作了明确：企业当年度实际发生的相关成本、费用，由于各种原因未能及时取得该成本、费用的有效凭证，企业在预缴季度所得税时，可暂按账面发生金额进行核算；但在汇算清缴时，应补充提供该成本、费用的有效凭证。

据此，与会专家达成了一致意见：上述业务应以信托计划的执行时点为税前扣除时点，企业需结合当年公益性组织名单的公布情况及企业当年的会计利润进行相应的调整。如果企业未能在当年度汇算清缴期内获取公益性捐赠票据，则相应支出不能在税前扣除，需做纳税调增处理，待获取票据后，再追溯至捐赠时点所属年度进行调整。

尤尼泰（北京）税务师事务所合伙人张丽红建议，针对最近几年出现的新业态，或是业务环节比较复杂的涉税业务，企业要抽丝剥茧，紧扣业务实质，结合具体的法理来分析。

最近几年，许多企业与搜索引擎平台达成合作，进行排名推广，但双方签订的合同中约定的收费明细却是技术服务费。张丽红说，这笔支出究竟应如何税务处理，需结合业务实质来分析，企业不能仅凭合同收费明细来进行判定。从业务实质上看，企业向搜索引擎平台支付的费用，是用于企业宣传推广，应按照广告宣传费的相关规定，在企业所得税前限额扣除。

处方三：密切关注非税因素潜在影响

合上厚厚的案例素材，耗时近9个小时的头脑风暴伴随着北京的晚霞告一段落。回顾整个研讨过程，记者一个很深刻的体会是：企业要想提高汇算清缴的质量，除了关注税收问题本身外，还需要关注与之密切相关的非税因素——内部沟通、公司章程、合同签署、会计处理等，都会影响到具体税收问题的合规处理。

北京中税网通事务所业务经理孙鹏飞说，企业内部各部门之间、企业与其他主管部门之间的良好沟通，能够避免很多麻烦。

案例 3-30

> 某企业是一家科创型企业。2018年度，该企业开展了一项研发活动。这项研发活动究竟是税法规定的研发活动，还是只属于常规性的产品升级？该企业税务人员仅仅从产品介绍等书面材料，很难准确判断。

孙鹏飞说，其实，如果企业税务团队能够与研发部门密切合作，清楚地说明这些研发活动的实质和价值，并积极与主管科技部门和主管税务机关开展沟通，问题并不难解决。

"公司章程看似跟税收没有任何联系，其实能对企业的税务风险管理产生很大影响。"北京鑫税广通税务师事务所审计经理付波说。

案例 3-31

> 甲、乙和丙三家企业共同出资，组建成立了一家有限责任公司丁公司。由于客观原因，有股东未实际出资。为了避免丁公司注销清算后，各股东间剩余财产分配产生争议，甲、乙、丙三家企业在工商注册时，就约定好了具体的持股比例或出资比例，并将其在丁公司的章程中予以

明确。如此一来，一旦企业注销清算，各股东在计算股息和投资收益金额，并计算缴纳相应的企业所得税税款时，工作量将大大减小。

在整个研讨中，类似的案例还有很多。王进说，对企业经营者、税务管理人员和从事涉税专业服务的税务师而言，企业的税务管理，不仅要关注基础的税务处理，更要与交易、经营等环节紧密联系，将税务管理思维上升至企业经营理念，才能站得更高，望得更远，提出理想的问题解决方案。

推荐阅读

汇算清缴将至 企业要做好三件事	汇算清缴： 抓住重点早下手	抢先看！企业2018年度 汇缴三点心得

大型基建项目：管控税务风险"如烹小鲜"

李雨柔 覃韦英曌

──── 阅读提示 ────

近年来，我国大型基建项目不断增多，其间的涉税事项也备受关注。专业人士表示，大型基建项目具有建设工期长、参建单位多、涉及税种多且复杂等特点，管控其税务风险如烹小鲜，必须做到大处着眼，细处着手，恰到好处。

在新中国成立 70 周年之际，北京大兴国际机场投运仪式 2019 年 9 月 25 日上午在北京举行。

近年来，诸如大兴国际机场这样的大型基建项目越来越多，世界最长的跨海大桥港珠澳大桥、世界第二大抽水蓄能电站天荒坪电站、全球最大的智能集装箱码头上海洋山深水港……随着大型基建项目数量的增加，这类项目中的涉税事项也备受关注。专业人士表示，大型基建项目建设工期长、参建单位多、涉及税种多且复杂，管控其税务风险如烹小鲜，必须做到大处着眼，细处着手，恰到好处。

一张表格，列示全流程涉税点

正如大兴国际机场一样，大型基建项目建设工期长、参建单位多、涉及税种多且复杂，如何在整个建设周期内妥善处理好相关税务问题，管控好税务风险，考验着参建企业税务团队的综合能力。

案例 3-32

根据《北京新机场临空经济区规划（2016-2020年）》，北京大兴国际机场航站区建筑群总面积143万平方米，航站楼主体103万平方米，总工期1218个日历天，主体工程投资高达800亿元。从中国民航局公布的《北京新机场工程建设与运营筹备总进度综合管控计划》来看，大兴国际机场工程建设，不仅涉及动拆迁、前期立项和报批等重要工作，还涉及飞行区、航站区和工作区工程及其他工程的建设和验收移交等重要工作。

据中建一局（集团）有限公司副总会计师姜瑞枫介绍，粗略划分，一个大型基建项目从最初筹备到最终竣工投入使用，需经过投标、中标、施工图定稿、施工组织完成、施工前期临建、基地建设、正式施工、过程结算、施工进度完成和竣工决算等十余个环节。整个项目过程中，还会涉及不同类型的企业，如总承包单位、分包单位等建筑企业，以及各类材料的供应商和监理、勘察、检测单位等。

面对如此复杂的工程，怎么才能合规地做好税务处理？面对记者的这个问题，大型基建工程税务问题专家、北京华政税务师事务所副总经理仇喜林并没有直接回答，而是向记者展示了一张表格，从筹建期如何选择投资方式，到竣工结算阶段如何为生产经营期做好准备，对大型基建项目全流程可能涉及的税务安排等都作了详细列示。"庖丁解牛，先要知牛。"仇喜林说。

仇喜林告诉记者，在大型基建项目的不同环节，要重点关注的涉税事项是不同的。不仅如此，各个环节之间的涉税事项还会相互关联、相互影响，真可谓牵一发而动全身。因此，要加强税务管理，合规降低税收成本，建筑企业需提前做好全流程、全税种、多主体的税务安排。仇喜林建议企业，在项目立项阶段，就要做好测算，制订具有可操作性的税务解决方案。

最近几年，采用PPP模式（即政府和社会资本合作）开展大型建筑项目比较常见。PPP项目的前期阶段，如项目公司的投资组建、立项主体的确认、建设期总包合同管理和付费条款的约定等内容如何确定，几乎决定着整个 PPP 项目的经营情况及投资风险系数。只有项目前期做好税务安排，才能保证项目后期的顺利执行，进而保证项目预期利润的实现。仇喜林告诉记者，对大型建筑企业高层税务管理人员来说，一定要从企业经营管理和税务治理的双重视角，研究全流程的税务方案。

享受优惠，力求"抓大不放小"

无论是在制定总体方案的阶段，还是在具体的实操阶段，如何通过享受税收优惠尽可能降低税负，是大型基建项目参建企业的"必修课"。对此，业内专家的建议是："抓大不放小。"

专家表示，"抓大不放小"里的"大"，主要是与创新有关的税收优惠。从近年来大型基建项目的建设情况看，创新技术的运用越来越多，为此，国家围绕创新给予企业一系列税收优惠政策。如果企业能够运用好这些税收优惠，将大大缓解工程建设中的资金压力。

案例 3-33

大兴国际机场的建设施工过程中，应用了各类创新技术。例如，航站楼建造过程中，施工方采用自主研发的无线遥控大吨位运输车，实现了超大平面结构施工材料运输，建造出世界上最大的机场单块混凝土楼板。事实上，在最近几年的大型基建项目施工建设过程中，越来越多的建筑施工企业应用了自主研发的新工法、新工艺和新材料。会"跳转体舞"的立交桥、实现了"转圈圈"的厦门后溪长途汽车站主站房、"翻山越岭"的中国铁路……这些大型基建项目中都凝聚着各类创新工法。

基于此，仇喜林建议建筑企业的税务管理人员，要突破传统思维的局限，加强与技术、工程等相关部门的交流沟通，充分挖掘企业具有较高技术含量的建筑服务和产品，积极争取享受高新技术企业低税率优惠和研发费用加计扣除优惠。同时，建筑企业要全面加强对研发费用的税务合规性管理，把工作做在平时——通过在立项、实施、结题、核算和优惠享受等环节的规范管理，提高享受研发类税收优惠政策的合规性。

一些普惠性的减税政策，对大型基建项目的参建各方影响也很大。姜瑞枫告诉记者，2019年增值税税率下调就是一个很典型的例子。

对于适用简易计税方法的建筑项目而言，由于简易计税项目适用3%的征收率，不允许抵扣进项税额，建筑企业的成本就是购进各类材料、服务的含税总价。增值税税率下调后，如果供应商不调整材料或服务的含税总价，该项优惠对简易计税项目来说影响不大。建筑企业应积极与供应商进行协商，适当降低合同价格，共同分享税率下调带来的好处。

对于适用一般计税方法的建筑项目来说，由于建筑企业处于整个产业链的中游，分析税率下调对企业的影响时，需从发包方和供应商两个角度来考虑。同时，一般计税方法下，纳税人可以抵扣进项税额，因此，合同价款是含税价还是不含税价，以及相应金额如何变化，对建筑企业享受减税政策会产生一定影响。在这种情况下，企业需要考虑不同情况，提前与发包方、供应商做好沟通协调。尤其是在大型基建项目的合同中，要明确发票开具、合同价款和纳税义务等问题，在合规范围内最大限度地享受减税红利。

"抓大不放小"里的"小"，则是针对建筑行业的一些特殊性规定。姜瑞枫向记者介绍，在减税降费背景下，为了支持建筑行业发展，财政部和国家税务总局制定了多项建筑企业适用的特殊性税收政策，如建筑业营改增税收政策、跨地区经营企业所得税预缴政策等。姜瑞枫建议建筑企业，应结合本企业的业务开展情况和经营特点，按照税收政策的要求，规范财税处理，准确计算、申报和缴纳各类税款，在现有税法框架下合法合理地降低企业税负。

管控风险，需兼顾共性与个性

大型基建项目有很多共性税务风险，也有一些个性的税务风险。在具体应对过程中，企业应该注意兼顾共性和个性。

在大型基建项目中，发票管理是一个具有共性的老问题。华政税务师事务所合伙人姜静告诉记者，不少建筑企业可能取得开票方为走逃企业的发票，还可能善意取得虚开的增值税发票、滞留票等，也有一些企业面临发票损毁丢失、增值税逾期抵扣等情况，从而给企业带来不必要的税务风险和损失。姜静说，要减少发票带来的税务风险，关键是要管好发票。建筑企业务必做好内部控制，确保资金流、货物流和发票流"三流"一致，严格执行《发票管理办法》，并积极与税务机关沟通，关注走逃企业信息的更新。

不同类型的大型基建项目，有着不同的特征，需要关注的涉税事项也存在差异，这时就需要关注一些个性化的税务风险。姜静举例说，高铁、高速公路和路桥型基建项目，以构筑物施工为主，产生的增值税进项税额较多；三级公路、四级公路等低等级公路，以土建施工为主，形成的增值税进项税额较少；地铁、港口、填海造地等项目主要依靠设备，属于重投资项目，同样会产生较多进项税额，并形成长期增值税留抵税额。姜静表示，大型基建项目因其特殊性，经常会出现少缴税款与多缴税款并存的情况。因此，为应对项目过程中潜在的个性化税务风险，建筑企业需要不断加强税务管理，以保证在合规缴纳税款的同时，避免不必要的损失。

那么，对于大型基建项目的参建企业而言，如何有效地管控税务风险？仇喜林建议，企业应定期开展税负合理性评价。建筑企业的税负影响因素是多方面的，通过开展税负合理性评价，可以发现经营性因素、政策性因素、遵从性因素和征管性因素等不同要素，对企业总体税负和不同税种税负变动的影响，进而及时掌握企业税负变化的根本原因，并采取有针对性的措施予以应对。"如果能够及时掌握税务风险的动态及产生的原因，无疑就抓住了风险管控的'牛鼻子'。"仇喜林说。

在国家税务总局长沙市税务局稽查局审理科科长段文涛看来，及时学习、掌握最新政策的执行口径，对大型基建项目的参建企业防范风险而言，非常重要。段文涛举例说，2019年9月18日，国家税务总局发布了《关于国内旅客运输服务进项税抵扣等增值税征管问题的公告》（国家税务总局公告2019年第31号，以下简称31号公告），对建筑服务分包款差额扣除问题做了明确。按照31号公告的规定，纳税人提供建筑服务，按照规定允许从取得的全部价款和价外费用中扣除的分包款，指支付给分包方的全部价款和价外费用，包括分包工程打包支出中的建筑服务价款和货物价款，而非单纯的购买材料款、支付租赁款。

　　记者在采访中发现，采取各种措施，加强税务风险管控，已经成为建筑企业的一种自觉行动。中建一局五公司副总经理财务总监李林告诉记者，中建一局就十分重视对税务管理制度的建设，不仅设立专门的税务管理部门、设置税务专岗，定期举办税务培训，而且引入了信息化管理体系，有效提升了税务风险管控质效。

借款给股东，企业有税收责任吗

覃韦英曌

阅读提示

实务中，企业向个人股东提供借款，却忽略相应的税务处理，进而给企业带来税务风险的案例并不少见。因此，企业要准确把握向个人股东提供借款中的涉税问题，在平时就做好税务风险的管控。

最近一段时间，一封关于企业向个人股东提供借款，是否需要代扣代缴个人所得税的判例文书在财税朋友圈被频频转发。专业人士表示，企业向个人股东提供借款，需要关注其中的涉税问题，建议企业既要准确把握涉税处理细节，也要建立起风险管控制度，防范其中的税务风险。

一则判例刷屏财税人士朋友圈

事件的起因，源自某企业 2010 年初向个人股东提供借款。

案例 3-34

2010 年初，博皓投资咨询有限公司（以下简称博皓公司）借款给其股东苏某 300 万元、洪某 265 万元、倪某 305 万元，共计 870 万元。上述借款均未用于博皓公司的生产经营。2012 年 5 月，三位股东归还了借款。

2013 年 2 月 28 日，主管税务机关对博皓公司涉嫌税务违法行为立案稽查，于 2014 年 2 月 20 日作出税务处理决定，认定博皓公司少代扣代缴 174 万元个人所得税，责令其补扣、补缴。

博皓公司认为，虽然三位股东向其借款，但在税务机关税务检查前已经归还，三位股东并未取得所得，因此不产生纳税义务，公司也就没有产生代扣代缴个人所得税的义务。而税务机关认为，三位个人股东的借款在借款纳税年度并未归还，且借款也未用于博皓公司的生产经营，应视为博皓公司对三位股东的利润分配，博皓公司应当履行代扣代缴个人所得税义务。

双方无法达成一致，博皓公司遂提出行政复议申请，行政复议机关作出行政复议决定，维持了税务机关关于补扣、补缴的决定。博皓公司不服，在法定期限内提起行政诉讼。一审中，人民法院维持了税务机关行政处罚决定。博皓公司提起上诉。二审中，人民法院驳回了博皓公司上诉请求。经再审，安徽省高级人民法院作出裁定：驳回博皓公司的再审申请。

至此，本案宣告终结，博皓公司需就个人股东借款履行代扣代缴个人所得税义务，补扣、补缴相应税款。

股东借款涉税问题引发热议

终审判决书发布后，尽管专业人士对此案存在不同观点，但都不约而同地提到，个人股东借款的后续税务处理问题，值得企业和个人股东共同关注。

纳税无忧网创始人唐守信告诉记者，实务中，个人股东向持股企业借款的情形并不少见。个人股东向其投资公司借款，除非属于抽逃出资，否则法律并不禁止。从商事角度来看，个人股东向其投资公司获得的借款，一般分为与经营有关和与经营无关两种。与经营有关的借款一般包括差旅费借款、为购买商品服务暂借款等；与经营无关的借款则包括个人财务用途借款等。个人股东发生的与经营有关的借款行为，在税法中没有特别的规定，其借款个人及出借企业不涉及税务处理问题。企业与其股东发生与经营无关的借款，应严格履行公司章程等约定的内部审批程序，界定借款行为，并关注可能产生的税收义务。

针对个人股东发生的与经营无关的借款行为，税务处理主要包括代扣代缴个人所得税、针对借款利息计算缴纳增值税及附加税费，和就借款利息收入计算缴纳企业所得税。

北京华标律师事务所律师胡晓锋告诉记者，为了防止个人股东无限期从企业借款不归还，财政部、国家税务总局于 2003 年 7 月 11 日发布了《关于规范个人投资者个人所得税征收管理的通知》（财税〔2003〕158 号，以下简称 158 号文件），其中规定，对于个人股东从企业获得的借款，在借款年度不归还而又未用于生产经营，可以视为个人股东从企业取得的红利分配，个人股东依照视为"利息、股息、红利所得"项目计算缴纳个人所得税。此时，企业应按规定代扣代缴个人所得税。

除了个人所得税扣缴义务，企业向个人股东提供借款，还会涉及相关利息的税务处理。北京明税律师事务所高级合伙人施志群告诉记者，正常情况下，个人股东向企业获取借款，需要支付一定的借款利息。根据《账务部国家税务总局关于全面推开营业税改征增值税试点的通知》（财税〔2016〕36 号）的规定，企业向个人股东提供借款，属于将资金贷与他人使用而取得利息收入的贷款服务。因此，企业向个人股东收取的借款利息，应当按照规定计算缴纳增值税，并按照相关规定，缴纳相应的城市维护建设税、教育费附加和地方教育费附加。对于这笔利息收入，企业还需根据《企业所得税法》的规定，计入应税收入，统一申报缴纳企业所得税。

管控税务风险，功夫在平时

采访中，专业人士认为，实务中，企业向个人股东提供借款，却忽略相应的税务处理，进而给企业带来税务风险的案例并不少见。因此，企业要准确把握向个人股东提供借款中的涉税问题，在平时就做好税务风险的管控。

施志群提醒，企业向个人股东提供借款，需按照税收法律法规的规定，合规进行税务处理，尤其是无偿向股东提供借款的行为，容易引发税务风险，需要企业重点把握。根据《账务部国家税务总局关于全面推开营业税改征增值税试点的通知》（财税〔2016〕36号）附件1第十四条的规定，除用于公益事业或者以社会公众为对象外，单位或者个体工商户向其他单位或者个人无偿提供服务，应视同销售，计算缴纳增值税。

因此，如果企业无偿向个人股东提供借款，应视同销售，按照贷款服务申报缴纳增值税，并按人民银行公布的同期贷款利率计算确认利息收入，按照《企业所得税法》的相关规定计算缴纳企业所得税。值得关注的是，企业和个人股东之间的无偿借款，如果被税务机关认为属于利用关联交易逃避缴纳税款，企业也会面临补缴企业所得税的风险。

唐守信则建议，结合158号文的具体规定，企业向个人股东提供借款，应注意12月31日这一时间节点，尽量要求个人股东在此之前归还借款。

此外，唐守信还建议，企业发生与经营无关的借款，应履行公司章程等约定的审批程序防范税务风险。具体来说，企业可在公司章程中，对关联方和个人股东借款的具体细节进行约定；建立相对严格的借款审批程序，并在借款合同中明确约定借款的利息费率、还款时间等细节。

再生资源行业：能否借信息化手段走出困扰

覃韦英曌

───────────────────●　阅读提示　●───────────────────

大力发展和扶持再生资源回收利用行业，是我国实现绿色发展必不可少的环节。然而，受限于发票难开，再生资源回收利用企业普遍面临着纳税遵从与经营实际相矛盾的困扰，并且产生了"企业越正规，越没竞争力"的怪事。在此背景下，一些再生资源回收利用企业和涉税专业服务机构将目光聚焦在了税务信息化手段，探索一条可行的路。

───

2019 年 10 月 14 日，《北京市生活垃圾管理条例修正案（草案送审稿）》公开征求意见，再生资源回收利用的话题再次引发热议。目前，我国再生资源回收利用行业规模大、产值高、前景广阔，经济和社会意义巨大。但受诸多市场基本因素的叠加影响，整个行业呈现分散且不规范的特点，从而也给合法经营企业带来一些税法遵从困扰。记者调查发现，对税法遵从意愿较高、合法经营的再生资源回收利用企业来说，利用信息化手段化解这些困扰，或许是一条靠谱的路。

现状：合规回收企业竞争力缺失？

再生资源，指可再生的，在人类的生产、生活、科教、交通、国防等各项活动中被开发利用一次并报废后，还可反复回收加工再利用的物质资源。从定义上看，再生资源覆盖了商品和资源在生产和生活环节流通的全过程。从开采和生产过程的尾矿、伴生矿、工业废渣等，到流通环节的包装、运输，再到终端消费环节产生的各种废弃物，都属于再生资源的范畴。在再生资源回收利用领域，不少企业负责人都有同样的困惑：企业越大越正规，反而越无法与众多小、散、乱的流动商贩和非正规企业竞争。这究竟是怎么回事呢？

中国再生资源回收利用协会废纸分会会长、旭阳北方（天津）环保有限公司监事吴涛介绍，我们国家再生资源市场非常大，而且有很强的上升空间，但企业的回收效率非常低。此外，由于环保等监管要求，以及一些技术水平和市场化运作过程中的制约，再生资源回收利用产业链的附加价值比较低，这些市场基本因素叠加导致的结果就是——整个再生资源回收利用行业呈现分散且不规范的特点，行业内存在众多小、散、乱的流动商贩和非正规企业。

吴涛说，在生态文明建设的背景下，许多再生资源回收利用企业加强合规管理的意愿越来越强，但行业内这些流动商贩和非正规企业抬高价格，从产废者手中收购再生资源，形成了非正规回收企业"无票价"和正规回收企业"带票价"两种价格体系。这导致正规回收企业生存空间受到挤压，引发"劣企驱逐良企"的现象。

实践中，税务合规意愿较强的企业，为了避免出现税务风险，选择放弃抵扣进项税额，直接按照销项税额全额缴纳增值税。但与此同时，在经营业绩压力和利益驱动等因素的引导下，也有部分大型再生资源回收利用企业作出了不同选择。

案例 3-35

甲公司是一家真实发生再生资源回收利用业务的企业。为了取得发票以抵扣进项税额，该公司选择虚构或虚增物流成本、销售费用、人工成本等其他成本费用。

案例 3-36

某再生资源回收利用企业通过部分或者全部伪造与其他同业企业的交易，支付资金，获得发票，并通过对方将资金套取出来，支付给再生

> 资源回收利用企业指定的个人，完成"资金回笼"，再由这些个人账户向上游主体支付相应的收购款。

上述交易过程中，可能涉及一层或多层的再生资源虚假交易，实现逐层开票，最终套取资金的主体，往往是一个具备财政奖励优惠条件的公司。全国范围内屡次出现再生资源回收利用行业的增值税发票虚开案件，其基本模式和动机就是这种情况。

在利益驱动下，一些用废企业也参与到灰色链条中，直接将最终产品销售给不需要增值税发票的个人和企业。这种情形下，用废企业就不必向再生资源回收利用企业索取增值税发票，再生资源回收利用企业也就没有向上游获取增值税发票，用于抵扣进项税额的压力。如此一来，再生资源回收利用的整个循环，将不需要合法票据，仅凭物流和资金流就可以实现自我循环。

业内人士透露，这类灰色业务在行业整体交易额中占比达 50% 以上，且不在各部门官方统计数据内，对国民经济运行秩序、市场供求机制、市场价格机制和税收秩序造成严重干扰，而且给合规经营的企业带来了极大冲击。

调查：为什么难以获取增值税发票？

专业人士分析，实际操作中，再生资源回收利用企业难以获取增值税发票，以计算可抵扣的增值税进项税额，并作为企业所得税税前扣除凭证，其根本原因在于，行业内上下游主体无法针对交易的真实性提供充足、有力的证据。

中国再生资源回收利用协会副会长兼秘书长潘永刚介绍，目前，我国的再生资源回收主要涉及四种经营主体和四个流通环节：首先，拾荒者或居民、企业将捡拾或自产的废旧物资，销售给社区个体回收者；其次，社区个体回收者进行整理粗分后，销售给有运输存储能力的固定回收站或流动回收车；再次，回收站或流动回收车将分类后的废旧物资，集中运输至集散市场或分拣中心，进行分选、打包、除杂等物理加工，这类市场和中心多由再生资源回收利用企业经营；最后，规模性回收企业向各地分拣中心和市场进行分购统销，销售给用废企业。在这种经营模式下，再生资源回收利用行业出现了"下游集中正规，上游分散混乱"的鲜明特点，下游的正规再生资源回收利用企业面临经营上的税务困难，也就不足为奇了。

据智税生态（北京）科技有限公司创始人徐超介绍，现行的《再生资源回收管理办法》第六条规定，从事再生资源回收经营活动，必须符合工商行政管理登记条件，领取营业执照后，方可从事经营活动。然而，现实中，行业上游以拾荒者或社区个体回收者为主，这些人员文化水平较低、经营规模较小，绝大部分没有进行企业登记，基本上也无法满足环保、消防等部门的监管要求，注册为个体工商户的可能性微乎其微，通常无法正常为下游企业开具发票。

潘永刚告诉记者，在 2002 年以前，再生资源回收利用行业一直作为特种行业进行管理，经营单位必须进行特种行业登记。引入市场机制后，经营者限制逐渐放松。截至目前，行业从业者已经超过了 1200 万名。从回收行业从业人员的构成情况看，拾荒者和社区个体回收者占据了全行业从业人员的90% 以上。

对于下游规模较大的再生资源回收利用企业来说，尽管有真实的业务发生，需要取得增值税发票，计算可抵扣增值税进项税额，进行成本核算，却又无法正常取得，导致增值税实际税负比较高，企业所得税税收负担也比较重。

北京大账房网络科技股份有限公司 CEO 阚振芳说，由于再生资源回收利用企业向上游收购废旧物资的单笔交易金额，一般都在增值税起征点之上，却又无法取得相应的票据，导致回收企业向个人收购的废旧物资，面临按销售收入的 25% 计算缴纳企业所得税的困境，也使得企业承担了较重的所得税税负。

不仅如此，上游小、散、乱的流动商贩和非正规企业不缴税，用废企业在付款时又索要发票，税务风险因而集中爆发在再生资源回收利用企业身上。受限于行业普遍易发的增值税发票虚开风险，再生资源回收利用企业不敢使用收购发票。更严重的是，由于无法取得合规的抵扣凭证，进项税额与销项税额无法实现对应，再生资源回收利用企业没有可被依法认定的废旧物资采购成本，导致这些企业无法向用废企业开具增值税发票，与用废企业签订的合同也就不能正常履行，货款无法结算。"增值税与企业所得税的影响叠加，致使很多规模性回收企业面临生死存亡的困境。"阚振芳说。

探索：行业实现合规经营路在何方？

2019 年 10 月 15 日，在北京绿账本环保科技服务有限公司举办的"再生资源交易合规纳税全国服务平台"产品发布会上，中国注册税务师协会副会长李林军说，国家鼓励再生资源回收利用行业顺应"互联网+"发展趋势，创新再生资源回收模式。或许，信息化手段，能为各方探索切实可行的发展路径提供可能。

实际上，记者在采访中了解到，北京、天津、安徽、山东等地已经开始了这方面的探索。许多再生资源回收利用企业及涉税专业服务机构，正在利用信息化手段，一方面加强业务全流程的证据搜集，痕迹化管理税务风险，证实交易真实性；另一方面帮助完善增值税发票抵扣链条，避免虚开发票风险。

从目前的实践情况来看，再生资源回收利用企业与涉税专业服务机构的解决思路主要是，以信息化系统实现全流程监控，以证明货物交易和资金交易的真实性，并将上游主体纳入信息化系统的监控范围。这种模式下，既保证了上游回收者个人所得税的合规缴纳，又有助于实现交易链条真实性的证据收集，完善增值税开票链条，有利于再生资源回收企业和用废企业取得增值税发票，实现正常的进项税额抵扣和企业所得税成本扣除，减少违法行为发生。

案例 3-37

内蒙古同方冠联再生资源有限公司（以下简称同方冠联）负责人李永亮介绍，为了实现合法经营、合规纳税，同方冠联设计了一套再生资源回收利用企业合规纳税的方法：在包头市东河区建立 39 个再生资源中转站，每个中转站招募一名个体户成为合作者，由中转站对接分拣中心，个体户收来的物资以真实交易的形式转卖给分拣中心。这样一来，每一个中转站都是一个增值税小规模纳税人，增值税的发票问题解决了，个人所得税的扣缴问题也规范了。"同方冠联的这种操作模式已经开始推进，实现了废旧物资收购成本的准确核算，以及可抵扣的增值税进项税额的准确计算。"李永亮说。

阚振芳分析，对于再生资源回收利用企业，解决问题的关键是能够"自证"交易真实性。因此，阚振芳建议回收企业在开展业务时，应当通过改进交易模式、优化交易链条、完备交易材料等方法，加强内部风险防控，如实、准确、逐笔记录废旧物资购、销、存情况，在购、销业务记账凭证上附过磅单、验收单、付款凭证等证明交易真实性的材料，通过相关凭证的佐证，从实质层面争取企业所得税税前扣除。同时，积极与主管税务机关沟通，向其提供完整材料以证明其业务真实发生，以及成本支出的真实性、合法性、关联性。

案例 3-38

智税生态已经开发并实际应用一套全方位监控车流、物流、人流、合同流、资金流和票据流的综合系统，用于监控再生资源回收利用的交易全过程。在交易的关键环节，采用物流网、大数据、云计算和区块链等新技术，自动识别车辆、人员和货物信息，数字化自动采集货物重量和质量数据，系统自动生成包括随车单、过磅单、对账单等各类单据，实现真实、全面、实时、便捷、可视、可控、可追溯的数据采集，确保交易真实性，杜绝造假行为，并以真实交易数据为基础，支持上游主体向下游主体开具增值税发票，完善行业增值税发票抵扣链条。

"绿水青山就是金山银山。"在中国社会科学院财经战略副研究员蒋震看来，再生资源行业肩负废旧物资回收处理和资源再生利用双重任务，一直以来都是国家政策扶持的行业，大力发展再生资源产业，已经成为绿色发展和生态文明建设的重要内容。因此，寻找到一条可行的方法解决再生资源行业面临的共性税收问题，其意义非常重大。

业内人士表示，目前，信息化手段是帮助再生资源企业解决涉税难题的最佳选择。"当然，也许未来还会有更加有效的解决途径，值得期待。"业内人士说。

取得转让专利权，绷紧风控这根弦

覃韦英曌

阅读提示

　　企业所持有的专利权，已经成为衡量企业技术能力最为直观的方式之一。对于管理专利权的不同环节，防控税务风险有不同的侧重点：取得环节，要区分取得方式进行税务处理；持有环节，要关注税会差异处理；转让环节，要做好测算合规享受税收优惠。

　　2019 年 11 月 1 日，由国家知识产权局发布的新版《专利审查指南》开始施行。目前，专利技术越来越成为公司发展壮大的重要能力储备。企业所持有专利权的数量，已经成为衡量企业技术能力最为直观的方式之一。专业人士表示，对企业来说，要注重防控专利权获取、持有和转让环节中的税务风险。

取得环节：处理方式有差异

案例 3-39

　　2019 年 10 月 24 日，上市公司甲公司回复了上交所关于其专利所有权权属问题的问询函。甲公司在回复中称，目前，公司共有 14 项发明专利和 30 项实用新型专利，由甲公司技术研究部门及人员在 2010 ～ 2017 年研发形成，于 2010 ～ 2018 年向国家知识产权局递交专利申请，并于 2011 ～ 2019 年获得了授权，研发期间发生研发费用约 8790 万元。形成的专利所有权由甲、乙和丙公司共同享有。

据北京明税律师事务所高级合伙人施志群介绍，实务中，企业取得专利的途径有很多，主要可以分为通过自主研发原始取得，和以受让方式转让取得。专利所有权取得的途径与方式不同，涉及的税收政策也有差异。

研发取得专利权，要注意研发费用加计扣除税收优惠政策的准确适用。中汇税务师事务所合伙人孙洋告诉记者，实务中，越来越多的企业通过开展研发活动取得专利所有权。企业发生的研发支出，需要符合税法对归集、核算等细节的具体规定，才可以享受加计扣除政策。孙洋说，研发的形式有很多，包括自主研发、委托研发、合作研发和集中研发等，不同类型的研发活动，对研发费用归集的要求不尽相同，企业在享受加计扣除优惠时要注意区分。

小陈税务咨询有限公司财税专家汪杰提醒，企业开展委托研发和合作研发，所签订的合同需及时在科技部门登记。汪杰说，根据《国家税务总局关于企业研究开发费用税前加计扣除政策有关问题的公告》（国家税务总局公告 2015 年第 97 号）的要求，企业留存备查的委托研发、合作研发合同，应该是在科技主管部门登记的合同。实务中，一些企业财务负责人没有重视这一细节，很容易给企业埋下隐患。

如果是以受让方式取得专利权，企业则需要关注增值税的税务处理问题。北京华晟佳和税务师事务所合伙人王文岗表示，按照现行增值税政策，纳税人提供技术转让、技术开发和与之相关的技术咨询、技术服务，免征增值税。据此，专利权转让方只能开具零税率的增值税普通发票。购买方无法取得增值税专用发票，并据此计算可抵扣的增值税进项税额，这可能会在一定程度上增加专利技术购入方的购入成本，企业要提前做好测算。

此外，王文岗还提醒，印花税的税务处理也需要企业注意。举例来说，企业向国家知识产权局递交专利申请并获得授权后，需自行承担权利、证照的印花税；企业通过授权和转让方式取得专利权的，需要按照万分之五的税率计算缴纳印花税。

持有环节：税会处理要合规

案例 3-40

> 深交所向上市公司L公司发出的问询函称，L公司 2018 年年度报告中显示，其对专利权计提减值准备 1200 余万元。要求其详细说明专利权的具体确认过程和依据，导致专利权需要计提减值准备的主要因素，该因素出现的时间、具体影响，前期未计提减值准备的原因和合理性。

对此，汪杰表示，企业取得专利权，一般会按照无形资产进行后续的会计和税务处理。在"大众创业，万众创新"的背景下，越来越多的企业开展技术研发，技术更新迭代的速度逐渐加快。因此，虽然企业持有的专利权尚处有效期，但相应的专利技术对企业竞争力和盈利能力的贡献度已经下降，经济价值显著降低。这种情况下，企业应通过预测相关无形资产的公允价值，减去预计处置费用，来确定其预计可收回金额。通过比较预计可收回金额和账面价值的差异，判断该资产的减值幅度，准确计提资产减值准备。

纳税无忧网创始人唐守信向记者介绍，企业针对专利权所计提的无形资产减值准备，在计算应纳税所得额时不得扣除，在企业所得税年度汇算时要纳税调增。由此带来的税会差异，企业应予以关注。

据孙洋介绍，企业持有的专利权，作为无形资产，会计核算中一般按照其实际使用寿命，进行核算和摊销。而税务处理中，按照《企业所得税法》的规定，无形资产是以所有权剩余年限或不少于 10 年摊销期限进行税前摊销，部分无形资产需符合特定条件，方可选择加速摊销。孙洋说，在实际操作中，税法与企业会计准则的不同规定，会带来税会差异问题，企业应充分考虑后续影响，及时做好相应的处理，并注意台账的留存备查。

王文岗说，企业持有专利期间，一般会持续进行更新升级。因此，企业需根据升级更新的具体情况，进行相应的费用化或资本化处理，并进行后续的税务处理。此外，王文岗还提醒企业，如果将专利提供给子公司或其他关联方使用，应遵循独立交易原则，向其收取相应的特许权使用费，避免转让定价风险。

转让环节：税收优惠可适用

案例3-41

生物科技公司B公司发布公告称，公司以9项生物芯片专有技术的独占使用权出资，投资于新设立的W公司，占注册资本的35%。实务中，许多企业选择以专利权为对价，对外进行投资。对此，孙洋表示，这属于非货币性资产投资，企业需要按照转让和投资同时发生，企业需要计算缴纳企业所得税。

根据《财政部 国家税务总局关于完善股权激励和技术入股有关所得税政策的通知》（财税〔2016〕101号）等政策的规定，对技术成果投资入股，实施选择性税收优惠政策。企业以技术成果投资入股到境内居民企业，被投资企业支付的对价全部为股票（权）的，企业确认的非货币性资产转让所得，有两种税务处理方式：一种是在不超过5年期限内，分期均匀计入相应年度的应纳税所得额，按规定计算缴纳企业所得税；另一种是选择适用递延纳税优惠政策，在投资入股当期暂不纳税，递延至转让股权时，按股权转让收入减去技术成果原值和合理税费后的差额，计算缴纳所得税。因此，孙洋建议，企业要提前做好测算，择优选择税务处理方式，严格管控税务风险。

王文岗向记者介绍，企业如果将专利权对外转让，可按照技术转让免缴增值税。此外，根据《企业所得税法》及其实施条例的规定，居民企业技术转让所得不超过500万元的部分，免缴企业所得税；超过500万元的部分，减半缴纳企业所得税。

专业人士提醒，在实操层面，纳税人还要注意技术转让所得的确定。根据《国家税务总局关于技术转让所得减免企业所得税有关问题的通知》（国税函〔2009〕212号）和《国家税务总局关于技术转让所得减免企业所得税有关问题的公告》（国家税务总局公告2013年第62号）的规定，技术转让所得，为技术转让收入扣除技术转让成本和相关税费的余额。如果技术转让所得确定不准确，很容易产生税务风险。

第四章 上市公司

2019年7月，科创板鸣锣开市，科创板上市公司和拟上市公司，其他各个板块上市公司的重大交易、重大事项受到监管部门和社会各界的持续关注。其中，上市公司税务处理的合规性，是监管部门关注的重点之一。

本章以上市公司公开发布的年报、半年报、问询函和重大事项公告等资料为基础，梳理出不同类型的上市公司税务热点。第一类是受到科创板上市委高度关注的涉税事项，比如研发支出应当费用化处理，还是资本化处理；第二类是上市公司可能面临的共性税务风险，比如上市公司高管报酬的税务处理、上市公司取得政府补助的税务处理等；第三类是上市公司特殊交易需要关注的涉税事项，比如债转股交易双方需关注的税务问题、上市公司年报频"打补丁"潜在的税务风险……

我们结合近一年来大量上市公司的真实案例，借助wind数据库、choice数据库和同花顺等知名金融数据平台，梳理上市公司税务热点。同时，采访来自企业、税务机关和涉税专业服务机构的知名专家，共同为上市公司税务风险把脉，并提出针对性的合规建议。

突出问题导向，排查潜在税务风险

——上市公司涉嫌财务造假行为税务风险提示

张　凯

阅读提示

从证券交易所专项问询函的内容来看，一些上市公司有涉嫌财务造假的行为。专家分析，不排除此类上市公司存在少缴税款、虚开增值税发票的可能性。对此，专家建议上市公司，应该从半年报暴露的问题入手，举一反三，全面排查潜在税务风险。

据媒体披露，2018 年 8 月 15 日～10 月 15 日，有 90 家上市公司收到了证券交易所对半年报的专项问询函，其中不乏一些知名公司，如乐视网、暴风集团等。记者发现，其中不少企业存在虚增收入、营业收入和净利润反向变动等较为严重的涉嫌造假行为。

90 家上市公司半年报遭问询

与 2017 年沪深两交易所的 36 份半年报问询函相比，2018 年 90 家上市公司半年报遭问询，同比增加 1.5 倍。在半年报遭问询的 90 家公司中，有的上市仅 1 年，有的去年年报就被问询。目前，一些上市公司被问询后，已经连续发布了多份修订版财报，以更正此前的错误。

从问询的问题来看，这些上市公司涉嫌财务造假的行为，主要表现在七个方面：一是数据错误或矛盾；二是高管未履职责；三是会计处理缺乏依据；

四是营业收入和净利润数据出现明显的反向变动；五是经营活动现金流量与营收和净利产生严重背离；六是通过调整会计核算方法增加投资收益避免亏损；七是虚增收入。"在这些问题的背后，可能牵涉到不同程度的税收问题。"北京华晟佳和税务师事务所总经理王文岗说。

"上市公司半年报质量不高，有其内在的原因。"资深上市公司税收研究专家唐守信说。他告诉记者，上市公司的财务半年度报告与财务季度报告都属于中期财务报告，根据中国证券监督管理委员会的规定，除了中国证监会和证券交易所另有规定外，上市公司半年报中的财务报告可以不经审计。目前，大多数上市公司发布的财务半年报都未经审计，一些不规范甚至造假的事项没有被及时发现并纠正，其信息披露质量不高也就不难理解了。

关键信息存疑暴露税务风险

业内人士表示，尽管一些上市公司的半年报质量不高，但只要仔细比对分析其中的关键信息，还是可以窥见潜在税务风险的。

案例 4-1

2018年10月12日，上市公司L公司直接在回复深交所问询时承认，公司的半年报中存在重复计算销售收入的情况。原来，L公司的一家全资子公司S公司自2017年下半年起，厂房设备陆续竣工投产，但业务量较小。为了能让S公司具备一定的承接订单的能力，并通过生产制造使新招聘工人尽快成为熟练工，L公司将部分业务及订单转移到了S公司。由于公司财务人员变更频繁，客户在同意配合L公司订单转移后又出现了反复，由此，L公司存在两个明显的问题：一是重复计算销售收入合并抵消不完整，二是应收账款重复分类计入预付账款。对此，L公司表示，目前还无法准确确定上述事项对半年度报告相关数据的影响程度。

财税智库（北京）大数据科技股份有限公司董事长李炯梅告诉记者，目前，一些上市公司的经营业绩与高管的绩效工资、奖金及职务升迁等挂钩，导致公司高管有很强的虚增业绩冲动。在此过程中，尽管一些公司账面显示业绩的确增加了，但是并没有真正创造出与账目匹配的价值，公司的发票流、合同流、现金流与货物流自然很难一致。换句话说，在没有实质业务的前提下，虚增业绩的上市公司很有可能涉嫌虚开增值税发票，其客户也因此存在虚抵增值税的可能性，两者的税务风险都很高。一旦被税务机关查实，不仅需要补缴税款，还有可能要缴纳滞纳金和罚款，同时面临不小的声誉损害。

事实上，上市公司财务造假，应税数据的合理性很容易存疑。

案例 4-2

Q 公司 2018 年前 6 个月实现营业收入 43.46 亿元，同比增长 50.12%，但城市维护建设税却同比降低 3.78%。根据城建税与增值税同比例增减的原理推算，Q 公司增值税与营业收入的变化趋势严重不符。一般情况下，如果某公司业务均衡、没有重大变化时，一段时期内增值税与营业收入的变化应趋于同步。Q 公司营业收入与增值税变化趋势的严重背离，可能预示其存在虚报营业收入或漏缴增值税的风险。

唐守信还注意到，此次被问询的部分上市公司，不仅今年的半年报疑点重重，而且去年的年度报告也存在不少税务问题。公开信息显示，今年半年报被问询的企业中，有 60 家在去年年度报告发布后就已经被问询。

强化内控，防患于未然

记者采访的多位专家都表示，金税三期上线之后，大数据分析能力空前强大，特别是国税和地税合并之后，国家税务总局和省级税务机关全面强化了对企业财务及税务数据的分析，开发了一批有针对性的税务风险分析软件，建立了不少行业税收分析模型，一旦企业的相关数据存疑，很有可能引起税务机关的关注。因此，李炯梅建议半年报存在问题的上市公司，应该举一反三，全面排查税务风险，及时优化内控机制，自觉遵从税法，千万不要抱有侥幸心理。

李炯梅说，在实践中，一些税法遵从度较高的大企业，已经开始借助人工智能技术，及时对月度数据和季度数据进行"健康诊断"，从而在第一时间识别税务风险，并进行有效防范和化解。这次被问询的上市公司，如果在半年报发布前也能进行一次全面的"健康诊断"，注重分析各项财务指标与税金之间的匹配关系，并作出有针对性的修订，半年报的质量就会得到显著提升，也能减少后续的很多麻烦。

案例 4-3

H公司近期被监管部门问询后，接连发布了5份修订版财报，从去年调整到今年。该公司去年半年报归属净利润被调减1亿元，导致今年半年报净利润由修订前同比减少34.17%，变为同比增长42.09%。如此大幅度的调整，可能涉及纳税义务的调整、纳税申报更正和退税补税等情况，这一系列的连锁反应，企业高层和主管税务机关需高度关注。

王文岗认为，上市公司半年报暴露出的一系列问题，说明其外部监督和内部监督可能都存在一定程度的缺失。他建议上市公司在规范内部控制时，提高财务报告的税务风险控制能力，比如，在财务报告编制和披露流程中，应当强调内部税务管理岗对报告数据进行复核的作用；同时，对拟披露的财务报告进行财务指标和税务风险复核分析时，对异常情形要追根溯源。若出现错报，应及时修正，及时降低相应风险。若存在涉嫌造假情形，对因此可能产生的税务违法违规问题风险，应充分评估后向决策层报告。

关键指标要达到，日常管理要跟上

——上市公司如何准备高新技术企业资格复审工作

康晓博

阅读提示

专业人士提醒，针对高新企业三年重新认定的要求，企业可以将知识产权、研发项目、研发人员、高新收入等重要事项分好步骤，把目标任务科学合理地分解到每一个年度，并在日常工作中完成相关要求和预定目标。

因高新技术企业可享受 15% 的优惠税率，不少企业都希望获得高新技术资格。但是，取得资格只是第一步，保持住高新身份同样很重要。实践中，就有上市公司因高新技术企业资格存在问题，须补缴高额税款。针对这一现象，有关专家分析，保持高新身份，功夫要下在平时。否则，一旦高新重新认定未通过，将会给企业带来很大影响。

现象：重新认定失败不罕见

公开信息显示，上市公司高新重新认定未通过的情形并不罕见。

案例 4-4

2018 年 12 月 18 日，上市公司中装建设发布的一纸公告，引起了广泛关注：公司于 2018 年进行了高新技术企业的资格复审，但近日收到《关于公示深圳市 2018 年第三批拟认定高新技术企业名单的通知》，公司未被列入该名单，高新技术企业资格复审未获得核准，因此须补缴1～9月所得税额约为2228.49万元，占当期归属于上市公司股东的净利润比例约为16.77%。本次未通过高新技术企业资格复审，将对公司2018年度的业绩产生一定影响。

无独有偶，就在中装建设发布公告前，全信股份也发布了此类公告。

案例 4-5

2018年12月7日，全信股份发布公告称，由于申报材料准备不充分，公司未能通过2018年度的高新技术企业认定，2018年度不再享受高新技术企业的企业所得税优惠政策。企业因此须补缴1～9月所得税额约1230万元，占当期归属于上市公司股东的净利润比例约为10.93%，会对公司2018年度的业绩产生一定影响。

记者查阅信息发现，除了中装建设和全信股份外，信捷电气、达安股份等多家上市公司此前也曾发生过类似情况。

高新重新认定未通过，对上市公司税收方面的影响是显而易见的。由于上市公司2018年度已经按照15%的优惠税率缴纳税款，未通过高新技术企业资格重新认定，意味着企业须补缴税款，对当期归属于上市公司股东的净利润产生不小影响，同样也会对上市公司当年业绩产生影响。"法定税率与优惠税率之间相差了10个百分点，对于一些上市公司而言影响颇大。"北京明税律师事务所高级合伙人施志群说。

那么，高新重新认定未通过的企业，何时补缴税款呢？《高新技术企业认定管理工作指引》（国科发火〔2016〕195号，以下简称195号文件）规定，高新技术企业资格期满当年内，在通过重新认定前，其企业所得税暂按15%的税率预缴，在年度汇算清缴前未取得高新技术企业资格的，应按规定补缴税款。施志群表示，一般情况下，高新认定的结果于第四季度公布，结果出来后，未通过重新认定的企业，就需要补缴前三季度的相应税款。

分析："身份"不保原因几何

记者了解到，上市公司在高新企业重新认定中身份不保，有多方面的原因。

施志群告诉记者，高新技术企业资格期满后，"复审"其实就是进行重新认定。2016 年，科技部、财政部、国家税务总局修订印发了《高新技术企业认定管理办法》（国科发火〔2016〕32 号，以下简称 32 号文件），其中规定，通过认定的高新技术企业，其资格自颁发证书之日起有效期为 3 年。3 年有效期满后，企业的高新资质就需要进行重新认定。但是，实务中，企业通过高新认定之后就放松了自我要求，这是导致其高新身份不保的重要原因。

一些"硬伤"没有得到足够的重视，也是导致企业高新身份不保的重要原因。企业之前的申报材料在认定管理部门都有留存。在重新认定时，有关部门会重点关注企业之前的不足之处，一旦通过逻辑比对发现这些不足仍未有效完善，企业将很难通过认定。

关键指标不达标的现象，在高新企业重新认定中比较常见。32 号文件和 195 号文件发布后，高新认定增加了对企业的知识产权技术先进程度，以及其主要产品（服务）在技术上发挥的核心支持作用等定性指标的考核。同时，针对企业的技术创新组织管理水平、科技成果转化数量等，也都提高了要求标准，并再次明确规定编制研发费用辅助账作为考核内容，规范对企业研发费用的管理。但是，不少高新企业在这些关键指标上不达标，自然难以符合高新企业的要求。

值得注意的是，2018 年以来，高新认定日益注重实地核查。可以看出，高新认定的要求标准和规范水平正持续提高，关键指标没做好，必然难过关。

建议：日常工作中强化管理

本年度未通过高新认定的企业，未来也可以继续申请认定。那么，继续申请认定应该注意什么呢？

一位长期服务高新企业的业界资深专家建议，企业应在日常经营中持续提升合规性，加强在研发费用、高新收入、知识产权、申报材料等方面的统筹管理，按照高新认定的政策规定和相关思路，不断调整、优化管理方式。尤其是，企业应认真总结分析自己没有通过的原因，并针对这些原因进行调整和梳理，以更高的标准和持续的努力，进行严格规范，确保不会在同一个地方"再次跌倒"。

施志群给出的建议是，企业应树立保持高新资格的长远思维，并注重在日常工作中下好功夫。他说，针对高新企业三年重新认定的要求，企业可以将知识产权、研发项目、研发人员、高新收入等重要事项分好步骤，把目标任务科学合理地分解到每一个年度，并在日常工作中完成相关要求和预定目标。

"统筹安排和日常努力非常重要。"施志群强调，企业如果通过日常努力确保每一年都达标，那么三年后的重新认定，难度就会小很多；反之，如果平时产生懈怠，等到第三年再去"临时抱佛脚"，通过认定的难度将会很大，也不利于企业的健康长远发展。

提高企业税务合规性，关注共性涉税事项

——科创板拟上市企业税务风险提示

崔荣春

阅读提示

专家提醒，科创板拟上市企业在股改过程中，会涉及诸多税务方面的问题。加之科创板对上市主体的特殊规定，提前梳理共性和特性财税问题，保证税务合规，是准科创板企业的当务之急。

登陆热潮之下，更需冷静思考。专家表示，准科创板企业的当务之急，是关注共性涉税事项，保证税务合规性。

聚焦：科创板对税务合规提出更高要求

记者在采访中发现，作为企业 IPO（首次公开募股）的首要关注事项之一，"合规"被多位专家画上了"着重号"。

对比企业在主板、中小板、创业板、新三板上市、挂牌过程中需要关注的税收问题看，科创板对企业上市的税务合规提出了更高的要求。

毕马威中国内地资本市场组主管合伙人苏星告诉记者，目前，毕马威已接触到多家拟登陆科创板的企业，有些刚启动 IPO 进程，尚未完成股改，有些已完成架构重组。其中，进展最迅速的是那些原先已有上市计划，并且已在财务规范、税务合规、架构重组等方面提前做好准备的企业。"只待科创板注册制相关配套业务规则落地，这些企业就能以最短的时间递交上市申请。"

苏星说。

以往实践表明，企业 IPO 过程中，其涉税问题一直是证监会等监管机构核心关注的问题之一，因税务不合规而 IPO 被否的企业不在少数。专家提醒，科技企业赴科创板上市，除了掌握上市规则、做好实务准备外，还要对税收多一些关注，正确、合规地处理 IPO 相关税务事项，避免因税务问题影响 IPO 整体进程。

立信税务师事务所合伙人顾春晓表示，由于科创板配备了更加严厉的违规惩罚机制和退市制度，从税务角度看，拟科创板上市企业的税务合规性需要达到更高的要求。基于此，企业需要进行全税种的税务合规性检查、企业整体安排下的税收优惠项目合规性检查、企业重组项下相关税务安排合规性检查、股权激励下个人所得税筹划的合规性检查等。"纵观 IPO 全流程，企业需要做好三件事：事前的税务合规性检查、事中的税务规划和安排，以及事后持续的税务内控管理。"顾春晓说。

有关专家表示，科创板及注册制试点对 IPO 信息披露的严格要求，体现在《科创板首次公开发行股票注册管理办法（试行）》的字里行间——发行人会计基础工作规范，财务报表的编制和相关信息披露规则的规定等，其实都与税收密切相关。对此，资深上市公司税收研究专家唐守信表示，尽管《科创板首次公开发行股票注册管理办法（试行）》没有直接提及"税"字，但企业纳税情况直接反映了企业的财务状况、经营成果和现金流量，体现了企业生产经营是否符合法律、行政法规的规定。由此可见，企业的税务合规状况，是登陆科创板重要的隐形条件。

建议：关注上市过程中共性的税收事项

实践表明，税收是企业 IPO 成功与否的重要影响因素之一。无论是科创板，还是主板、中小板、创业板、新三板，在 IPO 事前、事中、事后全流程中税务事项是否合规，值得拟上市企业共同关注，并未雨绸缪，做好规划，以顺利实现上市目标。

资本市场资深税务专业人士徐贺提醒企业，无论登陆科创板，还是主板等其他资本市场，IPO过程中的共性税务事项都值得企业关注，如依法合规地处理股改税务事项，审视税收优惠适用准确与否，检视上市前是否有重大税收违法行为，合规搭建上市架构，完善税务内控体系等。

基于长期辅导企业上市的经验，毕马威中国信息技术、媒体和电信业（TMT）税务服务主管合伙人梁新彦分析，企业IPO通常会遇到两方面税务问题，一方面是为满足上市合规性要求，需要更加重视管控日常经营中的各项税务合规风险，如享受包括高新技术企业在内的各项税收优惠是否存在瑕疵、创新业务模式的税务处理是否有不确定因素等；另一方面是为上市准备而采取必要措施引发的税务事项，如集团业务重组时的一系列税务成本和优化考量。

梁新彦说，筹备登陆科创板，涉及一系列复杂环节，股权架构调整、股份制改制等关键环节的税务考量尤为重要。其中，梳理股权架构的税务成本，一直是企业上市规划的难点之一。企业应当关注的核心问题包括：企业股改涉及资本公积、盈余公积、未分配利润转增股本时，不同类型的股东可能产生不同的纳税义务；不同类型投资方在上市前后退出投资时的法律形式、估值的合理性，以及相应的税务成本；集团业务重组的各种股权及资产交易形式，是否符合特殊性税务处理条件；企业税务扣缴义务是否合规履行；等等。

梁新彦特别提醒，登陆科创板的企业以科技创新型为主，不少企业在发展过程中享受高新技术企业、研发费用加计扣除等税收优惠政策，在深化"放管服"改革的大背景下，目前这些税收优惠的管理模式大多由"政府机关事先审批"转向了"企业自主判定、主管机构事后管理"，故而容易因为企业对政策的片面理解或税务内控不完善等原因，引发潜在的税务风险，拟登陆科创板的企业需对此特别注意。另外，科创企业在成长过程中，大多经历多轮外部融资，上市前可能面临因历史上的股份代持、对赌协议等特殊情形所产生的必要股权调整，目前相应税务处理尚有不明确之处，也需拟上市企业高度重视。

提醒：防范跨境架构及交易的税务风险

科创板将为中国科技企业提供新的上市融资选择，一些已经搭建了境外上市红筹架构的科技企业，正在谋求回归中国境内上市。红筹架构拆除、境内 IPO 申报、IPO 期间及上市后合规运营涉及的跨境税务合规问题，尤其值得关注。

据了解，红筹架构是跨境私募与海外上市的首选架构，指中国境内的公司（不包含港澳台）在境外设立离岸公司，然后将境内公司的资产注入或转移至境外公司，以实现境外控股公司海外上市融资的目的。

阿里巴巴集团税务总监李鹏告诉记者，科创板制度最核心的特点是，允许符合相关要求的特殊股权结构企业和红筹企业上市，这将吸引越来越多的海外红筹企业回归境内资本市场。致同税务合伙人张莉就接触到这样一家中国科技企业——已经搭建了红筹架构，准备境外上市。听到即将推出科创板的消息后，该企业一改初衷，转战科创板。

试点红筹架构上市，是科创板的一大突破。科创板让红筹企业迎来了春天，中国资本市场可能由此迎来红筹回归潮。值得注意的是，由于红筹架构一般涉及复杂的境内外股权和协议控制形式，涉税问题和税务风险也比一般的境内上市架构更为多样和复杂。"区别于一般企业，拟登陆科创板的红筹企业对特有的跨境税务合规事项，应予以特别关注。"梁新彦说。

张莉告诉记者，并非所有红筹架构都符合科创板上市的试点条件。从税务角度看，对于一些已搭建境外上市红筹架构的科技企业，或曾经在海外上市的中概股来说，回归境内科创板，需要先拆除红筹架构，由此引发投资人股权架构调整，是否关注并已合规申报缴纳中国及相关国家资本利得税，十分重要。该税务申报过程及税款缴纳情况，将会是 IPO 申报过程中被上市监管机构重点关注的税务合规事项。"如果科创板可以接受 VIE（可变利益实体，也称协议控制）架构，相应的股权调整步骤的税务成本可以免除。"张莉说。

张莉还提醒搭建了 VIE 架构的企业，需关注各方是否是关联方、各方交易是否符合独立交易原则。按照一般理解，VIE 架构虽没有直接的股权控制关系，但其与集团其他实体之间存在资金、资产等其他关联关系，也应是关联方。跨境交易税务风险虽然隐蔽，但企业仍要进行税务风险管理。

根据多年的实操经验，张莉建议，企业上市前还需对其税务历史沿革进行严格评估，了解业务快速发展中可能忽略的税务合规问题。举例来说，根据中国税法规定，当境内关联方之间存在税负差异，企业之间的交易直接或间接导致中国整体税收减少，该境内关联交易将成为转让定价调查调整的对象，企业需按照相关转让定价法规评估风险、计算补缴税款等。

在完成历史沿革的税务追溯评价调整、搭建境内上市架构后，企业还需做好未来上市期间税务合规政策的制定，尤其需要关注集团内跨境关联交易的税务合规遵从，避免不必要的税务质疑。张莉分析，中国的关联交易申报体系由关联交易年度申报、同期资料报告、国别报告三个层次构成，企业应关注每项申报要求的时限、具体内容及相互之间的逻辑勾稽。近年来，随着各国税务机关之间包括以 OECD 主导的 CRS 为代表的税收信息交换的逐步推进，参与国金融机构税收非居民的账户信息将被自动交换到相关国家税务机关。鉴于此，张莉提醒有跨境业务的科创板拟上市企业，要注重建立内部税务合规制度，重点关注 CFC（受控外国公司）规则、无形资产的持有及收费、技术支持劳务费支付等问题，以应对各国税务机关的合规审核。

梁新彦则建议企业密切关注国际税收政策发展动态，定期评价各项业务税收政策的时效性，对税务安排进行实时调整。

梳理年报涉税信息，检视税务处理方式

李雨柔　覃韦英曌

阅读提示

wind 数据库显示，截至 2019 年 5 月 22 日，共有 3600 多家上市公司披露了年报，约占上市公司总数的 99.45%。综合上市公司的公开年报信息和专业人士分析，上市公司在高管薪酬分红发放、接收政府资产、亏损弥补以及投资收益等业务的税务处理上，具有较高的共性税务风险。专业人士建议，上市公司应当梳理年报中的涉税信息，检视税务处理方式，及时防范税务风险。

年报作为上市公司过去一年经营状况和经营成果的总结报告，包含了不少涉税信息。综合 2018 年度上市公司的公开年报信息和专业人士分析，上市公司在高管薪酬分红发放、接收政府资产、亏损弥补以及投资收益等业务的税务处理上，具有较高的共性税务风险，需要引起上市公司高管的关注。

薪酬分红有区别，实际发放莫混淆

基本薪酬和股息红利，是上市公司高管获取报酬的主要形式。

案例 4-6

　　F 公司披露的年报中显示，公司董事长 2018 年度从公司获得的税前报酬，总额高达 3169.67 万元，是上市公司年薪最高的董事长。F 公司在年报中透露，公司高管的报酬，主要由 2018 年度基本薪酬和 2017 年度奖励薪酬构成。

　　上市公司税收研究中心主任、资深上市公司税收研究人唐守信告诉记者，公司高管（不包括由股东单位派至本上市公司的高管）一般都是公司的员工，上市公司要向其聘任的高管支付薪酬。如果公司高管取得了任职上市公司的股票，则其在公司中又取得了另外一个身份——股东。上市公司若决定派发股息，那么这些高管除取得正常的任职薪酬外，还会有分红。

　　唐守信说，虽然工资、薪金和股息红利都是由上市公司发放给高管的，但二者无论是个人所得税处理，还是企业所得税处理，都有很大的区别。因此，建议上市公司注意区分不同形式下税务处理的差异。

　　根据国家税务总局 2018 年发布的《个人所得税扣缴申报管理办法（试行）》，作为向高管个人支付工资、薪金和股息红利的单位，上市公司需要履行个人所得税扣缴义务。换句话说，上市公司在向高管支付工资、薪金时，应按照累计预扣法计算预扣税款，并按月办理扣缴申报。在向高管派发股利时，则应根据高管取得股份方式的不同，进行不同的税务处理。

　　如果高管从公开发行和转让市场获得任职上市公司股票，公司在派发股利时，需考虑到股息红利差别化个人所得税政策的相关规定，区分不同情况履行扣缴义务。

案例 4-7

　　假设某高管持股超过 1 年，可以享受股息红利所得暂免征收个人所得税的优惠政策。针对这部分高管，上市公司在派发股息红利时，可暂不扣缴个人所得税；待该高管转让股票时，证券登记结算公司会根据其持股期限计算应纳税额，由证券公司等股份托管机构，从该高管的个人资金账户中扣收税款，并划付至证券登记结算公司。证券登记结算公司于次月 5 个工作日内，将税款划付至上市公司，由上市公司在收到税款当月的法定申报期内，向主管税务机关申报缴纳。

大信税务师事务所合伙人徐贺告诉记者，上市公司高管还有可能通过股权激励的方式持有上市公司股权。对上市公司来说，股权激励的实质是以股份作为支付对价，购买员工的服务。因此，高管取得上市公司股权激励，应按照"工资、薪金"所得税目及适用税率，计算缴纳个人所得税税款。

徐贺表示，除了要关注个人所得税扣缴义务的区别外，上市公司还要关注高管工资薪金和股息红利在企业所得税处理上的差异。根据《企业所得税法》规定，企业实际发生的、合理的工资薪金支出，准予税前扣除。但是，企业向投资者支付的股息、红利等权益性投资收益款项不得在税前扣除。值得注意的是，如果高管通过股权激励方式取得上市公司股权并选择行权，上市公司可在实际行权时将该部分支出作为工资、薪金支出，依照税法规定在企业所得税税前扣除。

政府支持形式多，征税与否要辨清

上市公司从政府获得的货币性资产或非货币性资产，并不都是不征税收入。

案例 4-8

Z 公司 2018 年年报中显示，公司 2018 年收到政府补助 74.82 亿元，占 2018 年度 802.89 亿元净利润的 9.32%。Z 公司所披露的政府补助情况，是集团从政府无偿取得的货币性资产或非货币性资产，不包括政府以投资者身份向集团投入的资本。

徐贺分析，根据《国家税务总局关于企业所得税应纳税所得额若干问题的公告》（国家税务总局公告 2014 年第 29 号）规定，企业收到的政府划转货币性资产或非货币性资产，通常有三种处理情形，一种是作为国家资本金处理，一种是作为不征税收入处理，还有一种是按政府确定的接收价值，计入当期收入总额，并计算缴纳企业所得税。

徐贺告诉记者，如果政府明确将国有资产以股权投资的方式投入上市公司，公司应将其作为国家资本金（包括资本公积）处理。也就是说，政府以投资者身份向上市公司投资。在会计上，不将该部分收入计入损益类科目。同样，企业所得税处理上也不将其纳入应税收入范围。徐贺说，企业所得税的基本征收原则是对企业的经营成果征税，而上市公司取得的国家资本金也属于投资者投入的资本，并非其经营过程中取得的收入，因此不属于企业所得税的征收范围。

但是，如果上市公司接收到的是政府无偿划入的货币性资产或非货币性资产，就需要区分不同用途，分别处理。徐贺说，若政府无偿划入上市公司的资产，指定了专门用途，并需要按相关规定进行管理，上市公司可将该部分资金作为不征税收入进行企业所得税处理。此时，如果上市公司接收的是政府划入的非货币性资产，可能会面临较大的税会差异，需要格外关注。一方面，资产投入使用后，会计上计提的折旧摊销不能在计算企业所得税时税前扣除；另一方面，会计上将政府划入的资产分期计入损益中，但由于该部分资产属于不征税收入，因此在计算企业所得税时需做纳税调减处理。

唐守信认为，若上市公司取得的政府划入资产，既不符合国家资本性投入的条件，也不符合不征税收入的确认条件，那么，就应该将其并入应税收入总额中，计算缴纳企业所得税。唐守信提醒上市公司，与会计上分期确认收入不同，该部分收入在计算企业所得税时，需一次性计入当期的收入总额中。

亏损弥补与投资，潜在风险需防范

据 wind 数据库统计，在披露了 2018 年年报的 3600 多家上市公司中，大部分上市公司盈利状况良好，不过，有 476 家上市公司 2018 年的业绩处于亏损状态。专家提醒这些亏损企业，一定要关注潜在的税务风险。

上市公司 H 公司年报显示，H 公司 2016 年、2017 年及 2018 年，连续三个会计年度经审计的净利润为负值。深圳证券交易所依据相关规定，发布了暂停 H 公司股票上市的公告。

根据《企业所得税法》规定，企业在纳税年度发生的亏损，可在规定的年限内向以后年度结转，用以后年度的所得弥补；境外营业机构的亏损不得抵减境内营业机构的盈利。致同（北京）税务师事务所高级经理姜玲玲提醒，上市公司在进行亏损弥补时，注意结转年限的要求，一般企业，最长不得超过 5 年；符合条件的高新技术企业和科技型中小企业，亏损弥补期可延长至 10 年。姜玲玲建议，上市公司要关注亏损弥补的相应规定，尤其是具备高新技术企业资格和科技型中小企业资格的企业，若发生合并或分立且适用特殊性税务处理的，务必要重点关注亏损结转弥补年限的确认，合规进行税务处理。

对上市公司，尤其是集团化管理的上市公司来说，可能存在这样的情况：集团内部一些下属公司处于盈利状态，而一些下属公司却发生了较大金额的亏损。此时，由于下属公司间的盈亏无法互抵，造成集团层面净利润为负值。

对此，毕马威中国税务合伙人李一源建议，上市公司应以整体价值链的商业目标为导向，合理设置内部关联方的功能与风险定位，并制定相匹配的关联交易定价，从而合理、合法地平衡集团内公司的盈亏状况。

姜玲玲提醒，如果上市公司长期处于亏损状态，很可能成为税务机关实施特别纳税调查的重点关注对象。建议长期亏损的企业及时评估其亏损产生的合理性和调整价值链规划。

记者从上市公司年报中，还发现这样一个现象——不少上市公司通过对外投资，取得股利、债券利息等收入，或是通过出售土地使用权、不动产，获得非经常性收益。对此，李一源表示，投资收益越来越成为上市公司带动利润的利器，这其中也有潜在风险需要上市公司格外关注。

不少上市公司进行的混合性投资，兼具权益性和债权性双重特性。李一源建议此类上市公司，一定要分清混合性投资的业务实质，并合规进行税务处理和日常管理。《国家税务总局关于企业混合性投资业务企业所得税处理问题的公告》（国家税务总局公告 2013 年第 41 号，以下简称 41 号公告）明确了混合性投资业务中，投资方和被投资方的税务处理。

对于被投资企业支付的利息，投资企业应于被投资企业应付利息的日期，确认收入的实现，并计入当期应纳税所得额；被投资企业应于应付利息的日期，确认利息支出，并按相关规定进行税前扣除。对于被投资企业赎回的投资，投资双方应于赎回时，将赎价与投资成本之间的差额确认为债务重组损益，分别计入当期应纳税所得额。

李一源说，上市公司混合性投资需同时满足 41 号公告第一条规定的 5 个条件。在整个投资过程中，上市公司要准备充足、完整的书面材料，以证明其混合性投资符合合规性要求，避免因证明材料不足带来税务争议。

唐守信同时提醒，上市公司取得的投资收益一般都涉及企业所得税，在税务处理上要注意区分收益类型。一般来看，免税收入，主要包括国债利息收入和符合条件的居民企业之间的股息、红利等权益性投资收益；适用减税优惠政策的收益，主要包括投资铁路债券的利息收入；暂不征收企业所得税收入则主要包括居民企业从公募证券投资基金分配中取得的收入等。唐守信建议，上市公司应严格把握税收政策的规定，厘清投资业务的种类和投资收益的属性，准确进行会计核算和收益的归集，有效防控税务风险。

差错"补丁"打了，问题根源查了吗

李雨柔

阅读提示

Choice 数据库显示，2019 年 1 月 1 日～6 月 4 日，有近 70 家上市公司发布公告，更正以前年度出现的会计差错。其中，超过 40 家上市公司对所得税费用、税费及附加、应缴税费等涉税科目作出调整。专业人士提醒企业，要关注这些前期差错背后的深层次原因，对症下药，不断提升税务风险管理能力。

专业人士提示企业，涉税事项易引起前期差错，财税人员只有提高专业能力，才能尽可能避免前期差错、管控税务风险。

上市公司频频发公告"打补丁"

近年来，上市公司通过发布前期差错更正公告，给以前年度的财务数据"打补丁"的情况屡见不鲜。据 Choice 数据库统计，2019 年 1 月 1 日～6 月 4 日，有近 70 家上市公司发布公告，更正以前年度出现的差错。其中，超过 40 家上市公司对所得税费用、税费及附加、应缴税费等涉税科目作出了调整。一些重要事项的差错更正，会直接导致上市公司股价下跌、商誉减值等严重的负面影响。

案例 4-10

> 浙江著名上市公司 B 公司"伪高新"补税案例十分典型。该上市公司的前期差错更正公告中称，因研发费用归集不合理，其高新技术企业

资格被取消,企业因此需补缴以前年度税款5800多万元。此公告发布后,该上市公司股票价格大幅下跌。

那么,企业发生前期差错应该怎么办?企业会计准则对此有明确的规定。《企业会计准则第28号——会计政策、会计估计变更和差错更正》规定,对于重要的前期差错,除非无法切实可行地确定前期差错累积影响数,否则,企业应当采用追溯重述法予以更正。所谓追溯重述法,即上市公司在发现前期差错时,视同该项前期差错从未发生过,对财务报表相关项目进行更正。

据上市公司税收研究中心主任唐守信介绍,一般情况下,上市公司会采取追溯重述法对财务报表相关项目进行更正,并对外发布前期差错更正公告。

案例 4-11

K公司最近的前期差错更正事项,引发社会各界广泛关注。该公司采用了追溯重述法,对公司发生的前期差错进行更正。在其发布的公告中提到,该公司2018年之前的营业收入、营业成本、费用及款项收付方面存在账实不符的情况。通过自查,K公司对2017年财务报表进行了重述。

涉税事项容易引发前期差错

记者翻阅上市公司发布的前期差错更正公告后发现,上市公司因涉税事项导致前期差错的情况并不少见,背后的原因有哪些呢?

北京华晟佳和税务师事务所合伙人王文岗告诉记者,不少上市公司对高新技术企业所得税优惠税率这一税收优惠政策理解不到位,错误地应用该政策,导致了前期差错更正的出现。

案例 4-12

北京某上市公司 H 公司在 2017 年度已经取得了高新技术企业资格，但该公司在核算 2017 年度递延所得税资产时，却错误地按照 25% 的企业所得税税率进行了计提，导致企业多计提了 10% 的递延所得税资产。追溯调整后，H 公司"递延所得税资产"科目需调减 2 万多元，"所得税费用"科目相应增加。

记者了解到，如果上市公司取得了不合规发票，同样容易引起前期差错。

案例 4-13

某大型建筑类上市公司 B 公司发布的前期差错更正公告中称，在 2018 年度的税务稽查中，税务机关发现，该公司 2017 年度列支的部分施工成本所取得的发票不合规。其中包括不合规增值税普通发票和失控增值税专用发票等，票面金额合计 4200 多万元，导致该公司 2017 年度应纳所得税额少计 640 多万元。

不断提升税务管理专业能力

无论是由于计算错误，还是由于对业务实质认识不清导致上市公司出现前期差错，本质上看，都是上市公司财税人员专业能力不足的表现。王文岗表示，如果想从源头上减少因税务处理不当导致的前期差错，提高上市公司财税人员的专业能力是关键。

案例 4-14

湖北某上市公司 S 公司的全资子公司，在享受出口免抵退税政策期间，由于公司财税人员对相关政策理解不到位，没有规范计提城市维护建设税和教育费附加，导致该子公司连续 7 年没有就免抵增值税部分，计算缴纳城市维护建设税和教育费附加。经税务稽查，该子公司不仅需要补缴 2400 多万元税款，而且需要缴纳将近 1000 万元的滞纳金，给企业带来了巨大的经济损失。

"前期差错是上市公司税务风险的来源之一。"中瑞税务师事务所总裁魏斌表示，上市公司错误的税务处理，会引发前期差错。同样，上市公司如果因会计处理不当引起前期差错，也可能导致税务风险。魏斌举例说，当上市公司在会计处理上出现漏记、少记收入时，税务处理上也可能会出现漏记或少记收入的情况，给企业带来少缴税款的风险。如果上市公司的某些业务，在会计核算中没有按照我国企业会计准则的规定，采用权责发生制进行会计处理，上市公司就很可能因为此项会计差错，产生未及时按纳税义务发生时间进行纳税申报的税务风险。

对此，魏斌表示，上市公司要加强税务风险管控，不但要及时更新财税人员的业务知识和专业技能，而且要培育其工作责任心，减少计算错误、漏记少记等差错的发生。中汇税务师事务所合伙人孙洋则建议上市公司，重视日常的税务管理，制定完善的复核机制，强化对内部税务处理和会计处理的外部审计，将税务风险管控工作嵌入公司内部控制中，避免会计差错和税务处理差错的产生。

【延伸阅读】

什么是前期差错

李雨柔

据上市公司税收研究中心主任唐守信介绍，前期差错，指由于没有运用或错误运用下列两种信息造成前期财务报表的省略或错报：一是编报前期财务报表时预期能够取得并加以考虑的可靠信息；二是前期财务报告批准报出时能够取得的可靠信息。通常情况下，前期差错主要包括计算错误，应用会计政策错误，疏忽或曲解事实、舞弊产生的影响等。

唐守信说，实务中，上市公司出现的大多数前期差错，是由于会计政策应用错误、疏忽或曲解业务事实，甚至是财务舞弊等原因导致的。值得一提的是，如果上市公司发生需要补缴税款的情形，且涉及金额较大，通常也会按照前期差错处理。

值得注意的是，前期差错与财务造假之间有着本质区别。北京华晟佳和税务师事务所合伙人王文岗表示，前期差错通常是上市公司财税人员对会计政策、税收政策理解不到位导致的。需要予以更正的前期差错所涉及的业务是真实存在的，有真实的原始凭证作为依据。而财务造假是一种主观故意的行为，所涉及的业务通常是虚构的，会计核算所依据的凭证也是伪造的。

债务人侧重享优惠，债权人侧重控风险

——市场化债转股如何防控税务风险

阚歆旸　程丽华　郑国勇

━━━━━━━━━━━━━ 阅读提示 ━━━━━━━━━━━━━

有关专家表示，在债转股过程中，双方涉税事项侧重点有所差异。债务人应侧重享受特殊性税务处理的优惠，债权人应侧重全流程控制税务风险，双方共同努力，推动债转股方案更好地落地。

债权转股权，指债权人以其依法享有的对在中国境内设立的有限责任公司或者股份有限公司的债权，转为公司股权，增加公司注册资本的行为。在债转股过程中，双方涉税事项侧重点有所差异，应当引起债务人与债权人的关注。

债转股：是偿债行为，也是增资行为

根据《公司债权转股权登记管理办法》（国家工商行政管理总局令第57号）规定，债权转股权，指债权人以其依法享有的对在中国境内设立的有限责任公司或者股份有限公司的债权，转为公司股权，增加公司注册资本的行为。从本质上讲，债转股是以股权偿还债权，它既是一种偿债行为，也是一种增资行为。

案例 4-15

　　A银行持有甲公司一笔债权，由于甲公司资金链出现问题，A银行

将此笔债权折价转让给 B 资产管理公司。B 资产管理公司将持有的甲公司债权，转化为对甲公司的股权投资，成为甲公司的股东，甲公司原有股东的股权被部分稀释。待将来甲公司经营状况转好后，B 公司可以通过资产置换、并购、重组和上市等方式退出，实现对甲公司股权投资的溢价。这就是一起典型的债转股业务。

目前，我国有两种类型的债转股业务，一种为政策性债转股，另一种为市场化债转股。

2019 年 6 月 5 日，在国务院政策例行吹风会上，国家发改委副主任连维良表示，市场化、法治化债转股，是推动企业去杠杆的重要途径之一，也是防范化解企业债务风险、促进企业发展的有力手段，在减少企业负债、降低财务成本的同时，有利于增强企业资本实力，推动完善企业治理结构，实现防风险与稳增长、促改革的有机结合。

连维良分析，本轮市场化、法治化债转股，不同于以往的政策性债转股，转股对象企业、转股债权、转股价格和条件、资金筹集、股权管理和退出等，都是由市场主体自主协商确定的，政府不拉名单，不搞拉郎配，政府的作用是为市场主体创造适宜的政策环境。

据介绍，截至 2019 年 4 月末，债转股签约金额已经达到 2.3 万亿元，投放落地 9095 亿元。已有 106 家企业、367 个项目实施债转股。实施债转股的行业和区域覆盖面不断扩大，涉及钢铁、有色、煤炭、电力、交通运输等 26 个行业。

债务人：应重点关注特殊性税务处理

多位专家表示，能否适用特殊性税务处理，是债务人需要重点关注的内容。

资本市场税收问题专家姜新录说，一般情况下，在税务处理上，根据《财政部 国家税务总局关于企业重组业务企业所得税处理若干问题的通知》（财税〔2009〕59 号，以下简称 59 号文件）第四条第二款规定，债转股应当分解为债务清偿和股权投资两项业务，确认有关债务清偿所得或损失。

具体来说，双方应当按照债务清偿额与计税基础的差额，确定债务清偿所得或损失。债务人应当按照支付的债务清偿额低于债务计税基础的差额，确认债务重组所得；债权人应当按照收到的债务清偿额低于债权计税基础的差额，确认债务重组损失。但是，若债转股双方选择特殊性税务处理，企业对债务清偿和股权投资两项业务，则暂不确认债务清偿所得或损失，股权投资的计税基础以原债权的计税基础确定。

根据59号文件规定，能享受特殊性税务处理的债转股，需要同时满足两个条件：一是具有合理的商业目的，且不以减少、免除或者推迟缴纳税款为主要目的；二是企业重组中取得股权支付的原主要股东，在重组后连续12个月内，不得转让所取得的股权。国家税务总局大连市税务局企业所得税处李忠辉提醒，实务中，企业应当在报送资料时，对其债转股业务的合理商业目的进行如实、准确的阐述，以取得税务机关在后续管理过程中对"合理商业目的"的认同。

相比之下，12个月的"锁定期"，是债务人尤其需要关心的部分。国家税务总局浙江省税务局公职律师徐战成提醒，根据现行政策规定，如果是适用特殊性税务处理的债转股业务，债权人不能在当期确认债务重组损失，同时又存在12个月的股权锁定期。这种情况导致债权人比较难接受特殊性税务处理。徐战成提醒债务人，应尽量与债权人就选择特殊性税务处理达成一致意见，从而使其可以递延纳税。

国家税务总局税务干部进修学院讲师吕明提醒，如果债转股业务适用特殊性税务处理，随之而来的一个问题就是税会差异。

案例 4-16

假设2019年10月1日，D公司向C银行贷款本金1亿元，应付利息500万元，D公司对C银行的债务账面价值合计1.05亿元。由于无力偿还债务，2019年12月1日，D公司与C银行签订债转股协议。C银行以贷款本金及应收利息共10500万元转换为对D公司的股权投资，该部分股权的公允价值为 8000 万元。

假设交易满足合理商业目的的前提下，C 银行承诺在重组后连续 12 个月内不转让所取得的 D 公司股权，则在会计上，D 公司于 2019 年 12 月 1 日即可确认 2500 万元的收益。在税务上，由于符合特殊性税务处理规定，D 公司暂不确认重组收益。相应地，在 2019 年度企业所得税汇算清缴过程中，应在《A105000 纳税调整项目明细表》及《A105100 企业重组及递延纳税事项纳税调整明细表》中进行纳税调整。

有关专家提醒，印花税的处理是债务人容易忽略的一点。我国印花税只对列举的凭证征税，债转股合同或协议不在列举范围之内。但对于债转股而增加的实收资本和资本公积合计，债务人（被投资企业）需要缴纳印花税，税率为万分之五，自 2018 年 5 月 1 日起，符合规定条件的印花税，可以减半缴纳。

债权人：须全流程管控潜在税务风险

姜新录建议，债权人从持有债权开始，便须全流程管控潜在税务风险。

在还未转股前，债权人就应关注利息收入的处理。企业所得税方面，根据《国家税务总局关于金融企业贷款利息收入确认问题的公告》（国家税务总局公告 2010 年第 23 号）规定，金融企业已确认为利息收入的应收利息，逾期 90 天仍未收回，且会计上已冲减了当期利息收入的，准予抵扣当期应纳税所得额。

增值税方面，根据《财政部 国家税务总局关于全面推开营业税改征增值税试点的通知》（财税〔2016〕36 号）规定，金融企业发放贷款后，自结息日起 90 天内发生的应收未收利息，按现行规定缴纳增值税，自结息日起 90 天后发生的应收未收利息，暂不缴纳增值税，待实际收到利息时按规定缴纳增值税。

债转股时，重组损益的确认时点，也是债权人需要关注的一点。根据《国家税务总局关于贯彻落实企业所得税法若干税收问题的通知》（国税函〔

2010〕79号），企业发生债务重组，应在债务重组合同或协议生效时确认收入的实现。

案例 4-17

假设截至2019年7月1日，E银行对F公司贷款本金1亿元，应收逾期利息（逾期超90天）1000万元。因F公司经营困难，E银行与F公司签订债转股协议，以贷款本金及应收利息共1.1亿元转换为对F公司的股权投资，该部分股权公允价值9000万元。债转股协议约定，协议生效以股权登记完成时间为准。2019年9月1日，该债转股完成了工商登记手续。根据规定，E银行确认债务重组损益的时点为2019年9月1日。

与债务人一样，债权人也应关注是否适用特殊性税务处理。

案例 4-18

接上例，如果E银行与F公司采取一般性税务处理，则E银行可以确认债务重组损失。如果选择特殊性税务处理，则E银行的债务重组损失暂不确认。此时，就会产生税会差异。E银行在债务重组完成年度的企业所得税汇算清缴时，需要进行纳税调整。另外，由于债转股合同或协议不在印花税列举的征税范围内，因此，签订债转股业务合同或协议，债权人也不需要缴纳印花税。

采访中，也有一些专家从鼓励企业债转股的角度，建议进一步完善相关的优惠政策，助力市场化债转股的发展。其中，徐战成就建议，适当放宽债转股的特殊性税务处理门槛，根据实际情况，尤其是破产重整情况下，债权人不必须持股12个月以上。同时，为了防止企业刻意避税，可以规定债权人转让取得的偿债股权时，债务人应当一次性确认债务重组所得，保证损失与收益确认时点的一致。

科创板上市：哪些涉税事项受关注

李雨柔

------- 阅读提示 -------

截至 2019 年 6 月 26 日，申请在科创板注册上市的 127 家企业中，有 4 家企业已经成功注册上市，仍有 88 家企业正在接受科创板股票上市委员会（以下简称上市委）的问询。记者整理相关资料并采访多位专家后发现，科创板股票上市委员会对申请上市企业的三个涉税事项十分关注：一是研发费用核算归集是否真实准确；二是税收优惠政策享受是否合规；三是内部交易是否存在税务风险。此外，申请上市企业的纳税情况与实际发生业务的匹配度、税金出现大幅变动的原因以及企业是否存在历史税务问题等，也是科创板股票上市委员会关注的重点。

2019 年 6 月 13 日，备受瞩目的科创板开板。上海证券交易所数据显示，截至 6 月 26 日，申请在科创板注册上市的 127 家企业中，有 4 家企业已经成功注册上市，仍有 88 家企业正在接受科创板股票上市委员会（以下简称上市委）的问询。记者整理了多家企业的审核问询函及其回复，发现上市委对申请上市企业的税务问题颇为关注。其中，企业的研发费用核算及归集、税收优惠的适用和内部交易的涉税处理，是上市委关注的重点。

关注重点 1：研发费用核算归集是否真实准确

研发费用核算归集是否真实准确，是上市委问询最多的问题。

案例 4-19

> 深圳某医药制造企业 A 公司共接受了三轮上市委的审核问询，前两轮的问询均涉及了与研发费用相关的问题。首轮问询要求企业分析说明，报告期内税务机关对其研发费用的认定金额，与其纳税申报表所列式的研发费用金额之间存在的差异。在第二轮问询中，上市委要求企业进一步说明，税法上允许税前加计扣除的研发费用金额和企业账务处理中研发费用金额存在较大差异的原因，并要求其列示明细项目及对应金额。

有意愿在科创板上市的企业，大多为科技型创新企业。对这些企业来说，研发投入必不可少。从公开信息及相关资料来看，已经通过上市委会议审核的企业中，大部分企业的研发费用占营业收入的比重较高。其中，微芯生物研发费用占营业收入的比重，更是连续三年超过 55%。立信税务师事务所合伙人顾春晓表示，在上市委审核过程中，研发费用率是一个备受关注的指标，研发费用的核算和归集也是企业被频频问询的重点问题。

毕马威中国研发税务服务主管合伙人杨彬告诉记者，以往的实践中，不少企业在申请税收优惠之前，才匆匆整理过去 1 年甚至是 3 年的研发费用。最终在税务机关的后续稽查中，这些企业因无法证明其研发费用归集的真实性和准确性，导致税收优惠的享受受到影响。

杨彬说，科创板对申请企业与研发相关的内控制度和执行情况有着更高的要求。因此，建议企业建立完整的研发项目跟踪管理系统，从研发项目初始阶段开始，对研发费用进行实时跟踪管理，有效监控、记录各研发项目的进展情况，明确研发支出的范围和标准，并在核算过程中有效执行。

关注重点 2：税收优惠政策享受是否合规

企业享受税收优惠政策的合规性和可持续性，是上市委关注的又一重点。

案例 4-20

> 　　目前，某科技股份有限公司 T 公司已在科创板成功注册上市。该企业在第一次发布的《关于首次公开发行股票并在科创板上市申请文件审核问询函的回复》中，就其享受的高新技术企业税收优惠情况，进行了详细披露。根据上市委的问询重点，此次披露的主要内容包括：T 公司续期申请高新技术企业资质是否存在障碍；报告期内 T 公司享受的税收优惠是否合法合规，是否存在被追缴的风险；T 公司经营业绩是否依赖于税收优惠；T 公司是否存在利用合并范围内相关主体的税收优惠，规避税收缴纳义务的情形。

　　目前，我国科技型创新企业可以享受的税收优惠政策很多，例如高新技术企业减按 15% 税率征收企业所得税、委托境外研发费用加计扣除、企业进口重大技术装备免征进口环节增值税等。大信税务师事务所合伙人徐贺提醒企业，在享受税收优惠政策的同时，也要关注是否满足优惠政策的适用条件，及是否存在其他潜在风险。

　　记者梳理了在科创板提出上市申请的企业名单后发现，约有 20% 的企业属于软件和信息技术服务行业，其中不乏可以享受增值税超税负即征即退优惠政策的企业。徐贺提醒，对于既销售软件产品，又销售其他货物或者应税劳务的企业来说，除了要关注税收优惠政策的适用条件外，如果存在无法划分的增值税进项税额，则要根据规定，准确计算进项税额的分摊比例，并据此确定软件产品应分摊的进项税额，以免因计算错误引发税务风险。

关注重点 3：内部交易是否存在税务风险

内部交易是否存在税务风险，上市委也很关注。

案例 4-21

已通过上市委会议审核并提交注册申请的上海 J 公司，曾在报告期内与两家企业发生内部交易。上市委在对 J 公司提出的第二轮问询中，要求该企业进一步说明内部交易的具体情况及相关考虑、定价原则及其公允性。同时要求 J 公司说明，内部交易是否存在转移定价和税务风险，必要时 J 公司还需作风险说明。

上市委在多家企业的问询函中，要求保荐机构、发行人律师核查企业控股股东历次股权转让时，是否缴纳所得税。如未缴纳，需说明欠缴税款的具体情况及原因，可能导致的被追缴风险、补缴义务及处罚责任，并说明企业的这一行为是否属于重大违法违规行为。

综合记者的梳理和毕马威中国税务合伙人廖雅芸的分析，企业纳税情况与实际发生业务的匹配度、税金出现大幅变动的原因以及企业是否存在历史税务问题等，也是上市委关注的重点。廖雅芸建议企业，在申请上市前，详细梳理自身存在的未决争议事项，必要时与税务机关协商，减少税务处理的不确定性。

中汇税务师事务所合伙人孙洋认为，虽然上市委问询的具体内容有所差异，但其实关注的焦点就是企业税务处理是否合规，是否存在税务风险。因此，对于毛利率较高的科创企业来说，千万不要为了降低税负而触碰"税法高压线"，否则将得不偿失。

"即便上市之后，企业也并非高枕无忧。"顾春晓向记者介绍，科创板退市制度中有一项特别规定——如果上市企业的营业收入或利润主要来源于与主营业务无关的贸易业务，或者主要来源于不具备商业实质的关联交易，明显丧失持续经营能力，达到退市标准的，上交所将依照相关规定，对其股票启动退市程序。因此，对有科创板上市意愿或是已经成功登陆科创板的企业来说，都必须关注集团内部交易的风险管控。

上市公司虚增利润后果严重

李雨柔

━━━ 阅读提示 ━━━

2019年7月10日晚，某上市公司M公司发布公告称，其全资子公司收到主管税务机关退回的250万元企业所得税税款，该笔退税款系企业虚增利润导致。此事引发业内人士热议。专业人士表示，虽然企业收到退税款是合法合规的，但是仍会面临因编造虚假计税依据而受到税务处罚的风险，也可能对企业的纳税信用造成不良影响，后果严重。

2019年7月10～15日，记者的朋友圈被一则新闻刷屏——某虚增收入和利润的上市公司在被证监会处罚后，经申请成功获得企业所得税退税款250万元。不少业内人士就此事件展开热烈讨论。专业人士表示，企业收到退税款合法合规，但不排除存在因编造虚假计税依据而受到税务处罚的可能性。

事件回顾：一则退税新闻刷屏朋友圈

最近，记者的朋友圈被这样一则消息刷屏。

案例 4-22

2019年7月10日晚，某上市公司M公司发布公告称，其全资子公司收到主管税务机关退回的250万元企业所得税税款。

据了解，M公司于2018年5月初收到中国证监会《行政处罚决定书》，认定其在2015年度，通过虚构影视版权转让业务、虚构财政补助两项违法行为，虚增收入和利润2000万元，虚增净利润1500万元，虚增行为导致公司 2015 年度扭亏为盈。

M 公司在收到《行政处罚决定书》后，根据《企业会计准则》等规定对上述业务进行了会计差错更正处理，并就其子公司虚构影视版权转让业务造成的 1000 万元虚增收入和利润，向主管税务机关提出企业所得税退税申请，并成功获得退税。

问题聚焦：是否存在税务处罚风险

对于 M 公司获得的退税款是否合法合规，业内人士有不同的看法。

一位专业人士告诉记者，M 公司获得退税款是合法合规的。根据《中华人民共和国税收征收管理法》第五十一条规定，纳税人多缴税款的，税务机关发现后要立即退还。如果是纳税人自行发现的，在结算缴纳税款之日起 3 年内，可以向税务机关要求退还多缴的税款并加算银行同期存款利息，税务机关及时查实后应立即退还。

对此，中汇税务师事务所合伙人孙洋分析，不管是税务机关征收税款，还是纳税人自行申报缴纳税款，都是具有较强政策性和经常性，且有一定技术难度的工作。因此，实践中不可避免会出现多征多缴税款的情形。纳税人若多缴税款，可以根据相关规定申请退税。

不过值得注意的是，M 公司是因虚增收入和利润导致多缴税款，这引发了业内人士的争议——上市公司是否可能因其虚增行为受到税务处罚？从记者采访的情况看，多数专业人士认为，上市公司的虚增行为会给其带来税务处罚的风险。

北京中翰联合税务师事务所合伙人王骏分析，上市公司虚增收入和利润的背后，是计税依据的失真。根据《中华人民共和国税收征收管理法》第六十四条规定，纳税人、扣缴义务人编造虚假计税依据的，由税务机关责令限期改正，并处 5 万元以下的罚款。

也有部分专业人士认为，"编造"一词带有主观性。实务中，判断上市公司收入和利润的虚增是主观故意行为，还是仅仅由于工作疏忽导致，存在一定难度。有专家表示，目前现有规定对"编造虚假计税依据"尚未作出十分详细的解释。因此，税务处罚的依据是否充分值得商榷。但专家们一致认为，M公司这种任意虚构业务，并以不实会计数据进行纳税申报的行为，绝对是不可取的。专家建议，对于恶意虚增利润的行为，应加强监管并加大惩罚力度。

专家提醒：虚增收入和利润后果严重

在"利润为王"的资本市场，上市公司都希望通过"漂亮的"财报数据获得投资人的青睐。一些上市公司为了市值管理及再融资的需要，便铤而走险，以虚增收入和利润等方式粉饰财务报表，以实现这一目的。专业人士表示，这样的行为会给上市公司留下不少风险隐患，甚至可能构成犯罪。

案例 4-23

> 日前，某上市公司Z公司通过虚减营业成本、虚减营业外支出和虚增资产减值损失的方式，虚增以前年度利润，并涉嫌虚假记载，受到监管部门处罚。除了对Z公司及其相关责任人做出警告处罚和罚款外，还对公司现任的4名高管采取长短不一的市场禁入措施。其中一名被采取终身市场禁入措施。

具体到税务方面，上市公司为避免被监管部门发现其虚增收入和利润的行为，必然要就虚构的业务开具发票并缴纳相应的税款，以达到"以假乱真"的效果。王骏告诉记者，即便上市公司主动缴纳了虚构部分的增值税，仍有可能构成虚开增值税专用发票或者虚开普通发票，给公司带来严重的税务风险。同时用真金白银的税收成本，换得财务报表的纸上富贵，也增加了企业自身的税收负担，造假的经济成本也不低。

致同（北京）税务师事务所合伙人王培提醒上市公司和拟上市公司，虚构业务、虚增收入和利润，极可能对公司的纳税信用造成不良影响，导致公司纳税信用等级评定降级。"在纳税信用体系建设不断完善的今天，上市公司和拟上市公司应时刻将实事求是、依法合规作为公司生产经营的基本底线。"王培说。

上市药企涉税问题频现证交所问询函

李雨柔

■ 阅读提示 ■

　　同花顺数据显示，截至2019年8月6日，超过40家医药生物企业收到了证券交易所《关于2018年年度报告事后审核问询函》。记者梳理多家上市药企的年报以及相关问询函后发现，上市药企普遍存在销售费用率高、政府补助金额大和环保处罚较多等问题。专业人士提示，这些问题背后，隐含着不少税务风险，上市药企应重视起来，自医自治，对症下药。

　　受某上市医药企业涉嫌财务数据造假事件影响，上市药企2019年受到监管部门的高度关注。同花顺数据显示，截至2019年8月6日，超过40家医药生物企业收到了证交所《关于2018年年度报告事后审核问询函》（以下简称问询函）。记者梳理了多家上市药企的年报以及相关问询函发现，上市药企普遍存在销售费用率高、政府补助金额大和环保处罚较多等问题。专家表示，这其中隐藏的税务风险，应当引起上市药企的重视。

销售费用：真实合规是关键

　　从上市药企2018年年报披露情况来看，报告期内，A股上市的医药生物企业中，有34家企业的销售费用率高于50%，最高可达73.84%。还有一些上市药企的销售费用增幅远超营业收入的增幅。其中一家上市药企销售费用的增幅近200%，但营业收入的增幅却不到20%。

案例 4-24

> 　　某上市药企 D 公司自上市以来销售费用大幅增长。2017 年，D 公司销售费用 1.07 亿元，同比增长 3.58 倍，占当期营业收入近 39%；2018 年，D 公司销售费用 2.7 亿元，同比增加 1.52 倍，占当期营业收入近 67%，高于同行业平均水平。报告期内，D 公司促销、推广费 2.55 亿元，较上年同期增长 188.35%。
>
> 　　基于此，上海证券交易所（以下简称上交所）要求 D 公司说明报告期内促销及推广费的具体内容、金额，具体科目确认的依据等问题，要求其分析说明在主要产品销售额大幅下滑的情况下，公司销售费用大幅上涨是否合理，并结合同行业同类型产品的可比公司情况，说明公司销售费用率明显高于行业平均水平的原因和合理性。

　　"受两票制影响，销售费用高，已经成为上市药企普遍存在的现实问题。"北京大力税手信息技术有限公司创始人郝龙航介绍，上市药企的销售费用通常可以分为两类，一类是企业真实发生的销售费用，还有一类是业内常见的"回扣"性质支出。

　　上市药企真实发生的销售费用，可以获得合规的票据，因此在业务的真实性和发票的合规性方面税务风险不大。不过，郝龙航提醒，此类销售费用的准确归集和计量仍是上市药企应密切关注的重点。根据《财政部 税务总局关于广告费和业务宣传费支出税前扣除政策的通知》（财税〔2017〕41 号）的规定，医药制造业企业发生的广告费和业务宣传费支出，不超过当年销售（营业）收入 30% 的部分，准予扣除；超过部分，准予在以后纳税年度结转扣除。"上市医药制造企业要在规定的范围内，对广告费和业务宣传费支出进行调整。"郝龙航说。但需要注意的是，经销类上市药企仍需按企业所得税法基本规定的 15% 计算当年扣除限额。

　　对于上市药企发生的"回扣"性质支出，郝龙航表示，由于此类费用缺乏真实合规的发票凭证，一些上市药企在账务处理时，可能会借助虚假发票来实现"套现"支付目的。此时，即使业务是真实发生的，但企业用于税前列支的发票是虚假的，一经发现，会被税务机关认定为逃避缴纳税款。

上市公司税收研究中心主任唐守信建议，上市药企要加强对经销合同的管理，健全涉税内控制度，在合法的前提下开展销售业务，列支销售费用。同时，建议上市药企定期进行税务风险评估，必要时也可借助专业服务机构的力量，及时排查企业的税务风险。

政府补助：税会差异要注意

记者梳理多家上市药企的2018年年报发现，不少企业归属于母公司所有者净利润中，包含着政府补助收益。据统计，某上市药企归属于母公司所有者净利润金额中，有9成是政府补助收益。

案例 4-25

> 上市药企 B 公司 2018 年非经常性损益金额为 1.53 亿元。其中，拆迁补偿款 1.32 亿元，政府补助 5133.06 万元。深圳证券交易所要求 B 公司说明：拆迁补偿款是否属于因城镇整体规划、库区建设、沉陷区治理等公共利益搬迁而收到的补偿款，相关会计处理是否符合《企业会计准则解释第 3 号》的规定。

专家表示，上市药企收到的政府补助用途不同，在会计处理和税务处理上也存在一定差异，企业需要注意。

具体而言，新修订的《企业会计准则第 16 号——政府补助》中明确了政府补助与收入的区分原则，即与企业日常经营活动密切相关，且构成企业商品或服务对价组成部分的，应当作为收入而不是政府补助进行会计处理。同时，属于政府补助的部分，可以采用总额法和净额法两种会计处理方法。

在税务处理上，根据企业所得税的相关规定，符合条件的政府补助收入可以作为不征税收入，在计算企业所得税应纳税所得额时，从收入总额中减除。

唐守信提醒，上市药企需要关注不同性质的政府补助收益，会计处理和税务处理是否准确。比如，一些不符合不征税收入条件的政府补助，如果按照净额法进行会计处理，并冲减相关成本费用的，在进行企业所得税纳税调整时，就要做调增处理。

污染环境：环保税法勿忽视

实践中，因污染环境而被处罚的企业还有不少。2018 年，广东省某上市药企的子公司，因废水污染物中的化学需氧量浓度超过当地标准，被责令停产整治 10 日，并处行政罚款 20 万元。2018 年底，浙江某上市药企发布公告称，其子公司因危险废物识别标志设置不规范，危险废物露天储存且未采取防护措施，造成部分污染物流失等污染，受到环保部门的处罚，合计处罚金额 8 万元。

案例 4-26

> 某上市药企 H 公司，营业收入连续多年下滑，归属于上市公司股东的净利润连续 2 年下滑。从细分行业情况看，H 公司医药工业、商业板块营业收入最近 4 年均呈下滑趋势，累计降幅分别为 38.16% 和 27.36%。上交所要求 H 公司说明：近年来医药工业板块收入大幅下滑的原因及其合理性。根据 H 公司的答复，环保政策对医药化工品、医药中间体和医药原料药的供应和生产造成较大影响。

中翰税务环保税首席专家刘伟表示，之所以会出现这样的情况，是因为上市药企的环保意识仍有待增强。医药企业排放的污染物，涉及税目复杂，且存在危险废物，对环境造成的危害较大，需要按照规定合规储存和处理医疗废物，并准确申报缴纳环保税。他建议上市药企，尤其需要注意环保税与环保处罚之间的内在关系。

根据环境保护税法的规定，不同类型应税污染物的计税依据各不相同。通常情况下，由于建设了污染防治设施，企业排放的应税污染物数量是小于实际产生量的。不过，如果企业存在非法倾倒应税固体废物，损毁或者擅自移动、改变污染物自动监测设备等违法行为，相应应税污染物的计税依据，就要按照该污染物的产生量来确定。刘伟说，企业在遵守法律法规的情况下，需要缴纳的环保税税款其实并不多。但是，如果企业存在违法行为，就需要缴纳高额的环保税税款。

唐守信告诉记者，与以往由监管部门直接核定的排污费不同，环保税需要企业自行申报缴纳。企业要想准确确定应税污染物并计算应纳税额，仅仅依靠财务部门的力量是不够的，还需要掌握物理、化学和环保等专业知识的专门人才。因此，唐守信建议上市药企，建立起以财务部门为主，环保部门、工程部门和生产部门等为辅的环保税申报体系，各部门通力合作，共同实现企业环保税的合规申报与缴纳。

除了销售费用、政府补助和环保这三个方面的税务风险需要引起上市药企的关注外，研发费用、企业关联交易和商誉减值等问题也是证交所问询的重点内容，上市药企也应当提高对相关涉税问题的重视。

【延伸阅读】

医药企业"新动态"暗藏税务风险

覃韦英曌

提起即将到来的 8 月 30 日，许多医药企业都十分紧张。按照财政部的相关要求，2019 年度医药行业会计信息质量检查工作的检查材料，将于 8 月 30 日前报送至财政部。检视销售费用及收入、成本核算，成为最近一段时间医药企业的工作重点。

减持股票：不同股东不同计税方法

东方财富 Choice 数据统计，2019 年 1 月 1 日～ 2019 年 8 月 20 日，超过 60 家上市医药生物企业，发布了大股东减持公告。

大股东减持，指上市公司主要流通股股东符合《上市公司解除限售存量股份转让指导意见》的股票卖出行为，并及时做出信息披露。华税律师事务所主任刘天永分析，大股东减持一般在解禁期后进行。从主体来看，上市医药企业的大股东，可分为企业、合伙与个人三种类型，不同类型的股东减持，涉及的税务处理问题可能不同。

据刘天永介绍，如果股东为企业，则在减持解禁后上市公司限售股时，应当计算减持的投资收益并计算缴纳企业所得税。如果股东是个人，则要区分是征收个人所得税的限售股，还是享受个人所得税免税待遇的减持转让。减持股票为限售股的，需按照《财政部 国家税务总局关于个人转让上市公司限售股所得征收个人所得税有关问题的通知》（财税〔2009〕167号）及后续文件的相关规定，按照财产转让所得，适用20%的比例税率计算缴纳个人所得税。个人转让限售股，以证券公司代扣代缴和个人清算相结合的方式进行。

北京大力税手信息技术有限公司创始人郝龙航说，如果股东为合伙企业，还需区分合伙人类型进行处理。如果合伙企业出资人为个人，根据《财政部 税务总局关于创业投资企业个人合伙人所得税政策问题的通知》（财税〔2019〕8号）的规定，创投企业选择单一基金投资基金核算的，其个人合伙人可按照20%的税率计算缴纳个人所得税；选择按年度所得整体核算的，其个人合伙人应按照"经营所得"按5%～35%的超额累进税率计算缴纳个人所得税。如果合伙企业出资人为缴纳企业所得税的主体，则需按照规定计算缴纳企业所得税。

郝龙航提醒，无论是哪种类型的股东，在发生减持业务时，还需要按照转让差额计算缴纳增值税及附加税费，并缴纳证券交易印花税。

财务费用：符合规定才能税前扣除

财务费用，指企业为筹集生产经营所需资金等而发生的费用，主要包括利息净支出、汇兑净损失、金融机构手续费和筹集生产经营资金发生的其他费用等。对此，赛克赛斯生物科技股份有限公司财税副总监韩新永提醒，尽管最近一段时间，业界普遍关注的焦点集中在了医药行业销售费用过高这一问题，但财务费用支出是否合规、合理，核算是否准确，也应引起医药企业重视。

某上市药企 N 医药公司的年报显示，报告期末公司货币资金余额 22.65 亿元，短期借款余额 30.35 亿元，其他流动负债余额 31.68 亿元。本年度财务费用 3.48 亿元，占净利润之比达到 131.82%。对此，上海证券交易所发出问询函，要求 N 公司补充披露财务费用较高的原因与合理性等问题。

郝龙航说，按照《企业所得税法》及其实施条例的规定，非金融企业向金融企业借款的利息支出、企业经批准发行债券以及非金融企业向非金融企业借款时发生的不超过按照金融企业同期同类贷款利率计算的利息支出，基本上可以在计算企业所得税税前扣除。据此，财务费用较高的上市药企，要紧密关注借款利率是否符合相关规定，并合规取得相应的抵扣凭证从而确定扣除归属年度。企业需要关注的是，上述利息支出是否恰当地进行了资本化和费用化核算。

刘天永则提醒，如果财务费用的会计处理不准确，企业很有可能面临纳税调整的风险。举例来说，某上市药企 A 公司因建造办公楼，向其他公司借入一笔借款，并产生了合理的借款费用。大楼完工前，A 公司将所产生的借款费用计入"财务费用"科目，并据此进行了税前列支。"这样的会计处理方式明显是不恰当的。"刘天永说。

刘天永分析，《企业会计准则》规定，自行建造固定资产的成本，由建造该项资产达到预定可使用状态前所发生的必要支出构成。《企业所得税法》及其实施条例则规定，自建固定资产，以竣工结算前发生的支出为计税基础。企业在生产经营活动中发生的合理的、不需要资本化的借款费用，准予扣除。企业为购置、建造固定资产、无形资产和经过 12 个月以上建造才能达到预定可销售状态的存货发生借款的，在有关资产购置、建造期间发生的合理的借款费用，应当作为资本性支出计入有关资产的成本，并依照规定，在企业所得税前扣除。

电商零售：依法纳税才能更好发展

上市药企 T 公司在 2018 年度业绩说明会上表示，其医药电商子公司 K 公司 2018 年销售收入超 21 亿元，占 T 公司销售总收入的 64%。

韩新永说，时下，越来越多的医药企业通过自建平台或与第三方平台合作，开展电商零售业务。对上市药企而言，电商零售与线下销售一样，都要秉持着诚信经营、依法纳税的经营理念。自 2019 年 1 月 1 日起实施的《电子商务法》规定，电子商务经营者应当依法履行纳税义务，并依法享受税收优惠。"依法纳税，对上市药企开展电商零售来说至关重要。"韩新永说。

刘天永提示，上市药企通过互联网平台发展电商零售业务，在电商零售平台零售药品的，应按照相关规定，合规进行税务处理。但从他接触的案例来看，一些医药电商零售企业，还存在税务处理不合规的情形。比如，一些医药电商零售企业增值税发票上记载的货物品名进销不符；一些医药电商零售企业，如果消费者不索要就不主动开具发票；还有一些医药电商零售企业，对部分客户提供现金返还，却按照销售折让进行税务处理，冲减销售额。

刘天永说，上市药企在日常经营中发生的每一笔经营业务，几乎都涉及税款的征缴，这些企业必须重视税务处理的合规性。

研发支出：应该费用化还是资本化

李雨柔

阅读提示

公开数据显示，在已成功在科创板注册上市的企业中，大部分企业选择将研发支出费用化处理。不过，仍有少数上市公司对其部分研发支出进行了资本化处理。研发支出到底应该费用化还是资本化？

专家提醒有意愿登陆和已经登陆科创板的企业，研发支出是否合规，一直是监管部门关注的焦点。费用化处理与资本化处理对企业的利润和税款缴纳都会产生不同影响，企业要关注这些差异，合规处理研发支出。

上海证券交易所公开数据显示，截至 2019 年 9 月 5 日记者发稿时，已有 32 家公司成功在科创板注册上市。记者整理相关资料后发现，对于研发支出的处理，大多数科创板上市公司（以下简称上市公司）持谨慎态度。换句话说，这些上市公司选择了将所有研发投入全部费用化。

聚焦：研发支出备受上市委关注

记者在梳理公开数据时发现，几乎全部科创板上市公司，在上市前的多轮问询中，都曾被问及与研发支出相关的问题。其中，研发支出应该费用化还是资本化的问题，是问询的热点。

研发支出费用化和资本化的不同，体现的是一种时间差异。如果企业选择将研发支出作费用化处理，那么，在研发当年，企业即可将其实际发生的研发投入作为成本费用，计入当期损益。如果是资本化处理，企业则需在满足一定条件时，将研发支出确认为无形资产，在未来的无形资产使用期间，以摊销的方式计入损益。"两者其实是一种时间性差异。"有关专家说。

记者注意到，对于不同处理方式，科创板股票上市委员会（以下简称上市委）关注的重点有所不同。对于将研发支出进行费用化处理的上市公司，上市委更关注其研发费用归集的合规性，以及研发费用中可加计扣除的金额是否经相关税务机关审核等问题。选择研发支出资本化处理的上市公司，资本化的具体时点、研发支出的具体费用项目是否具有历史一致性、资本化会计政策是否遵循了正常研发活动及行业惯例等问题，则成为上市委关注的焦点。

毕马威中国税务总监曹玉娟表示，科创板旨在助力科创企业，借助资本市场实现发展。有意愿在科创板上市的企业，主要依靠核心技术开展生产经营，研发支出金额通常较大，不少企业的研发支出占营业收入的比重超过50%。因此，相较于其他板块，科创板上市委特别关注拟上市公司的研发投入情况及税务处理的合规性。

追问：处理方式如何影响税收

据曹玉娟介绍，国际上对研发支出的处理方式通常有三种，包括全部费用化、全部资本化和有条件资本化。我国采取的是有条件资本化方式——这种处理方式符合配比原则，能够避免研发投入全部费用化影响短期利润，进而提高企业研发投入积极性。

大信税务师事务所合伙人徐贺说，企业采用不同的研发支出处理方式，会对企业利润产生不同影响。相较而言，研发支出资本化处理，对研发年度的利润总额影响较小。

案例 4-27

假设某科创板上市医药企业甲公司，2018年度为研发一款新药，投入了1000万元用于研发活动。如果该公司选择将研发支出全部费用化，这1000万元将一次性计入当期损益。不考虑其他费用支出，企业当年利润相应减少1000万元，对应的企业所得税也会相应减少。

但是，如果甲公司决定将新药开发阶段发生的500万元支出进行资本化处理，计入无形资产，并在以后10年的收益期间内对其进行摊销，其余500万元则作费用化处理，计入研发费用。此时，甲公司当年可以税前扣除的费用为500÷10+500=550（万元）。同样不考虑其他费用支出，企业当年利润相应减少550万元，对应的企业所得税也会相应减少。

北京大力税手信息技术有限公司创始人郝龙航认为，研发支出的不同处理方式，还体现在研发费用加计扣除优惠的享受年度方面。根据现行规定，费用化的研发支出应确认为当期损益，在按规定据实扣除的基础上，再按照实际发生额的75%，在企业所得税前加计扣除；资本化的研发支出在满足条件时应确认为无形资产成本，该部分研发支出通常在不低于10年的收益期间内，按照175%的比例在企业所得税前摊销。要特别注意的是，有关加计扣除比例的规定，执行到2020年12月31日，上市公司需要及时关注政策到期后的变化。

案例 4-28

接上例，假设甲公司发生的1000万元研发投入，均符合研发费用加计扣除的条件。在研发支出全部费用化处理的情形下，甲公司当期企业所得税税前可抵扣的金额为1000+1000×75%=1750（万元）。而如果将其中的500万元研发支出进行资本化处理，甲公司当年可税前抵扣的金额仅为500+500×75%+500×175%÷10=962.5（万元）。

提示：以合规为前提谨慎处理

采访中，专家普遍认为，作为上市委关注焦点，上市公司无论对发生的研发支出进行费用化处理还是资本化处理，都要重点关注处理的合规性。

曹玉娟建议上市公司，可参考同行业企业的研发支出处理方式。以上市医药企业为例，大部分上市药企在确定研发支出资本化开始时点时，以取得临床批件时间为准，比如以实质性Ⅲ期临床试验作为资本化开始时点。如果上市公司所发生的研发支出，无法区分应归属的临床试验阶段，则遵循谨慎原则将其费用化处理。

郝龙航提醒上市公司，在选择资本化处理前，要首先关注是否符合资本化条件。根据我国现行企业会计准则，研发分为研究阶段与开发阶段。只有开发阶段的研发支出允许做资本化处理，且该笔支出须同时满足企业会计准则所规定的条件。

登陆科创板的公司，研发方面的投入通常较大，在研发支出归集方面也面临更大的挑战。为此，曹玉娟建议上市公司，建立完整的研发项目跟踪管理系统，从研发项目起始阶段开始，对研发支出进行实时归集和跟踪管理，同时监控和记录研发项目进展情况。企业内部也要明确研发支出的范围与标准，并在核算过程中准确执行相关的管理制度。"必要时，上市公司可考虑建立技术团队和财务团队的常态化合作机制，组建专门的研发活动管理小组。"曹玉娟说。

目前，企业所得税优惠取消了前置审批，享受优惠的企业采取"自行判别、申报享受、相关资料留存备查"的办理方式。徐贺说，对科创板上市公司而言，研发支出金额较大，归集项目复杂，要准确享受税收优惠，需要把工作做在平时。徐贺建议，上市公司在享受研发费用加计扣除优惠时，要明确划分研究阶段和开发阶段，保证留存备查资料的真实性、合法性和完整性，准确享受税收优惠政策，尽量避免留存备查资料不合规等问题。

上市融资路多条，防控风险第一条

李雨柔

------------------------------- 阅读提示 -------------------------------

对拟上市公司来说，上市融资的途径有许多条，除分拆上市外，常见的上市路径还有直接上市和借壳上市，其中选择直接上市的企业较多。专业人士表示，无论企业选择哪种上市路径，都应当关注税务处理的合规性，避免因税务问题影响上市进程。

10月10日，科创板首家"类分拆"企业江苏联瑞新材料股份有限公司过会。伴随着分拆公司上市科创板大门的开启，分拆上市再次成为引人关注的市场焦点。除分拆上市外，常见的上市路径还有直接上市和借壳上市，其中选择直接上市的企业较多。专业人士表示，无论企业选择哪种上市路径，都应当关注税务处理的合规性，避免因税务问题影响上市进程。

直接上市　高度关注历史遗留问题

直接上市，是大多数拟上市企业会选择的路径。

受科创板鸣锣开市的影响，今年的A股（人民币普通股票）市场备受关注。公开数据显示，今年前三季度，A股发行新股127只，同比增加46%左右，其中科创板新股约占 26%。根据中国证券监督管理委员会（以下简称证监会）发布的最新数据，截至 2019 年 10 月 11 日，包括上海证券交易所主板，深圳证券交易所中小板、创业板在内，IPO（首次公开募股）排队企业数量为 437 家（含 12 家中止审查企业），其中已受理企业 24 家，预先披露企业 128 家，已反馈企业 264 家，已通过发审会企业 19 家，1 家企业暂缓表决。此外，还有 61 家企业被终止审查。

采访中，多位专业人士表示，企业申请在 A 股直接上市过程中，历史税务问题越来越成为监管部门的关注重点。毕马威中国税务合伙人廖雅芸辅导企业上市的经验十分丰富，结合多年的工作实践，她建议有意愿在 A 股上市的企业，精准梳理历史税务问题，对以往税务事项的合规性进行自查，并制定解决方案。"尽管这项工作耗时耗力，但及时解决历史税务问题，有助于企业管理层把握市场先机，降低上市的税务风险和不确定性。"廖雅芸说。

实务中，有些拟上市企业在发展初期，出于资金等方面的压力，通过将营业收入转入个人账户，而非企业账户的方式，隐瞒收入，逃避缴纳税款。近年来，我国税务稽查的力度不断加大，稽查部门已将企业实际控制人、财务负责人的银行账户纳入税务稽查材料。一旦查出拟上市企业曾存在逃避纳税的情况，势必会对企业上市进程产生消极影响。毕马威中国税务合伙人唐艳茜提醒企业，依法依规缴纳税款，提高税务合规意识，切忌存有侥幸心理，最终因小失大。

在历史遗留问题当中，税收优惠政策的适用是其中的关键之一。根据规定，科创板企业须在招股说明书中披露发行人主要业务所适用的主要税种、税率，以及享受税收优惠的相关政策依据、批准或备案认定情况、具体幅度及有效期限等内容。同时发行人须提供其关于最近三年及一期的纳税情况、税收优惠和政府补助的证明文件。中汇税务师事务所合伙人孙洋建议企业，上市前，重新审视自身享受税收优惠的政策依据是否充分。比如取得高新技术资质的企业，其高新技术产品收入、高新研发支出等指标是否符合相应的政策规定。

记者了解到，除了 A 股市场外，H 股（注册地在内地、上市地在香港的外资股）市场、N 股（在纽约证券交易所上市的外资股票）市场，也颇受拟上市企业青睐。孙洋提醒企业，H股市场、N股市场在信息披露、罚则等方面有着较为严格的规定，有意愿在香港、美国资本市场上市的企业，同样需关注历史税务处理的合规性，及时解决以往累积且未曾纠正的税务问题，以降低上市失败的风险。

值得关注的是，随着沪伦通的启动，上海证券交易所的A股上市公司，可在伦敦证券交易所挂牌全球存托凭证（GDR），并在对方市场上市交易，为中国企业登陆伦敦资本市场提供新的途径。廖雅芸告诉记者，沪伦通背景下，由于发行方为A股上市公司，在税务合规性方面已达到A股上市要求。同时，发行方不需要额外调整上市架构来满足在伦敦上市的条件，因此通常不会产生额外的重组税务成本。

但是，廖雅芸提醒希望借助沪伦通机制吸引国际资本的企业，提前了解伦敦资本市场上市公司信息披露规则，做好适应性准备。她同时建议企业，密切关注相关税收政策的发展动态，比如投资者通过沪伦通机制，取得股票转让差价、股息收益应当如何进行税务处理等，提高交易中税务处理的合规性。

借壳上市　谨防产生高额税务成本

除了直接上市，借壳上市也是不少企业的选择。

案例 4-29

某建筑行业上市公司S发布公告称，公司两位控股股东、实际控制人同H公司签署了《股权转让协议》。据悉，H公司为非上市公司，主营业务为教育培训。转让完成后，该公司将取得S公司30%的股权，同时S公司的控股股东及实际控制人将变更为H公司及其实际控制人。

S公司的详式权益变动报告书披露，H公司暂无在未来12个月内改变上市公司主营业务，或对上市公司主营业务作出重大调整的计划，但不排除提议对上市公司主营业务作出适当、合理及必要调整的可能。对此，专业人士分析，由于两家公司在业务上没有明显的关联关系，H

公司取得 S 公司控制权后，很难发挥协同作用。同时，H 公司此前曾启动上市计划未果，也曾两次尝试借壳上市，但都以失败告终。"此次股权转让行为，不排除是 H 公司借壳上市的新尝试。"专业人士说。

直接上市，对拟上市企业的股本总额、盈利水平、成立时长和历史合规情况等，都有较为严格要求。即使符合直接上市的条件，IPO 排队时间长、证监会的严格审核等，都会使得企业望而却步。毕马威中国高级税务经理李蕊告诉记者，一些有上市意愿的企业会选择间接上市，借壳上市就是其中的主要方式之一，即非上市企业以拓展融资渠道为主要目的，通过特定资产重组交易控股一家上市公司，从而实现上市目的。

除了税务合规性，税务成本对企业能否成功借壳上市也有不小的影响。实务中，曾因税务成本较高而导致借壳上市计划搁浅，甚至失败的案例并不少见。2015 年，国投中鲁果汁股份有限公司曾发布终止重大资产重组的公告。根据公告披露，此次借壳上市失败的主要原因是，根据当年出台的《关于个人非货币性资产投资有关个人所得税政策的通知》（财税〔2015〕41 号），如果完成重组，借壳方江苏环亚建设工程有限公司实际控制人需承担高额税款。由于没有有效的资金筹措方案，最终决定终止此次借壳重组。对此，李蕊建议拟借壳上市企业，提前测算税务成本，用足用好重组业务中的税收优惠政策，提高成功借壳上市的可能。

据介绍，借壳上市通常分为净壳、入壳两个步骤。净壳是指将上市公司的资产、负债全部剥离，上市公司处于无资产、无负债、无经营且无人员的状态。净壳的方式主要有资产置换方式、资产出售方式等。入壳通常是指上市公司发行股份购买借壳方实际控制权。

中税资本合伙人许华鑫分析，由于净壳环节方案较为复杂，需要关注的税务问题也很多。比如在增值税方面，根据《国家税务总局关于纳税人资产重组有关增值税问题的公告》（国家税务总局公告 2011 年第 13 号），纳税人在资产重组过程中，通过合并、分立、出售、置换等方式，将全部或者部分实物资产以及与其相关联的债权、负债和劳动力一并转让给其他单位和个人，不属于增值税的征税范围，其中涉及的货物转让，不征收增值税。

许华鑫建议企业在设计重组方案时，重点关注与资产、负债、劳动力的整体转移等方面相关的细节问题，准确适用优惠政策，减少不必要的支出。土地增值税方面，企业可关注《财政部 税务总局关于企业改制重组有关土地增值税政策的通知》（财税〔2018〕57号）的有关要求。需要注意的是，该通知中的相关政策不适用于房地产开发企业。在入壳环节，许华鑫建议企业重点关注企业所得税特殊性重组、个人所得税分期纳税等政策的适用性，减轻借壳上市负担。

分拆上市 密切关注税务数据衔接

案例 4-30

10月10日，江苏联瑞新材料股份有限公司（以下简称联瑞新材）成功通过科创板上市委会议。据了解，上市公司生益科技系联瑞新材的第二大股东，曾为其控股股东。业内人士分析，尽管联瑞新材并非真正的分拆上市，但在某些属性上同分拆上市类似。联瑞新材的顺利上市，体现出科创板对"类分拆"企业的包容性，愿意支持一些类似上市公司孵化的科创企业，在科创板上市。

2019年8月底，证监会举行发布会，就《上市公司分拆所属子公司境内上市试点若干规定》（以下简称《规定》）向社会公开征求意见。会议明确提出，达到一定规模的上市公司，可以依法分拆其业务独立、符合条件的子公司在境内上市。《规定》明确了分拆试点的条件，规范了分拆上市的流程，同时加强对分拆上市行为的监管。此消息一出，前A股上市公司分拆子公司欲科创板上市的热情高涨。

专业人士分析，对上市公司而言，打通A股分拆境内上市的通道，有助其理顺业务架构、拓宽融资渠道、获得合理估值，同时，在更好地服务科技创新、实现经济高质量发展方面，具有积极作用。据不完全统计，超过 40 家上市公司通过发布公告、答投资者问等方式，表达其分拆上市的意愿。

专业人士指出，尽管目前分拆上市概念十分火热，但上市公司需冷静思考，关注是否有分拆上市的必要性，以及分拆上市的可行性。中汇税务师事务所合伙人孙洋表示，分拆上市中的税务合规问题同样不容忽视。建议上市公司，关注自身与拟分拆上市企业之间税务数据的衔接问题，尤其是高新业务收入、高新研发费用等与高新技术企业资质相关的数据。

根据《规定》，公司分拆上市的条件之一，就是上市公司不存在资金、资产被控股股东、实际控制人及其关联方占用的情形，或其他损害公司利益的重大关联交易。对此，毕马威中国税务合伙人廖雅芸分析，可以预见的是，证监会在审批分拆上市的过程中，会着重关注企业在关联交易方面的合理性问题，尤其是关联交易定价是否公允。

毕马威中国税务合伙人唐艳茜建议拟分拆上市企业，一定要高度关注关联企业间的转让定价风险。比如，当上市公司与拟分拆上市企业发生关联交易时，应注意关联交易是否具有合理商业目的和经营实质。同时，企业应按相关规定，进行关联交易信息的披露，递交或留存关联交易的原始资料，证明关联交易真实发生、具有合理商业目的，且交易价格符合独立交易原则。

创业板：三大税务风险最常见

覃韦英曌

阅读提示

2019 年 10 月 30 日，创业板迎来开板十周年。经过十年发展，创业板从无到有，取得了长足的发展。不过，在这喜人成果的背后，也暴露了创业板企业常见的一些税务风险。专业人士提示创业板企业，要结合上市以来在税务管理上的经验和教训，坚持守正创新，形成强有力的税务风险内部控制机制。

10 月 30 日，创业板迎来开板十周年。

经过十年发展，创业板从无到有，取得了长足的发展。据深圳证券交易所的公开数据显示，截至 11 月 5 日，创业板上市公司数量从最初的 28 家发展到了 777 家，总市值也从十年前的 1400 亿元增长到了 57605.65 亿元。本报记者梳理了创业板发展十年来的一些数据后发现，创业板企业在取得喜人成果的同时，也暴露出一些常见的税务风险亟须关注。专业人士提醒创业板企业，要结合上市以来在税务管理上的经验和教训，坚持守正创新，形成强有力的税务风险内部控制机制。

常见问题 1：税收优惠享受条件不符合

据 wind 数据库统计，在 777 家创业板上市公司中，有 653 家企业 2018 年度企业所得税适用税率为 15%，44 家企业 2018 年度企业所得税适用税率为 10%。换句话说，近 90% 的创业板上市公司适用了企业所得税税收优惠政策。

长期研究资本市场税收问题的税务专家姜新录分析，创业板上市公司大部分属于高新技术企业，产业主要聚集在新一代信息技术、节能环保和生物医药行业，许多创业板上市公司还属于软件和集成电路企业。对大多数创业板企业来说，影响较大的税收优惠政策主要集中在高新技术企业所得税优惠税率、重点软件企业和集成电路设计企业所得税优惠税率，以及软件产品增值税即征即退政策。

记者发现，一些创业板上市公司公开披露的信息中显示，其享受的税收优惠占净利润的比例较高，有的甚至高达30%。对此，北京明税律师事务所高级合伙人施志群认为，这在一定程度上表明创业板企业在创新方面的投入较多，符合国家的政策引导方向。不过，施志群表示，这些创业板上市公司需要意识到这背后潜在的税务风险：一旦企业不能满足适用税收优惠政策的相应条件，当期利润将受到极大影响，这很有可能导致公司商誉受损、股价下跌。因此，对享受了税收优惠政策的企业来说，要建立起长效管理机制，将优惠管理作为日常税务管理的重点之一。

实践证明，加强日常税务管理，合规适用税收优惠政策，对创业板企业的发展有重要影响。

案例4-31

> 创业板上市公司Y公司发布公告称，公司2018年全年利润较往年有所减少。究其原因，经公司财务部门内部测算，公司2016年、2017年和2018年三年实际发生的研发费用总额占同期销售收入总额的比例，没有达到规定的3%。经与主管税务机关沟通，公司2018年度不得享受国家高新技术企业所得税优惠政策，并按25%税率缴纳了企业所得税。

北京大力税手信息技术有限公司创始人郝龙航告诉记者，在国家减税降费的大环境下，创业板企业享受相关的企业所得税税收优惠政策，需自主填报相应的优惠适用数据，这就对企业的税务管理提出了更高要求，建议企业结合高新技术企业等资格的具体指标，开展日常经营活动和税务管理。

举例来说，企业要参考《科技部 财政部 国家税务总局关于修订印发〈高新技术企业认定管理办法〉的通知》（国科发火〔2016〕32号）中的各项指标，在日常经营活动中，注意调控研究开发费用总额占同期销售收入总额的比例，从事研发和相关技术创新活动的科技人员占企业当年职工总数的比例，以及高新技术产品（服务）收入占企业同期总收入的比例等。

另外，企业一定要合规经营，遵守国家的相关法律法规。

案例 4-32

创业板上市公司 W 公司 2019 年 9 月 6 日发布公告称，公司全资子公司受到某市环保局 3 万元的罚款，根据《财政部 国家税务总局关于印发〈资源综合利用产品和劳务增值税优惠目录〉的通知》（财税〔2015〕78 号）第四条的规定，自处罚决定下达的次月起 36 个月内，不得享受本通知规定的增值税即征即退优惠。公司补缴了已经享受的即征即退税款合计 1398.78 万元，同时缴纳滞纳金 225.04 万元。可以看出，W 公司因为环保问题付出了惨痛的代价，其他公司应当引以为戒。

常见问题 2：股票交易税务处理不合规

据公开数据显示，截至目前，共有 72 家创业板上市公司因股票交易违规遭深交所处罚。其中，短线交易及敏感期股票交易 15 家，违规减持 57 家。此外，自创业板开板以来，共有 11 家上市公司因股东违规占用资金受到深交所处罚。

记者梳理公开信息发现，重要股东内幕交易、短线交易、违规减持、股东违规占用资金等，成为创业板上市公司股票违规交易的主要问题。专业人士表示，这些违规交易背后，可能蕴含着一定的税务风险，需要企业警惕。

姜新录告诉记者，投资者开展创业板股票交易，在不同交易环节，根据投资者身份不同，适用的税收政策可能不同，需要关注的税务处理重点也不同：在持有环节，需要关注股息红利的税务处理；在转让环节，需要关注增值税及所得税纳税义务。

短线交易中的税务风险，不少创业板企业都在不同程度上存在。纳税无忧网创始人唐守信告诉记者，短线交易，指上市公司股东将持有的公司股票在买入后六个月内卖出，或者卖出后六个月内又买入的行为。根据《证券法》第四十七条规定，上市公司董事、监事、高级管理人员、持有上市公司股份百分之五以上的股东，将其持有的该公司的股票在买入后六个月内卖出，或者在卖出后六个月内又买入，由此所得收益归该公司所有，公司董事会应当收回其所得收益。

唐守信分析，目前，对公司取得的短线交易收入应该如何进行增值税处理，税法上并没有明确的规定。不过，毋庸置疑的是，短线交易收入属于企业所得税应税收入，上市公司应将其计入企业所得税应纳税所得额中。如果将其计入资本公积，也需要走内部流程，并需要会计政策的支持。"一些企业漏计这部分收入，显然是有税务风险的。"唐守信说。

郝龙航提醒企业，要关注股票交易的定价问题。例如，按照《深圳证券交易所上市公司股份协议转让业务办理指引》的规定，上市公司股份协议转让价格范围下限比照大宗交易的规定执行，也就是说，上市公司协议转让的下限价格不能低于上一日收盘价的90%。在此情形下，企业需要按照相应规定，合规确认转让价格，并据此进行后续税务处理。

创业板上市公司如果发生股东占用资金的情形，还要合规进行增值税和企业所得税处理。

唐守信告诉记者，现行法律规定，公司股东、实际控制人不得违规占用公司资金，不得非经营性占用公司资金。公司股东、实际控制人非经营性占用公司资金除应限期返还外，还应向公司支付资金占用费。对公司取得的资金占用费，根据现行增值税政策规定，应按"贷款服务"缴纳增值税，同时，相应收入属于企业当期损益，应计入企业所得税应纳税所得额。

施志群则提醒企业，对员工个人所得税代扣代缴问题，也要高度重视。根据《财政部 国家税务总局关于规范个人投资者个人所得税征收管理的通知》（财税〔2003〕158号）第二条的规定，纳税年度内个人投资者从其投资企业（个人独资企业、合伙企业除外）借款，在该纳税年度终了后既不归还，又未用于企业生产经营的，其未归还的借款可视为企业对个人投资者的红利分配，依照"利息、股息、红利所得"项目计征个人所得税。施志群说，这意味着，如果自然人股东借用企业资金，在纳税年度终了后仍未归还资金，且该资金也未用于企业生产经营的，企业要关注是否需要履行个人所得税代扣代缴义务。

值得企业注意的是，企业投资者如果因开展违规交易，受到证监会罚款的，该罚款属于行政处罚，将不得在企业所得税税前扣除。

常见问题3：重组方案税收因素欠考量

据 wind 数据库统计，2012 年 1 月 1 日～2019 年 11 月 4 日，累计有 324 家创业板上市公司披露 512 份重大重组方案。其中，347 单资产重组已经完成，交易总价值 4085 亿元。从重组形式来看，发行股份购买资产最多，有 278 单；支付对价的形式多样，包括股权、股权加现金等。

创业板企业重组交易总价值往往巨大，有些甚至高达数十亿元，再加上重组交易业务复杂，许多企业在实际操作中对税收政策理解容易出现偏差，进而产生较高的税务风险。因此，企业在制定具体的重组方案时，就要充分考虑各方因素，并考虑是否满足相关鼓励并购重组的税收政策适用条件。

举例来说，企业可考虑适用企业所得税特殊性税务处理，提前规划，按照《财政部 国家税务总局关于企业重组业务企业所得税处理若干问题的通知》（财税〔2009〕59 号，以下简称 59 号文件）等规定，设计最优的涉税重组方案。郝龙航提醒，适用特殊性税务处理，在某些特殊情形下对企业并不一定有利，这还需要交易方结合自身情况，在重组方案设计阶段做好协调沟通。

案例 4-33

2019 年 8 月，G 上市公司发布重大风险提示公告称，公司 2015 年重大资产重组事项中所涉及的自然人股东，尚未缴纳个人所得税 1.8 亿元，印花税 75 万元，严重违反了税收法规。上市公司可能面临被罚款的风险，对其现金流及日常运营造成重大不利影响。

　　姜新录告诉记者，上市公司开展资产重组，还需要关注印花税的计算申报，和所收购资产的计税基础确认问题。如果交易双方选择适用特殊性税务处理，由于存在计税基础的递延问题，上市公司需要准确确认所收购资产或股权的计税基础，并合规进行账务处理和后续的纳税调整。

　　施志群说，上市公司收购有限公司自然人股权的，如涉及现金支付，应当注意个人所得税代扣代缴义务是否依法履行；如果是以发行股票方式参与交易的，应当关注自然人股东所涉及的非货币性资产交易的个人所得税问题，尤其是其纳税义务发生时间、应纳税额和如何适用五年分期纳税优惠等细节。

忽视风险，一些企业折戟科创板上市路

冯 申 覃韦英曌

阅读提示

2019 年 11 月 5 日，科创板设立一周年，开板过百天。从上交所公开的信息来看，一些拟登陆科创板的企业，由于对税务风险重视度不够，折戟科创板上市路。专业人士提醒企业，税务风险是科创板上市委员会的关注重点，企业必须重视起来。

根据上交所最新数据，截至 2019 年 11 月 13 日，上交所共受理了 177 家企业的科创板上市申请。其中，10 家企业中止审查，14 家终止审查，1 家企业不予注册，3 家终止注册，1 家暂缓表决。从上交所公开的信息来看，税务风险是科创板上市委员会的关注重点。一些企业因对税务风险重视不足，折戟科创板上市路。

风险点 1 遗留涉税问题未解决

企业历史遗留涉税问题，是科创板上市委（以下简称上市委）关注的重点。

案例 4-34

近期，K 公司发布公告称，企业中止科创板上市申请。上市委曾向

K 生物公司发出问询函称，该公司 2016 ～ 2019 年上半年报告期内，涉及未开票收入累计达 5.48 亿元，要求其说明未开具发票的原因。

企业在发行前，临时大量补缴以前年度税款，且缺乏合理性说明的，即使税务机关出具了合法纳税的意见，仍具有较大的审核风险。对此，拟上市企业应积极与主管税务机关开展有效沟通，尽早解决历史遗留的税务问题。

值得企业关注的是，如果企业存在重大税收违法违规情形，上市之路必将受阻。因此，企业应就其报告期内是否存在重大税收违法违规情况，发出明确的书面声明，表明公司近几年能够依法纳税，截止期不存在被海关、税务机关处罚的情形，报告期内没有税收违法违规行为。适当时候，可向税务等行政主管部门申请出具企业无税收违法违规行为的证明文件或调查反馈文件。

风险点 2 会计差错更正数额大

企业如果进行了前期会计差错更正，其上市申请很难被通过。

案例 4–35

证监会发布公告，不同意 H 公司的首次公开发行股票并在科创板上市申请。证监会称，H 公司 2018 年 12 月 28 ～ 29 日签订，并于当年签署验收报告的 4 个重大合同，金额 1.59 亿元，2018 年底均未回款且未开具发票。H 公司将上述 4 个合同收入确认在 2018 年。2019 年，H 公司以谨慎性为由，经董事会及股东大会审议通过，将上述 4 个合同收入确认时点进行调整，相应调减 2018 年主营收入 1.37 亿元，调减净利润 7827.17 万元，扣除非经常性损益后归属母公司的净利润由调整前的 8732.99 万元变为调整后的 905.82 万元，调减金额占扣除非经常性损益前归属母公司净利润的 89.63%。证监会认为，H 公司将该会计差错更正认定为特殊会计处理事项的理由不充分，不符合企业会计准则的要求，对其作出不同意注册的决定。

企业会计差错更正，如果涉及收入和利润的调整，往往会有流转税和企业所得税的涉税问题。当期补缴前期税款，属于"自查补税"行为，除收取滞纳金外，主管税务机关一般不会对企业进行处罚。

不过，企业需要注意，报告期内补税的性质和金额，决定补税行为是否构成审核中的实质障碍，补税的性质和金额又是由相关会计差错的性质和金额所决定的。会计差错的性质，可以分为错误引起的差错和舞弊引起的差错两类。错误引起的差错，主要包括会计方法使用不当、会计未及时处理引起的跨期确认等所形成的差错；舞弊引起的差错，主要指前期由于避税的考虑，隐匿收入或虚构成本，导致收入和利润少计所形成的差错。错误引起的补税是容易理解的，但如果涉嫌前期逃税，那么，企业补税的性质是比较恶劣的。企业存在的欠税问题，一直是上市发行中证监会重点关注的事项。

值得关注的是，企业如果出现大幅度补税、调账行为，一般都要经过至少一个完整的会计年度后，才能提交发行申请，这很有可能使得企业错过了上市的好时机。

风险点 3 　关联交易价格失公允

部分企业为了降低税负，通常选择利用关联交易转移利润。

案例 4-36

　　上交所发布公告称，终止对 G 公司的科创板发行上市审核。根据上交所的公告，G 公司的业务开展对关联方单位 A、单位 D 存在较大依赖。其中，近三个会计年度与单位 A 的关联销售金额，占销售收入的比例分别为 66.82%、25.73% 和 32.35%，G 公司未能充分说明上述关联交易定价的公允性。面对这一情况，上市委审议认为：发行人关联交易占比较高，业务开展对关联方存在较大依赖，无法说明关联交易价格公允性。

在现实情况下，企业关联交易往往无法避免。一般来说，被认定为转让定价对象的企业主要包括：连续数年营业亏损或盈利上下波动的企业，关联交易和非关联交易利润率存在差异的企业，与低税率地区关联企业业务往来数额较大的企业，存在特许权使用费或者其他服务费用支付的企业，使用不常见的转让定价方法的企业等。

对拟登陆科创板的企业来说，要辩证地看待关联交易，特别要处理好三个方面的问题：一是清楚认识关联交易的性质和范围；二是尽可能减少不重要的关联交易，拒绝不必要和不正常的关联交易；三是对关联交易的决策程序和财务处理务必要做到合法、规范、严格。同时，企业还应按照《企业所得税法》以及《特别纳税调整实施办法（试行）》的规定，提交、留存同期资料等相关资料，以证明其定价的合理性。

风险点 4　纳税问题披露不充分

不少拟科创板上市企业在递交申请前，会通过整体改制、部分改制等方式对原企业进行改制，改制过程涉及的纳税情况如果披露不充分，很容易给企业带来风险。

案例 4-37

> 曾经挂牌新三板的 T 科技公司递交科创板上市申请后不久，收到上交所问询函，要求其说明公司股权变动情况，甚至要求其披露新三板挂牌前后，公司历次股权转让的股东纳税情况。

企业进行整体变更的纳税问题，及各期分红的纳税问题，是监管层重点关注的内容之一。如果企业在申报中，对于整体变更及分红的纳税问题披露不充分，或者存在重大瞒报，将会构成重大的实质性障碍。

需要提醒的是，在采用股权转让的方式清理股权代持问题时，股权转让价格的确定十分关键。股权转让方应确保股权转让价的公允性和真实性，还要关注股权转让所涉及的税务问题。因此，建议有上市计划的企业，尽可能不要进行股权代持的安排。如果出于股权激励等原因，必须进行股权代持安排，事先务必与当事人各方签订明确的书面协议，并在递交申报材料之前，解决股权代持的问题。

实务中，拟科创板上市企业的财务投资者多为合伙企业。按照《财政部 国家税务总局关于合伙企业合伙人所得税问题的通知》（财税〔2008〕159号）的规定，合伙企业施行"先分后税"原则，对合伙企业本身不征税，只对合伙人征税。据此，企业要区分合伙人的具体类别，分别计算缴纳个人所得税和企业所得税。

此外，企业还需关注个人股东的个人所得税代扣代缴问题。尤其是以无形资产等非货币性资产投资入股的情形，需按照《财政部 国家税务总局关于个人非货币性资产投资有关个人所得税政策的通知》（财税〔2015〕41号）的相关规定，依法进行税务处理。

第五章　国际税收

　　随着"一带一路"建设深入推进，我国企业"走出去"步伐明显加快，对外投资规模不断扩大。由于各国税制不同，很多"走出去"企业遭遇到种种国际税收难题。

　　从实践看，中国企业"走出去"，做好税务功课很有必要，既需要"仰望星空"——关注全球经济发展态势下国际税收规则的变化，又需要"脚踏实地"——在了解东道国税收制度的基础上展开具体的实务操作。

　　在这一章，税务系统国际税收部门主管官员、全国税务领军人才、四大会计师事务所税务合伙人、有多年实操经验的国际税收实务专家、中国铁建等大企业负责人，结合实战经验深度剖析企业在"走出去"过程中遇到的税收热点、焦点和难点，重点分析境外承包工程、跨国并购重组等有代表性的境外投资业务模式，深度解读转让定价、预约定价安排等跨国企业常见且关注的事项。同时，结合实际案例，把脉企业境外投资过程中需要掌握的实操要点。

练好"内功"，注意避开这些"雷区"

——中国"走出去"企业境外承包工程税收解读

崔荣春

阅读提示

境外承包工程，是中国企业"走出去"开展对外投资的最直接、最有效的形式。由于中外税收法律环境存在差异，企业面临诸多税务风险。本文邀请对"走出去"企业国际税收业务有30年实践研究的专家梁红星，深度剖析税务风险的产生根源，帮助境外承包工程的中国企业制定系统而科学的应对措施。

由于工作关系，国际税收实务专家梁红星曾赴多个国家，实地了解对外承包工程项目的落地情况，全程参与相关税务处理，并与投资国当地税务官员有过深入沟通。对于"走出去"企业在境外的税务风险，梁红星有着深切的感受。近日，在接受本报记者专访时，梁红星建议企业，在境外承包工程的过程中，一定要高度重视防控税务风险，否则很容易踩到"雷区"。根据梁红星多年的实务经验，七大方面的税务风险，尤其值得企业关注。

风险一：前期税务调研不足

"走出去"工程承包企业不能及时、准确、完整地了解和掌握项目所在国税收法律制度，承担了额外的税收成本，或纳税申报不能完全满足当地纳税遵从的需要，而额外付出税务检查成本。

有些发展中国家，如阿根廷，有核定最低所得税额的规定，即使企业没有收益或利润，也要依据资本额或支出费用额，按核定比例计算缴纳企业所得税。一些"走出去"企业的财务人员想当然地认为，所得税是基于企业项目有利润或应纳税所得额才需要缴纳，而境外大型的工程项目通常前几年投入较大，基本不产生投资收益，对投资所在国的税制没有做充分、细致的调研，因而没有考虑所得税事项，影响了企业的税负测算和现金流安排。

因此，对企业而言，一定要注意研究和掌握项目所在国税收法规。"走出去"企业要根据项目情况，有针对性地学习、研究和掌握项目所在国税法和税收优惠政策，在企业内部建立起定期、持续搜集和更新境外国别税收法律制度的机制，确保企业能够获悉最新的税收法律政策，结合企业在当地的实际经营情况，判断和评估新税收政策对企业的影响，并制定相应的应对措施。

风险二：合同报价考虑不周

"走出去"工程承包企业在项目投标或议标阶段，缺乏对项目涉税情况的深入分析和必要的税务规划，或者在合同商务报价中虽然考虑了税的问题，但仅按照过往从业经验、以往国别税制作参考，对投标国别的税制特殊性重视不够，税务成本预估不足，导致在实施项目过程中付出额外的税务成本，甚至导致项目亏损。

在进行某个国家项目报价时，应预先根据相关销项和进项数据，依据当地增值税税率测算相应的税负。由于缺少税务专业人员的指导，一些企业报价时仅凭增值税平均税率粗略估计了流转税税负，但在项目实施过程中，才发现大量进项税额不能抵扣，实际缴纳的增值税远高于预估的税款。同样的，某企业对企业所得税也仅按所得税率作了估算，因对实际成本和费用估计不足或票证的不足，其缴纳和查补的企业所得税超过了预估，导致该项目最终亏损。

在实践中，企业应充分评估商务合同中的税务成本。在项目投标报价过程中，要吸纳企业财税人员提早参与、全程跟进，甚至有必要付费邀请第三方专业中介的介入。财税人员要从财税角度给予及时、有效的分析和建议，从合同签约主体、实施方式、成本费用预算等方面做好税务安排,降低项目履约过程中的纳税合规成本。如因投标时效性或出于报价竞争力的考虑,必须确定后续税务应对的备选方案,甚至要有应急预案:一是根据业界经验明确能够承受的税务成本底线;二是报价中要求有明确的税务承诺事项,如不含税价或因税负变化合同相应的变更、调整价格和要求补偿的权利。

风险三:外账凭证资料缺失

外账是依据项目所在国会计和税务规定做的一个账套,包括项目当地的日常财务核算记录、记账凭证、会计账簿和相关会计报表等。企业在境外项目实施阶段,因没有建立规范的外账核算体系和纳税申报管理体系,没有对税务资料进行有效的归档整理,客观上存在较大的成本、费用缺口,应对当地税务检查的基础不牢,导致在当地税务稽查中付出额外的纳税成本。

案例 5-1

> 某企业在境外承包了一项工程,外派财务人员不懂当地的语言,对当地的财务制度和税务法规没有深入的了解,对外账也没有予以足够的重视,仅凭以往经验,做账时简单记录了当地的花费。在当地税务机关开展的税务检查中,企业的外账经不起推敲,最终被当地税务机关补征了大额税款,并处以罚款。

因此,建议企业一定要构建完善的税务管理体系。为夯实外账审计基础,科学核算项目外账收入、成本等,建议"走出去"企业根据项目所在国财会规定和税收法规,建立一套合规、适用的外账核算体系,使得外账凭证能够充分完备地反映各项经济业务。在此基础上,按照当地税收征收管理制度做好纳税申报工作,根据当地税务审计要求和关注重点,收集、归档并长久保管和保留税务档案。税务档案应包括但不限于税务登记证、税务申报表、完税证(银行缴税流水单)、纳税明细表、审计报告、税务审计或稽查报告、税务审计明细(相关项目数据的调整表)、税务顾问的专业意见书或报告等。

风险四：合作单位责任不清

企业的境外承包工程项目分包合同缺乏必要的税务约束条款，总承包商作为境外项目公司的清税主体，承担了额外的税务合规性审计压力，税务风险和相应的税负没有实现有效的传递，分包商没有有效配合总承包商履行当地的财务核算和纳税遵从规定。

案例 5-2

> 某企业在N国总承包一个工程项目，将部分项目分包给中国分包商，但在分包协议中没有在账务合作、税务责任方面做细致的约定。实际操作中，总承包方在投资当地注册项目公司，统一账务核算并统一申报和缴税。分包商在项目所在国是"隐性身份"，在当地没有注册，干完活就走，通常是取得多少分包款，就交给总承包方多少当地票据。为凑足票据金额，该分包商提供了一些不合规定的票据。总承包方在年终接受当地税务机关检查时，才发现票据有问题。由于分包协议存在瑕疵，总承包方也未能追究分包商的补税责任，只能自己承担。

实践中，科学、合理地约定合作单位的财税责任是十分关键的。"走出去"企业需要根据项目实施模式，科学合理地划分分包商及各参与方的财务、纳税配合责任，统筹管理项目分包商的财税工作，力求税务审计基础扎实、税务合规申报及时和税务责任明确。分包商及相关参建单位在享有项目经济效益的同时，应承担其相应的税务责任。

风险五：完工项目清税不力

境外工程项目进入尾工或完工阶段，参建企业将主要精力放在设备、人员等退场工作上，忽略了项目的清税工作，导致项目清税风险"潜伏"，也给后续新项目的税务工作带来较大的合规压力。

案例 5-3

　　某集团在某国投资多个项目，第一年中标公路项目，第三年中标房产项目，各项目平行开展。不同的项目对应着不同的参建单位，各参建单位分别独立核算，统一由集团在当地注册的项目公司按一个统一的税号清税。该集团公路项目参建单位完工后，没有及时进行税务清算，该项目存在的税务问题被转移到集团的房产项目上，导致该房产项目参建单位的当地账户被冻结，并被迫应对原公路项目参建单位遗留下来的税务问题，相关税务审计格外耗时耗力，难以协调。

　　对企业而言，一定要完善尾工或完工项目清税工作机制。具体来说，就是要结合项目所在国税务监管制度和税务审计惯例，做好尾工项目或完工项目的清税工作，包括但不限于规范管理税务档案、及时注销项目税号和预先提取合作单位清税费用或保证金等。

风险六：税务检查应对不力

　　受当时的经济形势影响或政治影响，项目所在国政府为了确保税收，反复开展税务稽查的情况屡见不鲜。我国大多数"走出去"企业在应对当地税务稽查方面经验不足，应对方案不系统、不长远，与其中国总部沟通不畅通，或没有强有力的当地专业中介的帮助，导致额外的补缴税款、滞纳金，甚至大额罚款，还要支付相关的公关费用。

案例 5-4

　　某企业在拉美某国承包了项目，对于当地较随意的税务检查甚至寻租行为，当地的项目负责人没有及时跟总部沟通，也没有求助专业税务人员，而是采取拖延和公关方式，每次当地税务人员来检查，就给他们一点好处，没有留下任何税务检查记录。当项目完工清算时，才发现积累了很多税务问题，因为没有税务检查记录和税务机关的检查报告，最终企业补缴了大额税款和罚款。

有效应对重大税务案件，是所有"走出去"企业的必修课。因此，企业应该建立与参建单位共同应对税务案件的工作机制，成立具备专业能力和决策权力的工作小组，针对税务审计的重点关注内容，做好税务审计的各项准备工作，特别是做好税务疑点的举证工作。聘请专业能力和实践能力强的税务顾问，做好与税务审计人员的专业沟通，降低沟通成本，妥善管控沟通分歧。

风险七：政治风险防范不足

在合同谈判初期，由于我国"走出去"企业在融资、技术和专业经验等方面占有优势，境外业主同时出于对政治、经济、民生等因素的考量，会在税收优惠等方面给予承诺或让步。但在合同执行过程中，因我国企业没有拿到国外相关财税部门的官方免税批文或税收优惠批文，当地的基层征管部门可能不认可合同约定的税收优惠，签订的税收优惠会打折扣，甚至成为一纸空文。

案例5-5

某企业到非洲某国承建基础设施项目，和当地国有企业业主签约达成了免税的优惠条款，但没有力争获得该国财政部门（税务机关）的免税批复或免税函。当地税务机关开展检查时，因没有相应的财政部门免税批复，税务人员不认可企业的免税待遇。另一家投资某非洲国家的企业，得到了当时执政政府的免税函，但没有走完该国全部立法和司法的免税程序，如要求该国议会（或国会）通过法案给该项目免税，或申请该国最高法院给予该项目特殊税务优惠的裁定。几年后，反对党上台，对前政府所作的类似优惠承诺全部予以否定。

实践中，政治风险是国际业务普遍面临的系统性风险，"走出去"企业一定要高度重视。从实践看，企业可以根据合同谈判期间业主给予的税收优惠承诺，直接与对口的财税部门沟通，取得项目所在国财税部门官方的税收优惠批复函件。在此基础上，要求在免税函或免税批复中，明确免税或税收优惠的各项具体税务要素，其中包括但不限于列明具体税种、税率、免税期限和优惠方式，特别是将来税收法规变化后，其性质相同和类似税种的免税要确定优惠的延续性。

同时，企业特别要注意根据项目所在国的立法、执法、司法的不同机构和不同程序，走完税收优惠所需的全部法定程序。还可以充分利用当地司法和诉讼程序，最大可能地降低税收征管机关的自由裁量权，保护企业自身的合法税收权益，也可以求助当地大使馆或经商处，以及我国财税主管部门依据双边税收协定的相互协商程序帮助解决。

准确源泉扣缴，轻松遵从税法

——《非居民企业源泉扣缴税收指引》解读

崔荣春　陈俊峰　蔡洁锋　周炎元　林秋敏

阅读提示

国家税务总局发布的《非居民企业源泉扣缴税收指引》，全面列示了非居民企业所得税源泉扣缴税收政策，为已经和即将来华投资的非居民企业，提供了清晰、易查的指引。本文邀请业内专家，系统地为纳税人解读指引内容和使用方法，对"引进来"的跨境纳税人、扣缴义务人提供政策支持，帮助其降低税法遵从难度。

2018 年 10 月 12 日，看到国家税务总局发布的《非居民企业源泉扣缴税收指引》（以下简称《指引》），一些原来对源泉扣缴感到"头疼"的企业财税负责人，忽然感受到一种轻松感。这是怎么回事呢？

企业感受：源泉扣缴法规多，指引在手心不慌

国家税务总局深圳市宝安区税务局开展源泉扣缴税务事项风险核查，通过比对居民企业对外支付情况和征管系统对外支付备案及代扣代缴情况发现，67 户居民企业因不了解源泉扣缴的相关政策规定，未及时履行代扣代缴义务，依法责令扣缴义务人补扣税款及滞纳金 292.5 万元。由于合同为包税合同，有些居民企业无法追回代扣代缴税款，不得不承担税款及滞纳金的支付，深圳联建光电股份有限公司就是其中之一。

案例 5-6

> 深圳联建光电股份有限公司,就因源泉扣缴不及时而面临税务风险。该公司在国外参加展会,扫描仪、复印机等办公设备都是向当地组织方租用的。由于没有把相关的税收政策吃透,认为这些设备产生的租金所得,不属于来源于中国境内所得,没有代扣代缴相关税款。目前,跨境业务已结束,款项已结清,且没有对方的联系方式,难以与境外企业取得联系,无法追回代扣代缴税款。根据双方在合同中的约定,本应由非居民企业承担的税款,最终只能由他们公司承担。

在深圳市思迈特财税咨询有限公司高级合伙人张学斌看来,《指引》的发布,将在很大程度上减少深圳联建光电股份有限公司面临的源泉扣缴风险。"既权威、及时,又完整、清晰,为已经和即将来华投资经营的非居民企业提供了翔实的税法遵从指引。"张学斌说。

一直关注我国非居民企业所得税源泉扣缴问题的张学斌告诉记者,2008年1月1日实施的《企业所得税法》借鉴国际惯例,首次引入居民企业和非居民企业的概念,并单列第五章对源泉扣缴作出规定。据不完全统计,10年来,为了加强对非居民企业所得税源泉扣缴的管理,财政部和国家税务总局出台的相应配套政策达到近50份,已经形成了一个完整的非居民企业所得税法规体系。

由于非居民企业所得税源泉扣缴配套法规多,且与我国和其他国家(地区)签署的税收协定密切相关,因而,源泉扣缴成为很多纳税人或扣缴义务人的一项国际税收难题,非常需要权威部门对已出台的政策进行系统梳理。此次发布的《指引》,对非居民企业源泉扣缴涉及的基本概念和基本政策、各所得类型相关政策以及对外支付备案作了全面梳理,回应了众多企业的关切。

以跨境租金来源的判定为例,《指引》第一章第三条第五点明确作出指引——利息所得、租金所得、特许权使用费所得,按照负担、支付所得的企业或机构、场所所在地确定,或者按照负担、支付所得的个人的住所地确定。《指引》同时明确,对非居民企业取得《企业所得税法》第三条第三款规定的所得实行源泉扣缴，以支付人为扣缴义务人。因此，深圳联建光电股份有限公司在外国租赁设备支付的租金，属于展会组织方来源于中国境内的所得。租用的设备虽然在境外使用，但境内支付人仍需要履行法定扣缴，即由深圳联建光电股份有限公司进行代扣代缴。

拿着第一时间打印出来的《指引》，席智建告诉记者，以前，企业在办理涉外税收业务时，仅靠自己对政策的理解和掌握，难免有疏忽和不到位的地方，对企业的经营造成了很大影响。现在有了《指引》系统清晰的指导，企业就不会对相关税收政策一知半解了，进而减少在对外贸易中吃闷亏的情况。"对于参与国际经济活动，我们也更加有信心了！"席智建说。

随着经济全球化的发展，我国与外部经济交往紧密，国内企业与境外企业的业务往来频繁，源泉扣缴成为企业开展跨境业务时涉及的高频税务事项。然而，在实际操作中，不少纳税人因不熟悉源泉扣缴规定，税务处理时出错率高，从而引发税务风险。对此，中汇信达（深圳）税务师事务所有限公司合伙人张伟明表示，《指引》对源泉扣缴税收政策进行了系统的梳理，厘清了政策执行的具体做法，为对外贸易中清晰履行涉税义务、缴纳税款提供了强有力的指导，同时明确了征管过程中的诸多问题，减轻了纳税人及扣缴义务人的负担和税法遵从责任。

使用方法：按照说明寻答案，参考案例解难题

有关专家告诉记者，对于常见的税收事项，《指引》作了系统梳理，开展对外业务的企业可以按图索骥，直接查找《指引》中对应的事项说明，轻松找到税务处理的具体指导；对于一些判定有难度、政策不易被吃透的税收事项，企业可对照《指引》中相应的案例，结合自身实际，作出正确、规范的税务处理。

对特许权使用费的界定，是居民企业经常出错的一个难点问题。对此，浙江省湖州市一家上市公司的负责人深有感触："我们是机械制造企业，为了提高产品竞争力，经常委托境外同行进行新产品设计的研发服务。服务过程中，境外公司会使用某些专门知识和技术，但服务成果归我们所有，支付

的服务费用属于特许权使用费还是劳务费，我们一直拿不准。"

对这家上市公司的疑惑，《指引》第四章第三条"特许权使用费的理解"作出了答复：在服务合同中，如果服务提供方在提供服务过程中使用了某些专门知识和技术，但并不许可这些技术使用权，则此类服务不属于特许权使用费范围。如果服务提供方提供服务形成的成果属于特许权使用费定义范围，并且服务提供方仍保有该项成果的所有权，服务接受方对此成果仅有使用权，则此类服务产生的所得属于特许权使用费。"《指引》对我们疑惑的问题说得很清楚，今后再也不担心分不清劳务费和特许权使用费了。"该上市公司负责人说。

记者在《指引》中看到，除了详细讲解"特许权使用费"的基本内涵、分类与理解外，《指引》还通过具体案例，回应了纳税人普遍关注的鉴别问题。

案例 5-7

> 我国 A 企业为汽车制造企业，委托境外 B 公司进行某项新技术的研发，双方签订了委托研发合同，合同约定新技术研发成功后，B 公司保留技术的所有权，A 公司只有该技术的使用权。尽管从形式上看 B 公司提供的是研发劳务，但由于 B 公司保留了技术所有权，A 公司只取得技术使用权，因此此类服务产生的所得应该属于特许权使用费。

采访中，不少企业都表示，这些案例对准确判定纳税义务，将发挥重要作用。

股权转让所得如何计算应纳税所得额，是源泉扣缴业务的另一大难点。宝安区税务局就曾遇到过纳税人错误计算应纳税所得额的情况：F 科技（深圳）有限公司的部分股权被中国香港母公司转让给境内关联方，境内关联方虽及时履行了代扣代缴义务，但在计算股权成本的过程中，把未实际支付的成本计算在内，导致应纳税所得额减少，未足额扣缴税款。

《指引》第五章第三条第二点对此作出解答：股权转让应纳税所得额＝股权转让收入－股权净值。股权转让收入，指股权转让人转让股权所收取的对价，包括货币形式和非货币形式的各种收入；股权净值，指取得该股权的计税基础；股权的计税基础是股权转让人投资入股时，向中国居民企业实际支付的出资成本，或购买该项股权时向该股权的原转让人实际支付的股权受让成本。

国家税务总局湖州市税务局国际税收管理科科长余俐说："在实践中，与股权转让相关的外币折算、扣缴主体等问题很值得关注。"

案例 5-8

> 境外非居民企业 A 企业，于 2009 年 1 月 1 日、2010 年 1 月 1 日两次投资我国居民企业 B 企业，每次投资 100 万美元，合计持有 B 企业 100% 的股权。2018 年 1 月 11 日，A 企业将该项股权转让给境内 C 企业，C 企业于 2018 年 1 月 15 日向 A 企业支付了股权转让款 1500 万元人民币，但没有按规定代扣代缴非居民企业所得税税款。2018 年 6 月，税务机关责令 A 公司于 2018 年 7 月 11 日前限期缴纳。

对这样的问题，《指引》第一章第六条第三点给出了明确的指示——财产转让收入或财产净值以人民币以外的货币计价的，分扣缴义务人扣缴税款、纳税人自行申报缴纳税款和主管税务机关责令限期缴纳税款三种情形，先将以非人民币计价项目金额按照规定的时点汇率折合成人民币金额，再按《企业所得税法》第十九条第二项及相关规定，计算非居民企业财产转让所得应纳税所得额。上例中，假设 2018 年 6 月主管税务机关作出限期缴税决定前一日的汇率 6：1，则股权转让应纳税所得额 = 1500 -（100 + 100）× 6 = 300（万元人民币），计算非常简便。

专家建议：基于指引学法规，疑难问题勤咨询

中汇信达（深圳）税务师事务所有限公司合伙人张伟明表示，要用好《指引》，居民企业不仅需充分熟悉《指引》的内容，而且应借助《指引》深入学习有关源泉扣缴的政策文件，吃透相关法规。考虑到实际业务多种多样，居民企业还要充分把握自己的业务模式,准确理解有关源泉扣缴的具体规定。遇到疑问时,应及时向税务机关或涉税专业服务机构咨询。

记者在采访中了解到,跨境付汇业务所涉及的税收政策相对复杂,既涉及非居民企业的税收政策,又涉及国际税收协定中税收管辖权的问题,导致居民企业在境内外收入的判定、税收政策的正确运用、税款的准确计算等方面极易出现理解不准确的情况。在这种情况下,企业就无法及时、正确履行扣缴义务,从而给企业带来税务风险。

以享受税收优惠为例,居民企业在源泉扣缴前,应该先判定非居民企业是否满足相应税收优惠的条件。宝安区税务局国际税收管理科李龙辉告诉记者,在非居民企业所得税源泉扣缴方面,经常涉及的税收优惠就是税收协定优惠,《指引》中也多次提及,但很难涵盖实践中出现的所有情况。在这种情况下,企业除了熟悉《指引》中的相关内容外,还应该结合企业自身的实际经营情况,及时掌握与之相关的所有税收协定和国内法规,进而作出准确的判断。张伟明提示居民企业,如果结合《指引》和相关的法律、法规依然拿捏不准,就应该及时与税务机关或涉税专业服务机构交流,确定以后再告知境外纳税人需要其承担的税款。

据李龙辉介绍,在实践中,境内居民企业跟境外非居民企业常常会签署包税合同,在处理具体的税务问题时,除了要参考《指引》外,还需要深入研究相关的法律、法规。

宝安区税务局在开展对外风险核查时,就发现一户居民企业在与境外企业签订的合同中,约定了税款由居民企业承担。居民企业按扣除税款后的合同价款支付给非居民企业,并及时履行了代扣代缴的义务,却以对外支付的不含税所得作为应纳税所得额计算应纳税额。

事实上,《指引》第一章第六条对上述"包税情形"相应的应纳税所得额作出了明确,扣缴义务人与非居民企业签订与《企业所得税法》第三条第三款规定的所得有关的业务合同时,凡合同中约定由扣缴义务人实际承担应纳税款的,应将非居民企业取得的不含税所得换算为含税所得,计算并解缴应扣税款。"如果企业能够在遇到问题时及时和税务机关联系,这类错误是可以避免的。"李龙辉说。

"包税"引出的另一个难题，即扣缴义务人为纳税人代扣代缴的税款，应如何进行正确的账务处理，才能避免因代扣代缴的税款不能在企业所得税前扣除而带来损失。国家税务总局湖州市税务局国际税收管理科科长余俐说，建议企业结合税收协定，《企业所得税法》《国家税务总局关于非居民企业所得税源泉扣缴有关问题的公告》（国家税务总局公告 2017 年第 37 号）等国内法规，合同、付款方式等因素综合考量，必要时咨询主管税务机关。

尽可能获取准确的税收政策信息

覃韦英曌

—————————— 阅读提示 ——————————

商务部《中国对外承包工程发展报告 2017 ～ 2018》显示，我国对外承包工程业务累计签订合同额 2.1 万亿美元，建筑施工企业的境外投资额实现连年增长。与此相应的，建筑施工企业对投资国税收信息的需求量也在持续增加。本文邀请业内专家，透过翔实的案例分析，为企业提供可参考的经验借鉴，提醒企业重点关注境外税制和税收法规的细节性规定。

目前，选择到境外承包工程的建筑施工企业数量不在少数。但是有关专家告诉记者，由于对境外税制和税收法规的细节性规定不了解，建筑施工企业面临着一些税务风险。对此，有关专家建议，相关企业一定要高度重视，对境外税收政策信息的了解不能停留在"泛泛了解"的层面，而应该深入进去。

商务部《中国对外承包工程发展报告 2017 ～ 2018》显示，截至 2017 年底，我国对外承包工程业务已累计签订合同额 2.1 万亿美元，完成营业额 1.4 万亿美元，实现了自 2001 年以来业务的持续增长。交通运输建设、一般建筑及电力工程建设，是中国企业在境外承包工程的主要业务领域，新签合同额合计占比达 67.4%。商务部官方网站公布的数据还显示，2018 年前 9 个月，我国企业在"一带一路"沿线国家新签对外承包工程项目合同 2916 份，新签合同额 732.9 亿美元，完成营业额 584.9 亿美元，同比增长 18.4%[①]。

————————————————————————————

① 根据商务部最新统计，2019 年 1 ～ 10 月，我国企业在"一带一路"沿线的 61 个国家新签对外承包工程项目合同 5494 份，新签合同额 1121.7 亿美元，同比增长 38.6%；完成营业额 635.3 亿美元。

这一串数字，意味着建筑施工企业境外投资额的连年增长，也意味着建筑施工企业对投资国税收信息的需求量在持续增加。基于此，国家税务总局和商务部近年来持续在强化境外税制信息和其他相关信息的搜集和研究，并把相关成果在其官方网站做了分享。"这些信息对企业而言无疑非常重要，但企业如果想要更详细的最新信息，还需要采取一些个性化的措施。"有关专家说。

"搜集到有用的税收信息，并非易事。"有关专家告诉记者，由于获取信息渠道不同，搜集到的税制信息语言版本不同，企业对关键税收法规条款的理解也会不同，进而有可能出现偏差，甚至严重错误。实践中，一些企业就因此作出了错误的税务处理而被投资国税务机关开展了纳税检查，甚至被处罚。W 企业就有这样的"惨痛教训"。

案例 5-9

据 W 企业财务负责人介绍，他们公司曾负责过以色列一抽水蓄能电站工程的土建施工工作。在承包这一工程之前，他们发现以色列的官方税收法律、法规，都是以希伯来语颁布。但是，他们获取的以色列税制信息，却是英文翻译版本，因此在理解和执行相关税收条款时，出现了一定的偏差。加之当地的纳税申报时间、发票抵扣有效期等具体的规定，也与国内存在较大差异。这无疑给企业带来了许多税务风险。

怎么办呢？在学习了其他"走出去"企业的经验后，W 企业以色列项目部一方面积极寻求当地税务代理机构的帮助，确保能够较为准确地理解当地的税收法规；另一方面与在当地投资已久的中资企业加强信息交流，获取了很多有价值的信息。最终，经过不懈努力，规避了因税收政策了解不及时，税收条款适用不准确等原因带来的税务风险。

加强对税收政策的理解和把握，还让 W 建筑施工企业有一个"意外收获"。原来，经过一番调查，W 企业发现，以色列的增值税计税原理与国内基本一致，但如果企业当月的增值税进项税额大于销项税额，以色列税务局将会通过银行转账的方式，把差额退还给企业。"我们了解到这一信息后，及时利用了这一点，有效地缓解企业资金压力。"W企业有关负责人说。

中国铁建股份有限公司总会计师王秀明说，这些"走出去"的建筑施工企业，面临的税收环境和人文环境较为复杂，在实务中有一些税收难点，亟须予以关注和重视。企业不仅要加强与税务机关的沟通协调，更要从自身做起，加强对项目所在国的税收政策研究，提升税务规划水平，建立起境外税务风险防控体系，全面提高境外税收安全保障和风险应对能力。

同时，王秀明建议"走出去"建筑施工企业，利用好国家税务总局、相关行业协会和涉税专业服务机构等平台，建立税务风险协调应对机制，提升税收争端解决效率和执行力。企业也要积极行动起来，与其他"走出去"企业保持紧密的联系和沟通，及时借鉴其有益经验。有经验的企业也应该在"走出去"企业的境外税收信息共享机制中发挥自身作用，分享自己的税务风险管控经验，收集境外国别税收信息，积极反馈问题，加强横向交流力度，与其他"走出去"企业一道，树立起中国企业遵纪守法的良好形象。

境外机构境内债券利息收入暂免"两税"

崔荣春 陈俊峰 刘 恺

━━━━━━ 阅读提示 ━━━━━━

　　财政部、国家税务总局发布《关于境外机构投资境内债券市场企业所得税、增值税政策的通知》（财税〔2018〕108号），规定2018年11月7日～2021年11月6日，对境外机构投资境内债券市场取得的债券利息收入，暂免征收企业所得税和增值税。该文件在为中国高速增长的债券市场再添"一把火"的同时，给境外机构投资者带来了利好。本文邀请税务机关和专业机构的专家，权威、准确地为投资者解读政策条款，提示操作细节，帮助其充分享受免税优惠。

　　2018年11月7日，财政部、国家税务总局发布《关于境外机构投资境内债券市场企业所得税、增值税政策的通知》（财税〔2018〕108号），规定2018年11月7日～2021年11月6日，对境外机构投资境内债券市场取得的债券利息收入暂免征收企业所得税和增值税。专家表示，享受此项免税优惠，一定要"心中存大局，眼中有细节"。

免税让中国债券市场更富吸引力

　　中国正保持高速增长态势的债券市场，最近又添了"一把火"。

　　境外机构投资境内债券利息收入免税政策，在2018年8月30日国务院常务会议上就已经提出。不久前，《财政部 国家税务总局关于境外机构投资境内债券市场企业所得税、增值税政策的通知》（财税〔2018〕108号，以下简称108号文件）明确，2018年11月7日～2021年11月6日，对境外机构投资境内债券市场取得的债券利息收入暂免征收企业所得税和增值税。"这是进一步开放中国债券市场的关键一步，对提高中国债券市场的竞争力将发挥至关重要的作用。"毕马威中国金融业税务服务及税务转型服务主管合伙人张豪说。

谈到108号文件给境外机构投资者带来的利好，张豪向记者举了一个例子。

案例5-10

假设某境外机构投资者在国内债券市场投资规模为1000万元（均为非政府债券），月加权平均利率为2%，其取得的利息收入为1000×2%＝20（万元）。108号文件发布前，境外机构投资者需按照6%的增值税率和10%的预提企业所得税率计策缴税。其中，缴纳增值税20÷（1＋6%）×6%＝1.13（万元），缴纳预提企业所得税20÷（1＋6%）×10%＝1.89（万元），共计3.02万元，税后收益为16.98万元。108号文件发布之后，该境外机构投资者取得的利息收入免征增值税与企业所得税，债券投资的月平均收益率上升了0.3个百分点。

张豪告诉记者，108号文件发布前，我国对境外机构进入中国债券市场的税收问题，除了国债和地方政府债明确免税以外，其他券种的规定较为模糊。108号文件发布后，既有效降低了境外机构投资者投资于我国债券市场的税负，又降低了企业由于政策不明确而存在的潜在税务风险。

有关专家表示，税收政策是全球投资者选择投资地点的一个关键因素，对投资征收任何税收都会降低投资总体收益，税收因而成为机构投资者制定投资决策时关注的重点。为了吸引更多的外国资本进入中国市场，相关的税收政策至关重要。

目前，增值税方面，全球各国对非政府债券利息收入征收增值税的情况并不普遍，这部分增值税被征收之后，由于税款不可抵扣，将构成境外投资者真正的交易成本；企业所得税方面，根据税收协定，境外机构投资者取得的政府债券利息收入的企业所得税基本会被豁免，许多国家和地区（如美国、日本、澳大利亚等）还会对符合条件的公司债券利息免征相关的企业所得税。"在此背景下，108号文件的发布，无疑对境外机构投资者而言是一个重要利好。"张豪说。

采访中，业内人士都很看好108号文件带来的积极效应。根据人民银行发布的统计数据，截至2018年10月末，中国债券市场托管余额为83.8万亿元，规模位居世界第三、亚洲第二[①]。其中，境外投资者投资境内债券规模仍保持高速增长态势。截至2018年的10月末，约有1100家的境外机构投资者通过债券通或直接投资等方式投资中国债券市场，境外投资者目前持有中国债券市场的规模超过1.7万亿人民币[②]。

哪些投资所得可以享受免税优惠

108号文件给境外机构投资者带来了利好，细细咀嚼简短精练的免税条文，一些"甜蜜的烦恼"也随之而来。

在过去的5～10年，随着国内市场的开放，投资于中国债券市场的外国投资者的数量大幅增加，投资方式也日渐多样化。究竟哪种投资方式下取得的债券利息收入才能免税？这让不少境外机构投资者有点"挠头"。

张豪告诉记者，根据以往经验，每隔几年，中国就会发布针对外国投资者的新型投资方式，该投资方式的税务处理都会引起投资者的高度关注。108号文件明确的税收优惠规定，并未针对具体的投资方式，这就意味着108号文件的免税政策，可以适用于境外机构投资者通过投资中国银行间债券市场、合格境外机构投资者（QFII）、人民币合格境外机构投资者（RQFII）、内地与香港债券市场互联互通合作（债券通），以及优惠政策期间新引入的其他

---

① 截至2019年7月末，我国债券市场托管余额为93.1万亿元，成为仅次于美国的全球第二大债券市场。

② 截至2019年7月末，共有2085家境外机构投资者进入银行间债券市场，境外机构累计持有中国债券突破2万亿元大关。

投资方式所取得的债券利息收入。

同时，境外机构投资者可在银行间债券市场开展现券交易、债券回购交易等，108 号文件在规定境外机构投资者可以就债券利息收入免征企业所得税与增值税时，并没有规定或限制具体的交易形式。"纳税人需关注后续文件的进一步明确，并与税务机关或税务顾问保持紧密的沟通。"张豪说。

记者了解到，境外机构投资者目前在我国债券市场可以交易的券种较多，包括国债、地方政府债、中央银行债券、金融债券、公司信用类债券、同业存单、资产支持证券等。对此，普华永道咨询（深圳）有限公司税务合伙人黄家荣分析表示，108 号文件出台后，由于成本与风险更为可控，境外机构投资者配置境内债券投资时将有更多选择，这可能使征纳双方对"债券利息收入"中"债券"的理解产生不确定性，即免税优惠是适用于境外机构投资者被允许在境内债券市场上投资的所有债务工具产生的利息，还是仅适用于投资债券（如政府债券、中央银行债券、金融债券、公司信用类债券）产生的利息？对此，黄家荣建议境外投资者密切关注后续是否会发布配套规定。

中汇信达（深圳）税务师事务所合伙人张伟明提醒纳税人，108 号文件中的免税优惠，仅限定适用于境外机构投资者，在投资境内债券前，需要注意与其在境内设立的机构、场所进行投资项目隔离，以避免因为安排不当而无法享受优惠。对于境内扣缴义务人而言，如何判断境外机构的债券投资与其境内设立的机构、场所的关系，进而判断其是否符合 108 号文件优惠政策的享受范围，也将成为新的难点。如果拿捏不准，建议境外机构投资者和扣缴义务人，及时与税务机关或涉税专业服务机构交流，以确定是否符合 108 号文件规定的免税条件。

深圳市税务局第三分局局长兰平表示，对于非政府债券，实践中缺乏统一的、有效可行的代扣代缴机制，境外机构投资者在某些投资渠道下存在税法遵从困难，使得相应的债券利息收入的税务处理存在不确定性，纳税人需重点关注其中的税务合规风险。

免税期限前后一些事项尚待明确

普华永道咨询（深圳）有限公司税务合伙人江凯表示，作为政策使用者的境外机构投资者，在制定投资决策时，要做到心中存大局，眼中有细节。特别是免税期限前后的细节性规定，尤其需要关注。

免税优惠能否追溯，如果不能，之前的债券利息收入如何进行税务处理？是境外机构投资者的另一个"小烦恼"。对此，张豪提醒，108 号文件明确规定了政策适用的时间范围，即 2018 年 11 月 7 日～ 2021 年 11 月 6 日，并不会追溯适用于该文件出台之前产生的利息收入。在实际操作中，税务机关可能会关注到 108 号文件出台之前，境外机构投资者投资境内债券市场取得相关利息收入的税务处理问题，而 108 号文件并没有对此作出明确规定。

张豪提醒纳税人，需要特别关注如何认定"取得的债券利息收入"中的"取得"。目前对于"取得"的认定仍有争议，是按照收付实现制定义"取得"，即在 2018 年 11 月 7 日～ 2021 年 11 月 6 日实际收取的利息收入，还是按照权责发生制定义"取得"，即因在 2018 年 11 月 7 日～ 2021 年 11 月 6 日持有债券，而根据权责发生制确认的债券利息收入。"纳税人需要与其税务顾问保持紧密的沟通，了解同业的处理，并且选择更加合理的方式确定免税利息收入金额。"张豪说。

3 年之后是否征税，是境外机构投资者普遍关注的另一个政策细节。张伟明表示，3 年之后政策是否延续尚存在不确定性，这将会影响境外机构投资者配置国内债券的投资思路。投资者在制定长期投资规划时，比如在境内投资一个 5 年期债券计划，若 3 年之后开始征税，其将会面临分段纳税的可能。因此，后续如何给境外机构予稳定预期，提升其中长期投资的信心，将是财税部门需要认真思考的课题，投资者也需密切关注后续的制度安排。

江凯建议国家有关部门，及时出台具有可操作性的具体配套细则，回应境外机构投资者对于 108 号文件一些细节性规定的关切。

关注数字经济税收规则新动向

李雨柔

阅读提示

经济合作与发展组织（OECD）在巴黎召开公开咨询会议，就数字经济税收规则设计和征税技术挑战等问题向社会公众征求意见，力求 2020 年之前在税基侵蚀和利润转移（BEPS）包容性框架范围内，形成统一的数字经济税收规则。本文邀请专家，就数字经济背景下国际税收规则的变化作出前瞻性分析，为企业调整未来经营策略和税务安排提供建议和帮助。

从最初的电子商务，到"互联网+"，再到如今的万物互联，以数字技术驱动的数字经济新型商业模式不断涌出，数字经济以迅猛的发展，广泛且深入地影响着经济社会的发展，同时对传统模式下的国际税收规则提出了挑战。

国际税收规则面临数字经济挑战

毕马威中国税务研究中心总监程娱告诉记者，支撑国际税收规则的核心概念是联结度和利润分配原则。但是在数字化商业模式下，生产经营主体多变导致税源难以掌控，税源与价值创造地相分离导致利润归属划分困难等问题，不能再单纯地通过传统的常设机构或独立交易原则来解决。

目前，不少国家采取了单边措施来应对数字化挑战。有的国家向提供数字化商品及服务的非居民企业征收其他流转税，如印度的平衡税、意大利的数字化交易税；有的国家修改了国内常设机构认定标准；还有的国家对境外支付，比如利息及特许权使用费，征收预提税。

值得注意的是，现行预提税规定下，难以对一些新兴的数字化服务进行分类。比如，对提供云计算设施的访问权，应分类为预提税豁免服务还是特许权使用费收入——目前还没能达成一致的观点。"BEPS 包容性框架内的成员都希望，能尽快对跨境运营的跨国企业适用一套协调一致的国际税收规则，以共同应对数字经济的挑战。"程娱说。

重点关注利润分配和联结度问题

记者了解到，OECD 在巴黎召开公开咨询会议前曾发布了公开咨询文件，主要关注数字经济背景下，如何解决利润分配和联结度这一核心问题。据毕马威中国全球转让定价服务合伙人王俪儿介绍，在解决利润分配和联结度问题方面，目前主要有英国、美国和印度三种提案。

英国的用户参与度提案具有一定的针对性，认为活跃的用户数据和用户参与，对在线广告和零工经济企业的利润作出了重大贡献。外国企业即使在用户所在国没有构成实体常设机构或设立子公司，也可被视为在用户所在国具有应税存在。

美国的营销无形资产提案不限于特定的数字化商业模式，一些外国企业高度依赖的营销无形资产实际上是"位于"市场国的，那么企业在市场国就具有应税存在。举个简单的例子，不少欧美奢侈品在我国市场上十分畅销，为迎合我国消费者的喜好，欧美企业会找国内明星作为代言人进行广告宣传。这种宣传就可视为营销无形资产，即使欧美企业在我国没有常设机构，也属于在我国有应税存在。

印度的显著经济存在提案，则是对 BEPS 第一项行动计划的发展。跨国企业在境内如果发生某些数字经济活动，比如应用数字化产品及服务等，则会被视为在境内有应税存在。该项提案引入了一套完整的公式，对跨国企业的利润进行分配，取代原有的独立交易原则。

尽管三国提案的具体内容有所不同，但总体目标是一致的，即从不同角度去识别现行国际税收规则框架下，尚未被承认的企业活动或用户参与创造的价值。"无论最后就利润分配和联结度问题达成怎样的共识,都将打破原有的独立交易原则和常设机构原则。"王俪儿说。

对国际规则变化方向应有预期

专家表示,OECD 此次对数字经济税收规则的讨论,很可能会引起国际税收规则发生重大变化,企业对此应有充分预期。

毕马威中国信息技术、媒体和电信业（TMT）税务服务主管合伙人梁新彦分析,国际税收规则基于数字经济产生的变化,将对企业全球有效税率、内部记录保存、税务风险管理系统、公司架构以及市场竞争力等方面产生一定的影响。为此,她建议跨国企业要保持对数字经济政策变化的关注,充分考虑税收规则变化对企业架构和税务风险管理的影响,同时可以主动参与制定国际政策的讨论,提出自身的看法和关切,以便在 2020 年 OECD 达成共识的解决方案中得到体现或解决。

采访中,某互联网企业税务经理告诉记者,不少互联网企业在进军国外市场的初期,通常会进行大规模的广告宣传,按照美国的营销无形资产提案,需要在市场国缴税。但企业初期的盈利情况并不乐观,甚至会形成亏损。因此,企业关心的一个问题是数字经济征税方案对这些亏损会有怎样的安排。

对此,王俪儿表示,这可以说是各国税收利益的一种博弈。各国都希望征收到更多的税款,同时都不希望在本国弥补亏损。应当如何权衡,相信 OECD 会给出一个合理的方案。

王俪儿建议,鉴于在达成全球共识、寻找到最佳解决方案之前,可能会有更多国家出台临时数字经济征税措施,中国"走出去"企业在海外投资时,需要掌握所投资地区的最新政策变化,关注各国数字税收新政对其海外运营产生的实际税负影响。

此外,梁新彦提醒跨国企业,开展销售数据收集和管理工作,提高数据分析能力,以便及时掌握数字经济税收新规则对跨境经营业务的具体影响,同时为日后的税务申报和文档说明做好数据准备工作。

转让定价和海关估价有何差异

崔荣春

阅读提示

伴随着经济全球化和跨国公司价值链转型，跨国集团内部成员企业之间的国际贸易越发频繁。跨国公司的关联交易及其定价问题，日益成为各国税务机关和海关关注的重点，也是跨国企业普遍面临的一大难点。本文邀请专家，从基本概念、分析方法、分析角度等多方面，解读转让定价和海关估价存在的差异，帮助跨国公司准确掌握相关规定，制定尽可能满足税务和海关要求的"兼容"价格。

转让定价和海关估价是两个不同的概念，二者在很多方面存在差异。

转让定价指关联企业之间在销售货物、提供劳务、转让无形资产等时制定的价格。在跨国经济活动中，利用关联企业之间的转让定价避税十分常见，其一般做法是：高税国企业向其低税国关联企业销售货物、提供劳务、转让无形资产时制定低价；低税国企业向其高税国关联企业销售货物、提供劳务、转让无形资产时制定高价。这样，利润就从高税国转移到低税国，从而达到最大限度减轻其税负的目的。

海关估价指一国海关机构根据法定的价格标准和程序，为征收关税，对进出口货物确定一种完税价格的行为或过程。经海关审查确定的完税价格，称为海关估定价格。记者了解到，国际贸易中的货物价格形式多种多样，海关估价以何种价格为依据，各国有不同规定，最常使用的进口货物估价依据是到岸价格。由于各国海关估价规定的内容不一，有些国家可以利用估价提高进口关税，形成税率以外的一种进口限制的非关税壁垒。

毕马威中国贸易与关务主管合伙人周重山告诉记者，从不同视角看，转让定价和海关估价有着较为明显的区别。

从管理出发点角度看，税务和海关具有相反的倾向。比如，国内 A 企业购买了境外母公司 B 企业 1000 万元的原料，税务机关往往会在事后审核 A 企业向 B 企业支付购买费用的合理性，并倾向于减少企业对外支付的金额。从理论上说，A 企业向 B 企业支付的原料购买费用越少，A 企业的成本就相应越少，利润就相应增加，对应的企业所得税就越多。相比较而言，海关则是先在企业报关环节确认交易价格，更倾向于提高进口货物的完税价格。

从法规依据角度看，在国际上，税务机关确认企业转让定价，主要依据 OECD（经济合作与发展组织）转让定价指南（2017）及联合国转让定价手册（2013），而海关估价主要依据世界贸易组织（WTO）《海关估价协议》。

从涉及税种角度看，转让定价会重点涉及企业所得税，同时可能涉及流转税（增值税 / 消费税）以及其他小税种（城建税及教育费附加）等。海关估价则主要涉及进口环节的关税、消费税、增值税等税种。

从涉及交易角度看，税务机关确定企业转让定价，主要关注有形资产转让、金融资产转让、无形资产转让、资金融通以及劳务交易等。海关估价则主要关注进口货物贸易、特许权使用费 / 软件、购货相关利息以及转售收益 / 协助等。

从使用方法角度看，转让定价与海关估价都遵循独立交易原则，但双方采用了不同的方法论。转让定价方法主要包括：可比非受控价格法、再销售价格法、成本加成法、交易净利润法、利润分割法等，可选择适用。海关估价方法主要包括：成交价格方法、相同或类似货物成交价格方法、倒扣价格方法、计算价格方法、合理方法，除倒扣价格法和计算价格法外，顺序使用。

【延伸阅读】

尽可能制定能"兼容"的价格

周重山 赵 明

目前，税务机关和海关进行转让定价分析和海关估价时，使用的一些基本概念、分析方法、分析角度等存在差异，需要跨国企业予以关注。从当前和今后一段时期的监管趋势看，作为跨国企业，应该尽可能制定能够"兼容"的价格，以尽可能满足税务和海关的相关要求。

在可比性分析和功能风险分析方面，税务机关在进行转让定价调查时，较多使用国际商用数据库（如 BvD）等公开数据库进行可比企业筛选，有时会参考秘密可比数据（如企业纳税申报数据）；在统计分析方法上，主要使用四分位法，也可以选择算术平均法和加权平均法等；进行可比性分析时，优先使用公开信息，也可以使用非公开信息；强调企业执行的功能风险，也接受同一企业对同一类型的货物交易执行不同的功能风险。而海关较多使用进出口报关数据库以及国际市场价格资料，有时会参考秘密可比数据（如其他企业财务和进出口数据等），或者参考使用四分位法，确定可比区间。

如今，相关法规已逐渐标准化，税务机关和海关在转让定价审查和监管方面已经积累了丰富的经验。因此，笔者建议跨国公司和已经"走出去"的中资企业，应提前考虑税务和海关两个主管部门的要求，对转让定价安排有所准备。在制定和执行转让定价政策时，作出能够尽量兼顾的选择。如无法完全弥合差异，需要在转让定价文档的相应分析中充分考虑到差异性。

在准备转让定价文档过程中，跨国企业应着重增加对毛利水平的分析。毛利水平的分析虽然不是交易净利润率法下的主要利润指标，但有鉴于海关对毛利水平的关注，建议提前进行分析，与其他运用交易净利润率法下的利润指标的相关性和差异性也作出说明，并将该分析作为文档的附件。

在一般转让定价文档的结论中，通常对落在四分位高位区间和超过四分位区间的状况不作分析解释。考虑到海关估价的角度不同，如果利润指标高出四分位区间或落在四分位区间高位的，同样建议进行特殊因素分析。在向海关递交转让定价文档时，应就转让定价文档的适用性作出必要的说明或者备注。

同时，跨国企业可以使用海关估价的语言，参考税务转让定价文档，单独为海关准备适用海关估价方法的转让定价分析报告，将向海关提交的各种信息、资料、文件等进行有逻辑性地汇总分析。〔作者：毕马威中国贸易与关务主管合伙人，毕马威企业咨询（中国）有限公司贸易与关税高级经理〕

非居民股权转让：关注新动向，重视老问题

阚歆旸 李雨柔 胡海啸

───── **阅读提示** ─────

在全球经济回暖的趋势下，非居民企业跨国并购重组的情况也越来越多见。本文结合非居民企业股权转让典型案例，以案说税，为非居民企业及其扣缴义务人深入分析股权转让中的共性风险，解读需要重点关注的税收法规，并为企业充分使用重组税收优惠、防范税务风险提出实操层面的建议。

非居民企业股权转让，是直接或间接持有境内居民企业股权的非居民企业股东，将其全部或部分股权进行转让的行为。根据税收协定、企业所得税法及其实施条例以及相关规定，转让所得按照 10% 的税率由非居民企业自行申报，或由支付人扣缴企业所得税。在实践中，由于一些非居民企业及其扣缴义务人对相关税收法规理解不到位，很容易产生税务风险。

新动向：股权转让中忽视外币的折算时点

非居民企业申报因转让其所持的中国居民企业股权所缴纳的税款时，通常需要支付外币。但是，外币应当汇多少金额，由于税务机关计算税款汇率与银行换汇汇率规定的不一致，外币汇款金额不能准确确定。非居民企业在缴纳税款时，可能因汇率差异出现多汇或少汇税款的情况。据国家税务总局青岛市税务局国际税收管理处处长刘建华介绍，非居民企业因忽视汇率差异问题，导致需要汇款不能足额缴纳税款的情况时有发生。

案例 5-11

　　2017 年境外 B 集团将其间接持有中国 A 公司的 20% 的股份，分别转让给中国 D 集团旗下的几家境外子公司，本次转让合同总金额 1.8 亿美元。

　　假设 B 集团采取自行申报方式从境外汇入外币缴纳此次股权转让税款，根据《国家税务总局关于非居民企业所得税源泉扣缴有关问题的公告》（国家税务总局公告 2017 年第 37 号，以下简称 37 号公告），应当按照填开税收缴款书之日前一日人民币汇率中间价折合成人民币，计算非居民企业应纳税所得额。假设该日美元兑人民币中间汇率为 1∶6.826，而中转银行根据银行换汇规定，应按照税款入库当日外币购入价汇率进行折算。假设该日美元兑人民币购入汇率为 1∶6.821。实际办理税款申报入库时，按照税收相关规定，此次股权转让需要缴纳税款为：1.8×6.826×10%=1.22868（亿元）。但是，按照银行换汇规定，此次股权转让税款应折算人民币为：1.8×6.821×10%=1.22778（亿元），这就产生了 9 万元的差异，导致税款不足，进而影响后续的解缴入库。

　　国家税务总局青岛市税务局国际税收管理处副处长潘歌介绍，根据 37 号公告规定，非居民企业纳税人在中国境内缴纳税款，根据不同缴纳形式对照不同的外币折算时点。由扣缴义务人扣缴企业所得税的，非居民企业需按照扣缴义务发生之日人民币汇率中间价计算应纳税所得额；取得收入的非居民企业在主管税务机关责令限期缴纳税款前，自行申报缴纳应源泉扣缴税款的，应当按照填开税收缴款书之日前一日人民币汇率中间价计算应纳税所得额；如果是主管税务机关责令取得收入的非居民企业限期缴纳应源泉扣缴税款的，应当按照主管税务机关作出限期缴税决定之日前一日人民币汇率中间价折计算应纳税所得额。

　　但是，根据《中国人民银行、财政部、国家税务总局关于采用国外汇款方式缴纳税款缴库有关事项的通知》（银发〔2008〕379 号）第三条规定，指定银行收到国外汇款方式缴纳的税款并根据当日外汇买入价办理结汇后，于当日、最迟次日上午通过"待结算财政款项"科目，将税款资金划转收款国库"待缴库税款"专户，划款时应注明汇款用途（附言）信息。

潘歌分析，如果汇款当日买入价汇率与 37 号公告规定的折算时点汇率相等，税款可以正常入缴国库；但如果汇款当日买入价的汇率少于 37 号公告规定的折算时点的汇率，非居民企业就会存在税款缴纳不足的风险，可能需要再行补缴税款。潘歌建议非居民企业及其代扣代缴义务人，在缴纳税款时提前考虑到汇率差异的影响，必要时可以委托境内子公司或相关境内代理人，在中国境内开设一个银行账户，以方便准确、及时地缴纳税款。

老问题：间接转让中商业目的合理性不足

在非居民企业股权转让中，间接股权转让是最为复杂的一种形式，其商业目的的合理性，一直是业界关注的"老问题"。

间接股权转让与直接股权转让的主要区别，在于非居民企业所转让股权的持有形式。如果非居民企业 A 持有另一非居民企业 M 的股权，而 M 持有我国居民企业 C 的股权，A 公司属于间接持有 C 公司的股权。A 公司转让 M 公司的股权时，C 公司的股权也被转让。在这种情况下，我国对该笔交易是否具有征税权，主要取决于非居民企业此项交易安排是否具有合理商业目的。如果非居民企业此次交易安排单纯是为规避我国企业所得税纳税义务，不具有合理商业目的，我国税务机关就有权对该笔交易重新定性，确认其为直接转让中国居民企业股权，要求非居民企业在我国缴纳税款。

在实践中，非居民企业间接股权转让因不具有合理商业目的而被重新定性的情况并不少见。如果非居民企业需就其发生的间接股权转让交易在我国缴纳税款，还会涉及扣缴义务的问题，需要非居民企业关注。

案例 5-12

2018 年，四家境外基金公司将其持有的境外公司 M1 的股权出售给境外 E 公司。境外公司在我国申报时认为，本次股权转让完全出于自身业务需要，具有合理商业目的，不应被定性为直接转让中国居民企业股权，不需要在中国缴纳企业所得税。

经税务人员调查发现，被转让方境外公司 M1，以及 M1 的全资控股中国香港 M2 公司均不具备实际经营所需的基本要素，收入的主要来源为投资中国公司获得的股利，两家公司均具有明显的"导管"性质。穿透境外 M1、M2 两家控股公司后，此次转让使得中国境内的居民企业 F1、F2 的股权被间接转让。因此，最终确认该笔交易不具有合理商业目的，其股权转让所得在中国具有纳税义务。

刘建华告诉记者，合理商业目的判定是非居民企业间接股权转让实务操作中的难点之一。

根据《国家税务总局关于非居民企业间接转让财产企业所得税若干问题的公告》（国家税务总局公告 2015 年第 7 号，以下简称 7 号公告），合理商业目的判定，会根据整体安排结合实际情况综合考虑 8 项因素。建议企业着重关注境外企业股权的主要价值来源、境外企业资产的投资构成或收入的来源、间接转让中国应税财产交易在境外税负等情况，特别应关注境外中间控股公司实际履行的功能和承担的风险是否具备经济实质，预先判断其交易是否具有合理商业目的，避免在税务机关的后续管理中，被重新定性为直接转让中国居民企业股权。

非居民企业间接股权转让一旦被重新定性，需要在我国缴纳税款，扣缴义务问题同样需要企业格外关注。毕马威税务合伙人李晨表示，根据源泉扣缴制度，间接股权转让交易中，受让方是扣缴义务人。7 号公告规定，扣缴义务人未扣缴，且股权转让方未缴纳应纳税款的，主管税务机关可以按照税收征管法及其实施细则规定，追究扣缴义务人责任。但是，该公告也为在限期内及时向税务机关报告，并提交相关资料的扣缴义务人提供了责任减轻或免除保护。李晨建议受让方企业，在合同中明确交易双方的报告责任和税款扣缴等事项。

有关专家表示，除了合理商业目的判定和扣缴义务问题外，非居民企业准确识别其交易是否构成间接转让中国应税财产也很重要。实践中，间接转让中国应税财产的形式有很多种。根据相关规定，非居民企业重组，引起直接或间接持有中国应税财产的境外企业股东发生变化的情形，也属于间接转让中国应税财产。但是，境外企业股东间的合并、分立等交易，导致中国应税财产被转让时，非居民企业可能会认为，该交易不存在直接的股权转让行为，因而忽略了在中国的纳税义务。

【延伸阅读】

非居民企业股权转让如何适用特殊性税务处理

李雨柔　阚歆旸　胡海啸

在全球经济回暖的趋势下，非居民企业跨国并购重组的情况也越来越多见。我国对包括非居民企业在内的，符合特殊性税务处理条件的企业重组业务，提供了延迟缴纳税款的优惠政策，不少企业都希望通过合理安排，享受到这一优惠。

在实践中，非居民企业适用特殊性税务处理，有比较严格的条件限制。据国家税务总局青岛市税务局国际税收管理处处长刘建华介绍，青岛市曾受理一起非居民企业成功适用特殊性税务处理的案例，这为相关企业提供了一个成功的借鉴。

转让方 M 公司是一家在美国注册成立的非居民企业。2016 年 12 月，为优化集团投资管理，M 公司将其持有的中国境内 Q 公司的全部股权（共持有75%），转让给 M 公司在英国注册成立的全资子公司 M1 公司。M1 公司以其自身的 49214 股普通股作为对价支付，交易不包含任何现金支付。

2017 年 4 月，M 公司授权委托 Q 公司，及时代其办理特殊性税务处理备案资料，并委托专业涉税服务机构，结合公司发展战略和实际情况，阐述转让具有合理的商业目的且未改变预提税负担。同时，受让方 M1 公司作出书面承诺，自股权转让工商变更登记之日起，连续 12 个月内不改变 Q 公司的实质性经营活动。M 公司也作出书面承诺，本次股权转让完成工商变更之日起 3 年内，不会转让 M1 公司的股权。

主管税务机关根据《财政部 国家税务总局关于企业重组业务企业所得税处理若干问题的通知》（财税〔2009〕59 号，以下简称 59 号文件）及《国家税务总局关于非居民企业股权转让适用特殊性税务处理有关问题的公告》（国家税务总局公告 2013 年第 72 号，以下简称 72 号公告）的相关规定，从备案资料是否完整、重组安排是否具有合理商业目的、重组交易对价中涉及的股权支付金额是否符合规定比例等方面，对此次重组安排进行核查。结果显示，M 公司的重组安排符合适用特殊性税务处理的条件。

结合上述案例，有关专家总结出三点重要经验。

一是硬性条件必须要满足。毕马威税务合伙人李晨告诉记者，非居民企业重组交易适用特殊性税务处理，除了要满足 59 号文件第五条规定的 5 个条件外，还需要同时符合 59 号文件中第七条的 3 个要求。值得关注的是，根据 59 号文件第七条的规定，非居民企业重组交易中，若受让方为非居民企业，则只有非居民母公司向其全资非居民子公司转让居民企业股权时，才有可能适用特殊性税务处理。如果受让方不是转让方的全资子公司，或者子公司向母公司转让居民企业股权，都不能适用特殊性税务处理。

二是交易不能有明显的避税目的。为了防止跨国集团企业利用重组安排避税，59 号文第七条还规定，不能因此次重组安排，导致今后该项股权转让所得的预提税负担发生变化。此案例中，M 公司注册地为美国，M1 公司注册地为英国，根据中美税收协定和中英税收协定中的规定，在股权转让方面我国均有征税权，其预提税税率均为 10%。因此，今后 M1 公司若将 Q 公司股权转让给其他公司，我国的税收管辖权和税收利益均没有被损害。如果受让方所在国的预提税税率低于转让方所在国的预提税税率，那么我国的税收利益很可能因为此次重组安排而受到损害，那么也就不可能享受到税收优惠政策了。"全资控股、预提税变化等政策细节，非居民企业在进行重组安排时一定要予以关注。"李晨提醒。

　　三是要加强对未分配利润的后续管理。即使非居民企业适用了特殊性税务处理，也不意味着一劳永逸——后续的税务管理也有很多细节之处需要注意。比如，未分配利润的归属就是关注的重点之一。国家税务总局青岛市税务局国际税收管理处副处长潘歌提醒，根据72号公告第八条规定，转让方与受让方不在同一国家或地区的，若被转让企业股权转让前的未分配利润在转让后分配给受让方的，不享受受让方所在国家（地区）与中国签订的税收协定（含税收安排）的股息减税优惠待遇，并由被转让企业按税法相关规定代扣代缴企业所得税。潘歌建议，受让方与被转让方应通过辅助账等方式，做好未分配利润的区分和准确核算，保证在未来分红时，能够正确进行相应税务处理。

投资拉美：提早熟悉税制，用足税收优惠

李雨柔

阅读提示

中国"一带一路"倡议已在拉丁美洲蓬勃发展，国内不少企业都有开拓拉美市场的计划。本文邀请德勤专家，分析拉美独特的税制环境，提示投资安排和税务规划时需要关注的细节，为"进军"拉美的中国企业提供了税收参考。

中国企业的投资正成为拉美科技繁荣的主要推动力。根据拉美加勒比与中国学术研究中心发布的《2019年中国在拉丁美洲与加勒比地区直接投资报告》，中国对拉美和加勒比直接投资呈现多样化。那么，企业赴拉美投资过程中，有哪些税收问题需要关注呢？

提早熟悉拉美税制

记者从国家税务总局发布的《国别（地区）投资税收指南》和商务部发布的《对外投资合作国别（地区）指南》等资料中了解到，大多数拉美国家的税种和相关附加费用总数都在10种以上，其中经济较为发达的巴西，税目种类多达58种。值得注意的是，一些拉美国家属于联邦制国家，在税收上既有联邦税，又有地方税，联邦和地方政府具有相对独立的税收立法权。

"与国内相比，拉美国家不仅税种繁多，税制情况也更为复杂。"德勤税务总监唐昌宇告诉记者。他建议中国企业，在赴拉美开展投资业务之前，务必做足准备，提早熟悉目标国的税制情况。在关注目标国各种联邦税的同时，

要注意具体投资地所在省或市的税收法律法规，尤其是存在跨区域交易业务的企业，对可能涉及的多个交易地的税收政策都要有所了解，避免因地区政策差异引发税务风险。

关注特别预提所得税

采访中，唐昌宇向记者特别强调：拉美的预提所得税有点"特别"。

业内熟知的预提所得税，指预先扣缴的所得税，它不是一个税种，而是世界上对这种源泉扣缴的所得税的习惯叫法。预提所得税通常是针对非居民企业来说的，当其取得来源于中国境内的股息、利息、租金、财产转让所得、特许权使用费和其他所得时，应就该项收入全额计算征收所得税。"但在一些拉美国家，预提所得税并非仅针对非居民企业，居民企业也需要缴纳预提所得税。"唐昌宇说。

记者了解到，拉美国家的预提所得税发生在交易过程中的资本付款环节，付款人需要按预提的方式，代收款人扣缴一笔所得税。

案例 5-13

阿根廷境内支付服务费的预提所得税税率为 2%，企业在阿根廷境内支付一笔 10 万元的服务费时，需要按照实际价款和税率计算出预提所得税 0.2 万元（10×2%）。该笔税款将直接交付税务机关，收款方实际收到的金额为 9.8 万元，同时，收款方在进行年度所得税汇算清缴时，可抵免已被扣缴的预提所得税。

据唐昌宇介绍，拉美国家的预提所得税需要付款人自行计算，在支付货款时同时扣缴。付款人在代扣代缴预提所得税后，需要从税务机关或申报系统等渠道，获得扣缴凭证，并交付给收款人，用以证明税款已扣缴。如果付款人未履行代扣代缴义务，会受到当地税务机关的处罚。

"中国企业在拉美国家进行投资时，要格外关注预提所得税，准确计算，及时缴纳，以免因此受到不必要的处罚。"唐昌宇说。

用好东道国税收优惠

利用好目标国的税收优惠政策，享受到应有的税收协定待遇，是中国企业赴拉美投资前要做的"必修课"，从而更大程度地降低税务成本，提高投资收益。

记者了解到，许多拉美国家都有针对行业或地区的税收优惠政策。以智利为例，为鼓励科技研发和新能源项目开发，政府出台了优惠政策，符合条件的外国投资者在获得贷款便利的同时，还将可能获得所得税返还。智利还有一些地区性鼓励政策，包括阿里卡和巴里纳克塔计划、特戈皮亚计划和奥斯特拉尔计划等，投资者在特定区域投资特定行业，会有一定比例的所得税返还或税费减免。

唐昌宇建议，中国企业在制订拉美投资计划时，可根据目标国税收优惠政策的适用条件，合理设计投资路线。同时，从目前中国企业对拉美国家投资的实际情形看，基础设施建设项目和工程承包项目居多，企业从初期的机构设置、架构搭建到后期的合同安排，都应当关注可以适用的税收优惠，获得更多税收利益。唐昌宇同时提醒中国企业，在做投资安排、税务规划的同时，应密切关注当地的反避税规定，做好税务合规工作，以减少税务风险。

【推荐阅读】

赴荷投资：掌握规则
变化，调整税务安排

阿联酋：国际税收法规
体系正在重构

投资印度：哪些涉税
关键点值得关注

投资安哥拉：着重
考量常设机构条款

扬帆东盟投资蓝海，
注重税务合规要求

投资荷兰：用好
"创新盒"优惠

投资意大利：用足税收
优惠，尽享协定待遇

审慎评估英国
税收不确定性

瑞士：布局全球
投资的重要支点

APA 成功案例，给跨国公司哪些启示

崔荣春　施　斌　叶生成　李雨柔

阅读提示

在经济全球化背景下，预约定价安排因其能兼顾跨国公司和税收主权国的共同利益而备受关注，并且已经成为跨国公司寻求税收确定性的重要方式。本文邀请谈签成功的企业现身说法，同时邀请专家解读规定，从实践和理论两个层面，为跨国企业提示谈签预约定价安排的注意事项，为企业高效谈签预约定价安排、最终获取税收收益提供专业的帮助和可操作的建议。

2019 年 6 月 13 日，根据中国国家税务总局和韩国国税厅签署的中韩双边预约定价谈签成果，国家税务总局宁波市税务局与韩国三星重工业（宁波）有限公司（以下简称三星宁波公司）签订双边预约定价安排（APA）执行协议。4 年间 10 多轮谈判，60 多份 15 万余字的方案、报告和测算底稿——最终促成该例双边 APA 的成功落地，成为我国税务机关为跨境纳税人提供税收确定性服务的又一次成功实践。

启示 1：主动参与其中，寻求合理定价方法

APA，是跨国公司就其未来年度关联交易的定价原则和计算方法，向税务机关提出申请，与税务机关按照独立交易原则进行协商、确认后达成的协议。在更大限度保障企业经营及税收的确定性，有效避免和消除国际重复征税的同时，有助于降低税务机关的征管成本，提升纳税服务水平，可谓双赢之举。

据记者了解，在 APA 的谈签过程中，可比性分析测试结果是备受各方关

注、影响最为深远的环节。而受测方的行业定位，则是税务机关进行可比性分析的首要环节和关键步骤。在行业定位准确的前提下，开展可比企业的筛选，才能保证测算的独立交易利润区间具有可比性，为 APA 成功谈签提供可靠依据。

宁波市税务局国际处处长钱正平告诉记者，与三星宁波公司的 APA 谈判中，他们创新性地采用了"4C 法"，精准定位企业所属行业，帮助企业化被动为主动，顺利通过可比性测试。"这是谈签成功的关键一步。"钱正平说。

宁波市税务局国际处的吴敏儿，参与了与三星宁波公司 APA 谈签的全过程。她向记者介绍，"4C 法"，即基本职业判断（Career Judgement）、咨询约谈（Consultation）、实地取证（Field Confirmation）和综合剖析（Comprehensive Analysis）。与通常的方法相比，"4C 法"的创新之处在于，税务机关会到企业实地核查，并以此为基础进行综合判断，最终得到税企双方一致认可的行业定位。吴敏儿告诉记者，在"4C 法"下，此次 APA 谈签中的行业分歧问题得到有效解决，谈签工作顺利推进。

从上述案例来看，税务机关不断创新工作方法的核心，在于通过准确的行业定位，寻找到最合理的可比定价，进而更准确地确定企业的应纳税额。面对税务机关不断创新的工作方法，企业应对自身的谈签准备工作作相应的调整，积极配合税务机关的调查，形成合力，共同推动谈签目标达成。除了事先了解并掌握 APA 的流程，充分准备内部生产、财务、同期资料等信息资料外，企业在谈签的具体环节中，也要作出调整。

钱正平表示，在基本职业判断环节，建议企业利用其对行业的准确认知，积极提供相关资料，帮助佐证行业范围；在咨询约谈环节，建议企业多方协调，邀请研发、生产和财务等多部门业务骨干及一线生产工人参与约谈；在实地取证环节，建议企业发挥专业优势，详细介绍生产工艺流程，保证行业的精准定位。吴敏儿同时建议，在日常税务管理中，企业应适时对集团内部跨境关联交易中的转让定价问题进行风险自测，以确保符合独立交易原则。

从记者了解的情况看，税务机关在 APA 谈签过程中越来越注重创新。据福建省税务局国际处处长王志荣介绍，前不久，福建省创新推出"三精工作法"，完成了该省第一例双边 APA 的谈签工作。所谓"三精工作法",就是精准把脉,找准谈判关键点;精准应对,化解涉税风险点;精准把控,掌握谈判主动权。同时辅以项目化团队管理模式,充分发挥项目组成员的能动性和积极性,从而高效推动本次双边 APA 的谈签。

北京市税务局第三税务分局副局长孔丹阳介绍,在一例 APA 谈签过程中,该局运用市场溢价理论,详细分析跨国公司在中国生产经营过程中市场溢价的产生、量化和归属问题,最终确定企业应有的、合理的利润水平。该方法体现出在市场溢价方面,中国市场特殊因素给跨国公司带来的价值贡献,有效地维护了我国的税收主权。

孔丹阳表示,近年来,北京市税务局受理的 APA 大多涉及世界 500 强,这些跨国公司通常具有关联交易金额巨大、交易种类繁多且交易模式复杂的特点。"这就要求税务机关在开展预约定价工作时,不断创新工作方法,也要求企业主动参与其中,共同寻求确定合理利润水平的方案——这有助于在谈判过程中达成共识。"孔丹阳说。

启示 2:做实数据分析,提高申请资料质量

记者从国家税务总局不久前发布的《中国预约定价安排年度报告(2018)》了解到,2005 ~ 2018 年,我国税务机关累计签署 156 例 APA,包括 89 例单边 APA 和 67 例双边 APA,跨国公司谈签意愿一年更胜一年。来自宁波的数据也印证了这一趋势——今年已有日本、韩国、瑞士等多个国家的十余家外资企业表达了积极的 APA 谈签意愿。那么,在众多的 APA 申请企业中,跨国公司怎样才能"脱颖而出",让税务机关优先受理呢?

宁波市税务局国际处处长钱正平告诉记者,税务机关在决定是否优先受理企业申请时,主要考虑四个因素:提交申请时间顺序、提交申请的质量、案件是否具有行业和区域等方面的特殊性以及双边 APA 申请中所涉对方国家(地区)的谈签意愿及其对案件的重视程度。基于此,企业在申请谈签 APA 时,应按照法规要求准备高质量的申请资料,尤其要准备有关价值链和地域特殊因素等事项的分析。

安永转让定价服务合伙人刘晓萌建议，企业应建立完善有效的转让定价管理制度，对日常关联交易安排进行切实有效的管理和监督，形成系统的资料留存，避免提交 APA 申请时"临时抱佛脚"。特别是在申请之初，企业应开展周密的准备工作，包括提交齐备的申请材料，对价值链或供应链进行完整、清晰的分析，充分考虑成本节约、市场溢价等地域特殊因素，对拟采用的定价原则和计算方法进行详细的分析。

根据多年的实操经验，德勤转让定价合伙人黄晓里表示，鉴于高质量的申请材料是提高 APA 谈签效率的重要因素，建议企业重视价值链分析和行业分析。在税基侵蚀和利润转移（BEPS）背景下，税务机关往往会使用价值链分析的方法来判断企业的功能风险、价值创造和利润是否匹配，并由此判断企业的转让定价政策是否合理。黄晓里提醒，仅进行定性的价值链分析可能缺乏说服力，企业需要进行一定程度的定量分析，同时要对自身所处的行业进行深入细致的剖析，做出一份可靠的经济分析和可比性分析报告。

黄晓里建议，企业在日常税务管理工作中，要有清晰的、符合独立交易原则的转让定价政策，并确保转让定价政策在关联交易合同签署、会计处理、财务报表等环节得到有效执行，及时进行可比性分析，定期进行基准分析，确保转让定价政策和执行情况符合税法规定，并且准确反映当前的经济环境和企业功能风险。

在刘晓萌看来，我国 APA 的发展与国际税收规则的变化密切相关。随着 BEPS 行动计划的步伐加快，以及国际税收环境下交易信息透明度的不断提升，税务争议的数量将继续攀升，APA 的重要性不言而喻。刘晓萌提醒企业注意，尽管我国致力推进 APA 工作，但纳税人日益增长的 APA 案件申请意愿仍超出了税务机关的审阅和磋商速度。可以预见，在未来的 APA 案件受理流程中，税务机关将进一步从技术层面以及信息披露层面提高对于申请的质量要求。"提高申请资料质量的重要性，怎么强调都不为过。"刘晓萌说。

启示 3：了解总体趋势，制定务实谈签策略

谈签 APA，跨国公司还需要做足一项功课：了解 APA 谈签的总体趋势，

然后结合企业的实际情况，综合分析所在行业是否有必要谈签 APA，是谈签单边 APA 还是双边 APA，谈签的过程中可能会遇到哪些棘手问题，应该选择哪种转让定价方法。

《中国预约定价安排年度报告（2018）》数据显示，中国 14 年间共签署了 89 例单边 APA、67 例双边 APA，分别占已签署 APA 总数的 57.05% 和 42.95%。北京市税务局第三税务分局副局长孔丹阳分析，单边 APA 的谈签难度相对较小，因此成功谈签的数量多于双边 APA。单边 APA 和双边 APA 各有利弊，企业应根据自身的情况，合理选择申请类型。

孔丹阳表示，如果企业关联交易金额不大，交易种类不多，可以选择申请单边 APA，以获得税收确定性。如果交易金额大、种类多、交易模式复杂，或涉及无形资产、集团劳务等复杂问题的企业，申请双边 APA 更能为企业大大降低转让定价风险，避免被重复征税。

根据《中国预约定价安排年度报告（2018）》，APA 涉及的关联交易类型方面，65% 以上都是有形资产使用权或所有权转让，无形资产和劳务的比重相对较低，且制造业 APA 占已签署安排总数的 84.62%。中央财经大学教授何杨认为，这从很大程度上说明，目前制造业等传统行业在我国申请 APA 的需求较大，在定价方法上也较容易达成共识。"一定规模以上并涉及较大比重关联交易的企业，就具有申请 APA 的可能性和必要性。"何杨说。

孔丹阳告诉记者，从申请 APA 的行业趋势来看，虽然目前制造业占绝大多数，但是服务业、高新技术等新兴行业申请的趋势在不断提升，涉及的关联交易类型越来越多，交易模式也趋于复杂。一些新兴业态由于交易模式的复杂性可能会给 APA 的谈签带来一定困难，特别是涉及无形资产和集团劳务等情况。这些类型的企业如果申请 APA，一定要充分披露行业信息、交易模式、交易各方的整体情况，对价值链、地域特殊因素、各方对无形资产的贡献等问题进行详细分析，帮助税务机关及时了解企业的交易模式，掌握全面、详尽的信息，从而加快 APA 的谈签进度。

根据《中国预约定价安排年度报告（2018）》，已签署 APA 中最常用的转让定价方法是交易净利润法，利润分割法则较少被使用。结合近年来北京的 APA 实践，孔丹阳表示，目前不少 APA 案例的交易双方都涉及无形资产。在涉及无形资产和集团劳务的案例中，税务机关越来越重视价值链的分析，倾向对交易双方进行详细的测试，也会更多地采用利润分割法等更为合理的方法对企业进行评估。因此，企业应提供更为翔实的资料，协助税务机关对交易双方进行详尽的功能和风险分析、无形资产定价，运用剩余利润分割法等合理的方法，确定交易双方的利润率水平，促进 APA 工作顺利开展。

非境内注册企业缘何想"转身份"

崔荣春

阅读提示

非境内注册企业申请认定为居民企业，将有资格获得境内的多种税收优惠，方便享受税收协定待遇，税务管理也将更加合规。专家提醒，"转身份"后，非境内注册企业将负有全面纳税义务与扣缴义务，其海外税务架构也可能失去价值。

2019年8月19日，国家税务总局发布2019年第一批非境内注册居民企业认定信息，自2014年首次发布该认定信息以来，共计10批116家非境内注册企业被认定为居民企业。

国家税务总局湖南省税务局国际税收管理处处长盘海源表示，国家税务总局发布非境内注册居民企业认定信息，意义是多方面的。从国家层面看，有助于维护中国税收权益，避免税收流失；从企业层面看，有助于解决中国"走出去"企业面临的股息重复征税问题，增加其税收确定性，使企业能以最合适的身份参与国际市场的竞争；从税务机关层面看，非境内注册居民企业认定涉及复杂的税收政策，认定尺度较难把握，定期发布该信息，有助于引导各级税务机关做好该项工作，为具体开展相关工作提供参考。

企业申请认定积极性高

根据规定，境外注册中资控股企业（以下简称境外中资企业）依据实际管理机构标准实施居民企业认定，可分为两类情况：一类是主动申请认定，即企业为解决股息重复征税而主动提出申请；另一类是"被动认定"，即为避免税收流失，税务机关对未提出申请的境外中资企业主动实施认定。据记者了解，截至目前，116家被认定企业中，全部是企业主动提出申请的。

有关专家介绍，境外中资企业，一般指由中国境内企业或企业集团作为主要控股投资者，在境外依据外国（地区）（含中国香港、中国澳门、中国台湾）法律注册成立的企业。境外中资企业符合一定条件的，根据《企业所得税法》及其实施条例的规定，应判定其为实际管理机构在中国境内的居民企业，可称为"非境内注册居民企业"。

由于非境内注册居民企业的"境外"特性，其法律形式是依照境外法律设立的经济实体，故在境内投资方面，为维护外商投资管理的一致性，仍将其列入"外资"范畴，享有或遵照现行有效的外商投资的待遇和要求。"也就是说，对于非境内注册居民企业在中国境内投资设立的企业，其外商投资企业的税收法律地位不变。"深圳市思迈特财税咨询有限公司高级合伙人张学斌表示。

张学斌介绍，随着申请企业数量的逐年增多，我国相关法规也逐渐完善。2009年，国家税务总局发布《关于境外注册中资控股企业依据实际管理机构标准认定为居民企业有关问题的通知》（国税发〔2009〕82号），对境外中资企业的税收居民身份、税收待遇和双重居民身份协调的实体性问题作出规定。2011年，国家税务总局发布《关于印发〈境外注册中资控股居民企业所得税管理办法（试行）〉的公告》（国家税务总局公告2011年第45号），就如何判断境外中资企业是否属于中国居民企业的程序性问题，作出了详细规定。2014年，国家税务总局发布《关于依据实际管理机构标准实施居民企业认定有关问题的公告》（国家税务总局公告2014年第9号），将认定权限下放到省级税务机关。此后，认定工作明显加速。

国家税务总局官网公布的信息显示，截至2019年8月，共有10批116家非境内注册企业被认定为居民企业，其中2014年3批28家、2015年1批5家、2016年2批25家、2017年2批21家、2018年1批20家、2019年1批17家。

申请居民认定好处多多

"对企业来讲，申请居民认定，意味着一个机会——既可以节税，又可以降低税务风险。"北京立信永安咨询有限公司合伙人赵卫刚说。

赵卫刚分析，在节税方面，《企业所得税法》规定对居民企业之间股息不征税，境外子公司被认定为中国居民企业后，境内母公司收到该子公司的股息则不需要纳税。在税务风险方面，境外中资企业实际管理机构在中国境内，本来有义务在中国境内纳税，但由于税收居民身份不明确，往往并没有完成中国纳税义务。认定为中国税收居民身份之后，会纳入境内主管税务机关的管理范围，税务合规方面将会更加规范。

赵卫刚说，随着BEPS行动的不断深入，境外绝大部分低税地区在OECD等国际组织的压力下，开始出台经济实质法案，对其境内注册的企业提出了经济实质方面的要求。根据这些法规，不符合经济实质要求的企业要么接受处罚，要么将其确认为其他国家或地区的税收居民，以避免处罚。对于在这些地区注册企业的中国企业来讲，将当地企业根据实际管理机构所在地认定为中国居民企业，也是免除处罚的出路之一。

在深圳市思迈特财税咨询有限公司高级合伙人谢维潮看来，境外中资企业一旦被认定为中国居民企业，原则上即可成为内地诸多税收优惠政策的适格主体。以红筹股上市架构为例，境外中资企业若被认定为非境内注册居民企业，在权益性投资方面就可避免对一笔所得进行的重复征税，降低了企业集团的整体纳税成本，利润汇回国内时也不存在任何形式上或实质上的限制。

谢维潮同时提醒企业，有效认定成功并获得税收利益有两个重要前提，其一，非境内注册居民企业除在中国的权益性投资收益外，不存在其他收入；其二，所在国（地区）对该非境内注册居民企业的身份和税收义务无明确立场。"如果境外中资企业的实际情况与以上两个前提条件不一致，则该企业被认定为非境内注册居民企业后，不但不能如愿获得税收利益，反而会增加其税收负担。"谢维潮说。

此外，大多数境外中资企业因为在注册地没有实际管理机构，不能作为当地的税收居民享受注册地所在国（地区）的协定待遇。被认定为中国税收居民企业之后，境外中资企业在满足一定条件下，就可以享受中国与注册地国家（地区）以及第三国的税收协定待遇。而中国的税收协定覆盖上百个国家（地区），为企业避免国际双重征税提供了广阔的空间。"这是一个很实惠的优惠待遇。"赵卫刚表示。

选择变更身份需多方考量

对境外中资企业来说，认定抑或不认定为中国居民企业，涉及复杂的税收政策问题，需要进行有效的税务规划及详细的测算评估。深圳市思迈特财税咨询有限公司高级合伙人张学斌建议，境外中资企业在考虑变更其税收居民身份前，要对纳税义务变化和受控外国企业等规定予以重点考量。

从中国税法的角度看，对于在境外注册的由非居民参股的中资控股企业，在未被认定为非境内注册居民企业前，向其参股非居民分配股息的行为，不受中国税法的管辖。被认定为非境内注册居民企业后，将负有全面纳税义务与扣缴义务：一方面应就其来源于中国境内、境外的所得缴纳企业所得税；另一方面其向非中国居民股东分配股息的行为，将被认定为居民企业向非居民企业分配股息的行为，应在每次支付或到期应支付时，从支付或到期应支付的款项中扣缴。

国家税务总局天津市税务局的王坤长期从事国际税收工作。她表示，目前，中国企业在海外设立的相当一部分中间控股公司，实际由国内的机构实施管理，在当地并没有管理机构和人员，具备《企业所得税法》规定的居民企业的特征。一旦被中国税务机关发现境外中资企业符合国税发〔2009〕82 号文件规定，但未申请成为中国居民企业的，可以对该境外中资企业的实际管理机构所在地情况进行调查，判定为中国居民企业，该中间控股公司需就其全球的收入向中国税务机关申报纳税，其享受当地免税政策及延迟纳税的功能将完全失效，以其为核心的海外税务架构就将失去价值。

张学斌分析，根据国家税务总局 2011 年第 45 号公告和《特别纳税调整实施办法（试行）》（国税发〔2009〕2 号）的有关规定，非境内注册居民企业与受控外国企业的范围有一定的重合，可能导致一家特定条件下的境外公司，既满足受控外国企业的条件，也满足非境内注册居民企业认定的条件。如果企业主动申请认定而未成功，将很有可能被税务机关列入受控外国企业管理的对象范围。

深圳市思迈特财税咨询有限公司高级合伙人谢维潮说，在认定为中国非境内注册居民企业后，境外注册的中资控股企业往往会面临双重居民身份的风险，即导致同样一笔所得在两个国家重复纳税的风险。对于该类风险，根据国税发〔2009〕82 号文件和国家税务总局 2011 年第 45 号公告的规定，企业的解决办法是申请适用税收协定（或安排）以及启动税务相互协商程序。

"备案"改"备查"：一字之差，变在哪里

——国家税务总局2019年第35号公告解读

李雨柔　崔荣春

阅读提示

2019年10月14日，国家税务总局发布《非居民纳税人享受协定待遇管理办法》（国家税务总局公告2019年第35号），规定自2020年1月1日起，非居民纳税人享受协定待遇，由原来的备案制改为备查制，非居民纳税人与扣缴义务人的责任分担也更加清晰，将极大地提高非居民纳税人享受协定待遇的便捷性。有关专家分析，备案变备查，是协定待遇享受方式的一次变革。在此背景下，纳税人更要关注相关规定的准确理解和适用。

《非居民纳税人享受协定待遇管理办法》（国家税务总局公告2019年第

35 号，以下简称 35 号公告）一经发出，就引起业内人士广泛关注。专家表示，面对享受协定待遇方式发生的重要变化，非居民纳税人要及时调整备查资料留存方式，明晰税款缴纳责任，同时关注政策细节，享受好税收协定待遇。

核心事项：享受协定待遇，备查资料咋留存

● 建议非居民纳税人重视与证明"受益所有人"身份的相关资料；适用财产收益条款时，重视留存不动产公司比例计算所需的资料；未构成常设机构的情形下，也要留存相关判定资料。同时，要关注相关资料的真实性、准确性和合法性，以保证在税务机关后续检查时能提供充分的证明。

记者发现，不少专家表示，非居民纳税人享受协定待遇，由备案制改为备查制，是最令人惊喜的变化之一。35 号公告规定，非居民纳税人享受协定待遇，采取"自行判断、申报享受、相关资料留存备查"的方式办理。

据德勤税务与法律部北方区主管合伙人朱桉介绍，我国税收协定执行程序的发展大致分为 4 个阶段：从 20 世纪 90 年代初的全面审批制，到 2009 年的部分审批制，再到 2015 年的全面备案制，然后到即将实施的全面备查制。"非居民纳税人享受税收协定待遇的一系列发展变化，体现了税务机关在深化'放管服'改革中，立足于服务，始终为纳税人提供便利的工作思路。"朱桉说。

毕马威中国税务服务主管合伙人卢奕表示，备案制改备查制后，非居民纳税人自行申报或扣缴义务人扣缴申报时，仅需报送《非居民纳税人享受协定待遇信息报告表》（以下简称《信息报告表》），所有实体性涉税资料都由非居民纳税人自行保存，以备税务机关后续检查使用，将大大减少非居民纳税人和扣缴义务人的资料报送负担。

记者看到，《信息报告表》仅包括非居民纳税人的名称、在中国的纳税人识别号、享受协定名称和适用协定条款名称等一般性信息，并未包含享受税收协定待遇条件的具体内容。朱桉提醒非居民纳税人，在填报《信息报告表》时，需关注表格第 16 项——适用股息、利息、特许权使用费条款的非居民纳税人，根据表格提供的备选政策，勾选出其认定为"受益所有人"的政策依据。

具体而言，政策依据包括《国家税务总局关于税收协定中"受益所有人"

有关问题的公告》(国家税务总局公告2018年第9号)的第二条、第三条第(一)项、第三条第(二)项和第四条。如果是其他情形,非居民纳税人还需进行文字说明。《信息报告表》还明确提出,非居民纳税人对填报信息的真实性、准确性、合法性承担法律责任。为此,朱桉建议非居民纳税人,结合自身实际情况,准确判断其适用的政策依据,以保证填报信息的准确性和合法性。

国家税务总局青岛市税务局国际税收管理处处长刘建华告诉记者,35号公告在留存备查资料中,新增加了证明非居民纳税人"受益所有人"身份的相关资料。他提醒非居民纳税人,注重归集和留存此类资料,既方便税务机关管理,又为非居民纳税人适用股息、利息和特许权使用费等税收协定待遇的准确性提供依据。

卢奕同时建议,非居民纳税人从税收协定待遇的确定性角度出发,在留存备查资料时,除了重点关注适用股息、利息、特许权使用费条款协定待遇、判定"受益所有人"的具体资料外,适用财产收益条款时,对不动产公司比例计算所需的资料,以及部分未构成常设机构情形的判定资料等也要格外重视。尤其是针对一些较为复杂的交易,留存备查的资料要尽量丰富、全面,并关注相关资料的真实性、准确性和合法性,以保证在税务机关后续检查时能提供充分的证明。

热点问题:面对处罚,谁应该承担法律责任

● 当出现非居民纳税人错误享受协定待遇的情况时,如果是非居民纳税人的责任,主管税务机关将依法向非居民纳税人追缴税款,并追究其延迟纳税责任;如果是因为扣缴义务人未按照规定办理扣缴申报,或是未按照规定提供相关资料的,主管税务机关可追究扣缴义务人责任。

非居民纳税人与扣缴义务人的法律责任分担问题,一直是非居民纳税人享受协定待遇时关注的焦点。35号公告出台后,这一问题仍然受到业内人士的重点关注,不少专家在其微信公众号上发表文章,分析此问题。其中,最受关注的热点问题之一,就是谁来承担能否享受协定待遇的判定责任。

对此,中汇税务集团全国技术总监、合伙人赵国庆认为,根据35号公告,

判定责任应由非居民纳税人自行承担。

35号公告第五条规定，非居民纳税人自行申报的，自行判断符合享受协定待遇条件且需要享受协定待遇，应在申报时报送《信息报告表》；第六条则规定，在源泉扣缴和指定扣缴情况下，非居民纳税人自行判断符合享受协定待遇条件且需要享受协定待遇，如实填写《信息报告表》，并主动提交给扣缴义务人。需要关注的是，如果非居民纳税人没有主动向扣缴义务人提交《信息报告表》，或者其提供的内容不完整，扣缴义务人可依据国内税收法律规定进行扣缴。

基于此，北京立信永安咨询有限公司合伙人赵卫刚建议，非居民纳税人应充分了解享受税收协定待遇的要求和条件，结合实际交易情况，客观判断自身是否符合享受税收协定待遇的条件，同时要针对相关风险采取应对措施。

35号公告还规定，非居民纳税人、扣缴义务人应配合主管税务机关进行非居民纳税人享受税收协定待遇的后续管理与调查。非居民纳税人、扣缴义务人均未按照税务机关要求提供相关资料，或逃避、拒绝、阻挠税务机关进行后续调查，主管税务机关无法查实其是否符合享受协定待遇条件的，应视为不符合条件。

德勤税务与法律部北方区主管合伙人朱桉表示，虽然主管税务机关在后续管理时，可要求非居民纳税人限期提供留存备查资料。不过，由于税务机关不可能直接向境外非居民送达举证执法文书，因此很可能通过境内扣缴义务人联系非居民纳税人。朱桉认为，在35号公告框架下，扣缴义务人联系税务机关和非居民纳税人的纽带作用突出。因此，他建议扣缴义务人，在及时、准确向非居民纳税人转达税务机关的要求外，也要注意与税务机关保持良好沟通，如有必要可咨询专业人士意见。

除了判定责任有明确区分，如果出现非居民纳税人错误适用税收协定待遇的情况，非居民纳税人和扣缴义务人需承担的法律责任也有所不同。

赵国庆分析，如果扣缴义务人已经按照规定履行扣缴申报义务，但是非居民纳税人因政策适用不准确而错误享受税收协定待遇，并且未缴纳或者少缴纳税款的，将被视作未按照规定申报缴纳税款，主管税务机关依法追缴税款并追究非居民纳税人延迟纳税责任。如果扣缴义务人未能准确履行扣缴义务，未按照规定办理扣缴申报或是提供相关备查资料，发生非居民纳税人错误享受税收协定待遇，未缴纳或是少缴纳税款情况的，主管税务机关可追究扣缴义务人责任，并责令非居民纳税人限期缴纳税款。

赵卫刚表示，尽管 35 号公告区分了在出现非居民纳税人错误适用协定待遇时，双方需承担的法律责任。实务中，如果合同约定税款由付款方承担，可能出现非居民纳税人在后续调查中，懈怠应对，轻率补缴税款后，向扣缴义务人要求补偿的情况。对此，赵卫刚建议非居民纳税人与扣缴义务人在签订合同时，应就税款的承担、资料的提供义务和后续的配合义务等事项作出明确约定，以免引发争议。

专家提醒：还有哪些税收政策细节需要重视

● 一些政策细节需要引起纳税人重视：一是关注享受协定待遇的主要目的合理性；二是可能出现审查时间较长的情况，非居民纳税人需做好准备；三是发生退税情况时，非居民纳税人要与扣缴义务人充分沟通，取得必要资料；四是参照相关法律法规，保存好留存备查的相关资料。

据青岛市税务局国际税收管理处处长刘建华介绍，35 号公告增加了主要目的测试条款。也就是说，主管税务机关在后续管理中，若发现需要适用税收协定主要目的测试条款，或者是适用国内税法规定的一般反避税规则的情况，都适用一般反避税相关规定。

刘建华说，明确引用税收协定主要目的测试条款，反映出我国在加入《实施税收协定相关措施以防止税基侵蚀和利润转移（BEPS）的多边公约》后出现的相关变化。"非居民纳税人在享受税收协定待遇时，应注意评价主要目的的合理性，避免因不具有合理商业目的和实质性安排而受到税务机关的特别纳税调整。"刘建华说。

对于适用税收协定待遇有关的退税规定，35 号公告基本延续了《非居民纳税人享受税收协定待遇管理办法》（国家税务总局公告 2015 年第 60 号公告）的规定。毕马威中国税务服务主管合伙人卢奕告诉记者，非居民纳税人在实务中曾遇到的与退税相关的问题，很值得关注。比如，在实际审查过程中，由于各种主观或客观因素的存在，审查时间可能会超过法定的 30 日，非居民纳税人应当做好相应的准备。

此外，如果税务机关要求非居民纳税人提供与扣缴义务人相关的资料，若扣缴义务人与非居民纳税人之间并无关联关系，非居民纳税人无法提供的情况下，可能导致退税流程的停滞，建议非居民纳税人与扣缴义务人提前做好沟通，扣缴义务人也应当为退税事宜做好充分准备。

卢奕同时提醒非居民纳税人，在留存备查资料的保存时间方面，35 号公告规定按《税收征收管理法》及其实施细则规定的期限保存。根据《税收征收管理法实施细则》的规定，账簿、记账凭证、报表、完税凭证、发票、出口凭证以及其他有关涉税资料应当保存 10 年，建议非居民纳税人参照这一规定，保存好留存备查的相关资料。

转让定价：找不到有效可比信息怎么办

康晓博

2019 年 11 月底，在一场全部由跨国企业出席的税收研讨会上，"可比信息难寻找"成为焦点议题，不少企业纷纷感叹：随着商业社会不断创新以及新技术、新产业、新模式的蓬勃发展，可比信息越来越难以找寻。

世界上不存在两片完全相同的叶子，在纷繁复杂的商业世界中，也不存在两笔完全相同的交易。这个显而易见的事实，给转让定价工作带来了不小的挑战和难题。传统评价关联交易是否符合独立交易原则的方法通常是进行可比性分析。但随着新兴业务的不断涌出，可比信息越发难找。面对这一问题，企业究竟应当如何应对？

专家分析：可比信息难找由来已久

转让定价指关联企业之间发生销售货物、提供劳务、转让无形资产等交易活动时所确定的价格。对于企业尤其是跨国企业来说，这个价格不能随意制定，根据国际税收规则，必须遵循独立交易原则，而且相关交易必须要有合理的商业目的。

那么，怎样评价一项关联交易是否符合独立交易原则呢？实务中最普遍，也最重要的方法，是进行可比性分析——将关联企业间的交易与独立企业间的交易进行比较、分析、评估，判断其价格或利润是否处于合理水平。当然，这需要一个基本前提：关联交易与独立企业间的交易具有可比性。

"其实，完全可比的信息一直都不好找，这是一个由来已久的难题。"毕马威中国税务合伙人陈蔚举了一个价格可比性分析的例子。

案例 5-14

> A公司和B公司都是生产服装的企业，A公司的产品先销售给母公司，再销往第三方客户；B公司的服装直接销给第三方客户。B公司的第三方销售价格，能不能直接用来评估A公司卖给母公司的关联价格是否合理？这需要考虑很多方面的因素：比如产品本身的物理属性、质量和数量等是否类似，交易各方执行的功能和承担的风险是否类似，产品销售所依据的合同商业条款是否类似，企业所处的经济环境是否相近……

这些因素"千头万绪"，只要某一项或某几项的差别较大，就有可能最终导致二者不可比。

进行可比性分析时，所采用的数据类型比较单一，公开、透明的数据较少，也造成了可比信息难找的问题。

德勤中国转让定价服务合伙人阙小卿告诉记者，在可比性分析实操过程中，可比交易或可比公司通常是从公开的数据库中进行筛选。目前应用较为广泛的数据库是 BvD 数据库，其中包含全球上市公司的数据。正因为这些数据是上市公司的，所以在很多情况下形成了"不可比"的局面。

案例 5-15

> C公司是一家手机制造工厂，其在整个集团中仅承担制造功能，没有研发、销售、品牌等功能。从数据库中找到的D公司却是一家手机上市公司，具备制造、研发、销售、品牌等多种功能。在此情况下，C公司与D公司就不完全具备可比性。

阙小卿告诉记者，从OECD《转让定价指南》及各国制定的具体法规看，各国在进行可比性分析时考量的因素以及采用的转让定价方法，大体上一致。在进行可比性分析时，首先考虑交易各方承担的功能和风险，并在此基础上选择合适的转让定价方法，应用较为广泛的转让定价方法是交易净利润法——按照独立企业间交易各方进行相同或者类似业务往来取得的净利润水平确定利润的一种方法。

"可比性分析的核心是分析经济实质，首先考虑功能和风险，就是为了更好把握经济实质。"阙小卿说，实操中，采用交易净利润法进行转让定价分析时，一般先分析功能风险，通过设定一系列定量指标（如研发投入占比、营销费用占比等），在数据库中筛选出一批功能风险相似的企业，然后考虑产品特性、合同条款、宏观经济环境、经营策略等因素，通过定性分析筛选出最接近的可比对象。

阙小卿表示，在进行可比性分析时，通常要优先采用公开信息，如上市公司公开披露的信息、发布的财报、行业协会等专业机构或其他第三方机构发布的信息等，这样才能保证各相关方的信息对等和公开透明，保障结果的客观公正。非上市公司由于数据不公开、不透明，因而难以为各相关方一致认可。

实务中，非公开信息虽然可以使用，但一般只用于验证，并且非常慎重。大量非上市公司信息不能直接采纳，可比信息难找的问题也就越发突出。同时，某些类型的上市公司的数量本就有限，或者公开披露的信息不多，对于这些类型的企业来说，按照这一方法可能一个可比对象都找不出，也有可能找出的可比对象，不属于同一个行业或不在同一个区域。"实践中，这种情况并不罕见。"阙小卿说。

记者调查：创新型企业普遍更关切

寻找可比信息本就不易，而近年来，随着交易模式的创新和新科技、新产业的迅猛发展，可比信息难找的问题越发"雪上加霜"。越来越多创新型企业发出感叹："可比信息越来越难寻找！"

案例 5-16

> E 公司是一家医药企业，其投入上亿元资金、历经多年时间，研发出一款治疗某种罕见病的开创性新药，这款新药需要交给其关联方、专门负责药品制造的 F 公司进行生产，但在转让过程中，遇到难题——由于这款新药及相关技术在全球范围内独一无二，因而，E 公司难以在市场上找到可以直接比较的对象来作参考。价格定为多少才合理、才不会引起税务机关的怀疑？对此，E 公司的财务团队一筹莫展。

实践中，像 E 公司这样，由于技术创新、无形资产独特等原因而找不到可比信息的情况，正变得越来越普遍。深圳市优必选科技股份有限公司（以下简称优必选）首席财务官张钜对此感触颇深。他告诉记者，优必选是一家人工智能和人形机器人领域的高科技独角兽企业，这是一个新的产业领域，优必选又在其中处于领军地位，许多人形机器人产品及背后的 AI 技术都是绝无仅有的，因而在市场上寻找可比信息非常困难。"我们企业可以说是处于'无人区'，既然是'无人区'，周围怎么可能还会存在差不多相似的呢？"张钜笑着说。

从事转让定价服务工作已经 13 年的阙小卿也告诉记者，根据他这些年的经验来看，传统制造业领域由于变化不大，寻找可比信息的难度并没有明显增加；但是在新技术、新业态、新模式等方面，特别是涉及相关企业无形资产的时候,难以找到可比信息的情况十分普遍。"新业态、新模式、新技术,由于具有独创性,消解了传统交易中的可比性,带来了新的挑战。"阚小卿说。

在一场全部由跨国企业出席的税收研讨会上,当一家跨国公司的财务总监抛出"可比信息越来越难找"的话题后,很快引发与会企业代表的共鸣。一家高新企业的税务总监说,目前他们公司在全球范围内处于行业垄断地位,排名第二的企业体量与其"压根不在一个数量级上",技术手段的科技含量与盈利模式也大不相同。在这种情况下,如果通过参考可比信息确定转让定价,的确难度很大。"我们期待一种新的方法。"这位税务总监说。

税企共识:"打好地基"非常关键

业界专家建议,在现有的转让定价方法与法规没有作出更改的情况下,可比信息越难找,企业越要重视基础性工作,特别是税务机关关注的基础性工作。只有"打好地基",才能有效应对风险。具体来说,可以从做好功能定位分析、做好资料归集准备、用好预约定价安排等方面下功夫。

优必选公司首席财务官张钜告诉记者,结合优必选的经验看,随着企业规模的扩大,要追求更高的效率和更快的发展速度,企业内部的分工将越来越精细并进行相互协作,关联交易将不可避免。在此情况下,企业要在思想上高度重视转让定价问题,要对旗下各个公司的功能做好明确的定位分析,在此基础上,才能根据各公司所扮演的角色、市场规模和层级、地域性营收情况、市场占有率和竞争等,更有目的、更有效率地去寻找可比信息。

有关专家建议,企业还应该结合国内税法及境外相关国家的税法,制定出一致且稳健的转让定价策略。基于此,企业应在日常经营管理中切实依据该策略,确定各类关联交易的价格。"当然,市场和技术在快速发展,企业也需根据最新变化及最新信息,定期进行复核和调整,确保每个时间段都是合规的。"张钜说。

阚小卿表示,虽然可比信息难找,但企业也应尽力寻找并基于现在所能掌握的可比信息,制定合理的转让定价,并注意将相关的分析过程和定价过程形成相应文档,留存备查。

"文档资料可以证明，企业当时的转让定价不是'拍脑袋'制定的，而是基于当时所能掌握的可比信息，经过了认真分析研究。"阙小卿说，有文档资料作说明，各国税务机关会普遍认可企业当时所做的努力，从而降低潜在风险。不过，需要特别注意的是，文档资料一定要真实，要与实际行动相一致，不能"说一套、做一套"。

案例 5-17

> G公司在资料中提到，其关联公司H公司是制造工厂，仅具备制造功能。但H公司在实际经营中，不仅申请了高新技术企业，而且每年发生大量的研发费用加计扣除，这番实际行动表明，其并非单一制造功能，而是同时具备研发功能，这就与文档资料不符，引起税务机关的质疑。

北京市税务部门及深圳市税务部门相关负责人建议，达到同期资料报送标准的企业，应认真准备国别报告及同期资料，按要求准备主体文档、本地文档和特殊事项文档，保证资料的准确性和完整性，以便税务机关准确掌握企业的信息及价值链情况，对企业作出准确的判断和调整。尤其需要提醒的是，关联申报、主体文档、本地文档和特殊事项文档中的一些内容，彼此之间是互相衔接和有勾稽关系的，企业应高度注意，不要因此产生不必要的税务风险。

此外，企业还可以积极考虑通过预约定价安排等前瞻性措施，提高企业使用可比性分析结果制定价格政策的确定性，降低转让定价风险。毕马威中国税务合伙人陈蔚表示，目前，判断关联交易定价或利润水平的公允性时，可比性分析仍是被普遍采用的重要手段。但由于可比信息难找等问题，不可避免会存在税企争议。如果在事后的转让定价调查中，再进行可比性分析讨论，企业会承担更大压力。与其如此，企业不如从提高税法遵从度角度出发，就其相关重大关联交易，向税务机关提出预约定价安排的申请，事先与税务部门就可比性分析的方法和结果达成一致意见，并运用在未来年度的关联交易定价中，以降低转让定价风险，保障企业经营的稳定性。

【延伸阅读】

尝试新思路，就有新可能

康晓博

"与其说转让定价是一门科学，不如说是一门艺术"，这是业界流传甚广的一句话。那么，面对有效可比信息越来越难找的现实，有没有可能找到一种新的方法，可以不用找有效可比信息，就能确定税企都认可的交易价格？从记者采访的情况看，答案是肯定的。

当社会生产力发展较为匀速、商业模式及科技创新比较平稳的时期，交易与交易之间的差异还没有那么大，难以找到可比信息的情况还没有那么严重和普遍，可比性分析尽管在实际运用中不无困难，但整体上尚能适应时代发展；而现在，新一轮产业革命和科技变革浪潮滚滚，新技术、新产品、新模式层出不穷，由此带来的难找甚至找不到可比信息的情况，也层出不穷。倘若不能很好地解决可比信息难找的问题，其潜在的转让定价风险势必影响新经济和新技术的发展速度。

"在传统方法下，如果确实可比性较低，可以考虑运用其他更合理的可比性分析方法，例如利润分割法。"毕马威中国税务合伙人陈蔚告诉记者，实务中，利润分割法的应用场景在不断增加。

利润分割法是根据企业与其关联方对关联交易合并利润（实际或者预计）的贡献，计算各自应当分配的利润额的方法。陈蔚说，承担什么功能和风险，就应得到相匹配的回报。通俗点来说，假如某个跨国集团某一事业部的整体利润是一张饼，利润分割法就是通过分析涉及关联交易的价值链中，某个公司及各个关联方所承担的不同功能和风险、所作出的不同贡献，将这张饼进行相应划分，从而确定该公司应该有的合理利润水平。利润分割法由于聚焦的是跨国集团自身的价值链，分析的主要是功能风险和价值贡献度，因而无须过度依赖外部的可比分析数据，比较适合具有重大价值的无形资产的关联交易，可以用于缺乏可比信息情况下的交易验证。

在专业人士看来，利润分割法契合了"利润应在经济活动发生地和价值创造地征税"原则，在数字经济蓬勃发展背景下，正受到各国税务机关欢迎。不过，该方法在实际运用中也存在不小的困难。比如，其对跨国集团的遵从度要求较高，需要其提供整个集团的利润数据，倘若企业不愿意提供，或者提供虚假数据，难以确保准确可靠；再比如，跨国集团的利润数据可能来自不同国家，基于不同的会计准则和不同的货币，可能会造成数据的差异和不准确……也就是说，要在实践中进一步推广利润分割法，就必须先解决这些困难。

在德勤中国转让定价服务合伙人阚小卿看来，新技术、新产业在给可比信息寻找带来新挑战的同时，也带来了新机遇。他说，5G、大数据、云计算、区块链等新技术正突飞猛进，这将有助于信息的归集、传输和获取，使得信息更加透明，可用来对比的信息更加丰富。在此情况下，企业和税务机关都有必要加强对新技术的分析和研究，并在此基础上不断探索运用新技术，更好地解决可比信息难找的问题。

对于企业来说，应当研究新技术可能带来的公开透明信息，及时获取公开的可比信息，根据这些信息重新检视自己的转让定价策略，并在必要的情况下及时作出调整；对于税务机关来说，也应积极研究新技术可能带来的海量信息，探索确定合理定价的新方法。

阚小卿还建议，税务机关可以尝试探索运用新技术，针对某些有代表性的行业、转让定价风险较高的交易、产品或服务，在收集统计全行业企业价格或利润水平的海量数据基础上，进行合理计算处理，分析出这些行业、交易、产品或服务的平均价格或利润水平，然后设定好风险区间，向社会公开发布，供纳税人比较参考。"新技术的发展提供了这种收集和处理海量数据的可能性，倘若这种做法能够在现实中落地，将有助于破解可比信息难找的问题，给纳税人提供更高的确定性。"阚小卿说。

从历史经验看，无论新方法、新规则的落地实行，还是新技术手段的普及应用，从来都不是一帆风顺的。面对确定转让定价方法创新的可能性，无论税务机关还是企业，都应当积极主动、顺势而为，尽快将"可能"变成现实。

第六章 大型企业

2001年，曾经的世界能源巨头美国安然公司，因财务造假事件宣告破产，至今仍然让人唏嘘不已。2019年，中国A股市场曾经的"白马股"康美药业和康得新，由于财务造假震惊市场，公司发展一落千丈……

尽管不少大企业已有加强税务管理的动力，但从其自身发展看，不断创新的技术和商业模式，需要在税务管理上与时俱进；从监管部门的要求看，财政、税务、国资委等部委的监管要求越来越严，越来越细；从技术创新看，移动互联网、云计算、区块链、大数据技术的蓬勃发展，让税务机关识别税务风险的手段日益先进，企业的税务风险越来越无处遁形。

在本章，资深专家从多年工作经验出发，深入解读龙头企业发生税务风险的原因；环保税领域的顶尖专家和中石化等大企业，从实操层面分析如何对环保税这一新税种加强管理；有关专家结合税务机关的探索，深入分析企业如何用好事先裁定解决税收不确定性问题；美的集团等大企业，结合自身实践经验，分享如何用税务信息化手段防控税务风险；德勤税务专家详解怎样评判大企业税务管理的成熟度，并指出改进税务管理的方向……

部分行业龙头企业存在明显税务风险

张 剀

----■ 阅读提示 ■----

　　2018 年 10 月 29 日，财政部发布《2018 年会计信息质量检查公告》，《公告》显示，钢铁、煤炭和互联网三个行业的部分龙头企业，存在明显税务风险，小米通讯技术有限公司、苏宁易购集团股份有限公司等知名企业被点名。本文采访了税务机关和涉税专业服务机构的专家，对行龙头企业如何防范税务风险提出了针对性建议，相关企业可借鉴参考。

　　2018 年 10 月 29 日，财政部发布《2018 年会计信息质量检查公告》（以下简称《公告》）指出，围绕推动供给侧结构性改革和培育经济发展新动能这条主线，财政部随机选取钢铁行业、煤炭行业、互联网行业的部分龙头企业开展了检查。

　　检查发现，钢铁行业和煤炭行业作为传统行业，部分企业管理比较粗放，在会计核算、公司治理和信息披露、内控管理等方面存在一些问题，如收入、成本、费用跨期核算，信息披露与实际情况存在差异等。同时，互联网行业呈现轻资产运营、股权与债权投资相互交织、管理架构与法人实体分离、业务运营无疆域限制等突出特点，部分企业跨境转移利润、逃避缴纳税收等问题比较突出。

根据《公告》披露的信息，被检查的部分煤炭、钢铁、互联网行业龙头企业，存在不同程度的税务风险。

案例 6-1

山西西山煤电股份有限公司存在少确认递延所得税资产，多计所得税费用，少计固定资产报废损失，少计提贷款利息等问题。

案例 6-2

马鞍山钢铁股份有限公司存在与资产相关的政府补助核算不准确多确认营业外收入 5500 万元，收入确认滞后少确认营业收入 5003.49 万元，结转固定资产不及时少计累计折旧 5814 万元，少计提坏账准备 1408.82 万元，非税收入未及时缴纳，个别关联方交易未披露或披露不详细等问题。

案例 6-3

小米通讯技术有限公司存在部分费用摊销核算错误、对外赠送商品未作为视同销售行为申报缴税、报销发票管理不规范、费用管理制度不完善等问题。

案例 6-4

苏宁易购集团股份有限公司存在资产转让未同时结转递延收益 531.89 万元、重复申报研发费用加计扣除 342.28 万元等问题。

案例 6-5

> 乐视网信息技术（北京）股份有限公司及子公司存在未按合同约定的借款用途使用借款、多开增值税发票未及时冲回等问题。

对此，国家税务总局辽宁省税务局大企业税收服务和管理局副局长王镇表示，《公告》反映出部分企业，特别是行业龙头企业存在会计信息质量不高、税收核算不准确等比较突出的问题。他建议企业，在"放管服"改革的大背景下，尤其要做好税务风险的事前预防和事后管控。"就税务风险管理而言，做到'为之于未有，治之于未乱'尤为重要。未来，税企双方应该在这方面强化合作，不断提升企业预防和化解税务风险的能力。"王镇说。

"《公告》中披露的问题，应该引起大企业的高度重视。"中国大企业税收研究所高级研究员蔡嘉认为，从《公告》披露的企业涉税问题看，即便是行业龙头企业，仍然存在一些明显的税务管理短板——基础性的税务合规不到位就是其中之一。蔡嘉说，大企业的税务风险一般多来源于重大的、特殊的事项，但从小米通讯技术有限公司等企业的检查结果来看，存在对外赠送商品未作为视同销售行为申报缴税、报销发票管理不规范等问题，说明其日常的税务合规管理还不到位。"'千里之堤溃于蚁穴'，基础性税务合规管理，应该引起企业的高度重视。"蔡嘉说。

在蔡嘉看来，少计收入、多列费用等激进的错误做法，居然也存在于一些龙头企业的税务处理中，充分说明相关企业的税收法治观念淡薄。从财政部检查的情况看，企业直接少计收入、多计费用、通过无依据预提成本等方式少缴纳企业所得税等问题，具有一定的普遍性。还有部分企业通过恶意税收筹划，将利润转移到境外，给国家带来了很大损失。蔡嘉说，这些企业的做法，轻则会被要求补税并缴纳罚款，重则有可能触及刑事责任，风险极高。

有关专家告诉记者，《2018 年会计信息质量检查公告》是一面镜子，相关企业以及存在同样（类似）税务风险的企业，应该以此为鉴，在按照财政部要求全面整改的同时，开展一次税务风险大检查，全面排查潜在的税务风险，并在此基础上建立完善的税务风险内控机制，做到防患于未然。

合规管理环保税：企业急需补上的一课

阚歆旸

阅读提示

作为一个新税种，环保税在实操上存在诸多难点，不少企业曾发生相关风险。对此，涉税专业服务机构和大企业的专家，结合自身实践经验，给出了三条建议：一是注重环保税风险的防控，二是建立专门的团队并优化内部的沟通协调机制，三是关注环保税改革的最新动态。

首届中国环保税征管论坛现场。

2018 年 11 月 30 日，由中国大企业税收研究所主办、中翰税务承办的首届中国环保税征管论坛在中国科技会堂召开。在这场主题为"华丽转身：实践与未来"的论坛上，与会专家就企业如何提升环保税合规管理水平作了深入探讨。

观察：企业在环保税管理上存在风险

走进首届中国环保税征管论坛现场，这间阶梯会议室已座无虚席，就连过道里都挤满了人。来自全国各地 150 余家企业的环保部门负责人和财务部门负责人，正在仔细聆听演讲嘉宾的分享。综合记者采访的情况看，缴纳环保税的企业，由于各种不同的原因，存在不同程度的税务风险，但这似乎并没有引起企业足够的重视。

记者了解到，在论坛召开前夕，中国大企业税收研究所和中翰税务共同对 104 家大企业进行了问卷调查（下文如无特别说明，调查数据均源于此）。调查显示，只有 15.38% 的企业认为，自身环保税的申报是准确的，绝大部分企业均认为"不太准确"。而认为申报"不太准确"的原因中，有 48.08% 的企业表示不能准确判断应税污染物的种类并确定税目。

中翰税务环保税首席专家刘伟告诉记者，氮氧化物、二氧化硫和颗粒物（烟尘）等 3 项污染物是燃烧烟气中的主要应税大气污染物，这 3 项污染物的排放量是我国主要控制的总量指标，也是企业安装的在线监测设备监测以及报告反映的主要内容。根据环保税法规定，纳税人应将每一个排放口中的应税污染物当量数进行排序，对排在前 3 位的进行缴税。而在实务中，不少企业主观地认为二氧化硫、氮氧化物以及颗粒物（烟尘）就是排在前 3 项的应税大气污染物，还是按照缴纳排污费的思路申报环保税。"这种操作很容易漏报排序中真正的几项，存在很大的税务风险。"刘伟说。

在确定应税主体方面，也有一些企业把握不准。

案例 6-6

某房地产企业有几个项目须缴纳环保税。该企业对环保税的纳税主体感到困惑，不知道应该是房地产公司，还是承建工程的建筑公司。

从理论上讲，环保税的纳税人，是直接向环境排放应税污染物的企业事业单位和其他生产经营者，也就是建筑公司。但是，在具体操作过程中，可能有些建筑公司会与房地产开发公司签署协议，约定环保税的实际缴纳人。这也就是说，环保税的法定纳税人是承建工程的建筑公司，但实际负税人却可能是房地产公司。从实操经验看，不论谁是负税人，作为法定纳税人，建筑公司都要最终为相关的税务风险负责。

享受减免税优惠不合规，是一些企业面临的又一税务风险。根据环保税法规定，环保税纳税人可以享受多项税收优惠。比如，农业生产（不包括规模化养殖）排放应税污染物等 5 种情形暂免环保税；比如，纳税人排放应税大气污染物或者水污染物的浓度值低于国家和地方规定的污染物排放标准 30% 的，减按 75% 征收环保税，浓度值低于国家和地方规定的污染物排放标准 50% 的，减按 50% 征收环保税。

不过，享受优惠必须满足相应的条件。刘伟告诉记者，根据规定，大气污染物每小时均值均达标才能享受减免税优惠。但是在实务中，部分企业考虑到数据处理工作量大，就选择性地将日均值达标作为享受减免税的条件，并自行申报。"这种做法存在很大的税务风险，如果被检查出来，不仅无法享受减免税优惠，还要补缴税款，并遭受声誉损害。"刘伟说。

据悉，环保税对企业的纳税凭证管理要求很高，但相当一部分纳税人在申报环保税时，仍依靠安环部门提供的数据直接填报，相当一部分企业只准备了监测报告，凭证意识不足。一般情况下，企业需提供在线数据、物料报告、合同、台账以及委托监测机构和委托处置危险废物企业的资质证明等材料，作为后续计算申报环保税的凭证。"监测报告并不是纳税凭证的全部。"刘伟说。

经验：优化内部管理提升整体效能

实践中，尽管一些企业存在不同程度的税务风险且没有采取有效的措施进行防范，不过也有一部分企业非常重视环保税风险的管理，采取了很多有针对性的措施，并形成了优化内部管理、提升整体效能的有益经验。正如国家税务总局运城市税务局局长郭开立所言："环保税就像刚出生的孩子，我们希望这个孩子出生伊始就能够健康；蹒跚学步时就能懂规矩、守纪律；长大以后能够反哺社会；我们更希望这个孩子一生平安。"

案例 6-7

中国石化集团公司建立了专业的环保团队，统筹开展环境保护工作，其总部专门成立了安环局和能环局两个职能部门，负责环境保护工作。中石化的第二大业务板块是炼油，而对于炼厂而言，国家的环保要求很严，相应地，炼油产生的各种污染物的排放需严格控制。对此，安环局和能环局两个部门统筹工作，持续加强内部环保要求，尽可能地从源头上控制环保税风险。

有了专业的环保团队，还需要各部门之间密切协作，才能形成管控环保税风险的合力。

案例 6-8

在环保税法实施之初，大连港集团面临技术部门不了解税收申报，财务部又不了解环保技术的问题。基于管控环保税风险的需要，大连港集团迅速调整，依据环保税法建立了多方协作的联合工作机制：集团财务部负责统筹协调和推动，及时跟踪工作进展，与税务机关保持沟通，落实申报节点；规划建设部负责组织各公司环保管理人员整合申报数据，解决重点、难点问题，以确保环保税申报工作的顺利推进。

记者在采访中发现，目前大部分企业安环部门的工作思路，建立在环境保护的法律法规体系上，而财务部门的工作思路，建立在会计准则和税收法律法规体系上，两个部门的工作思路需要统一。"一般情况下，应该由安环部门负责准确核算应税污染物，财务部门负责合规申报环保税，这样有助于高效规避环保税风险。"刘伟说。

利用信息化工具加强环保税管理，也是行之有效的手段。

案例 6-9

自环保税法颁布以后，中石化就开始持续推进税务信息化建设，做到业务流程化、行为制度化。2018 年 3～4 月，中石化开发了环保税申报软件。经过不懈努力，该软件已经在 1 个油田成功落地，而且运行效果不错，实现了整个企业原始数据的一键式申报。

与会专家还表示，在优化内部管理方面，企业需要学会借助专业服务机构的力量。

案例 6-10

环保税申报初期，企业最大的困扰是专业人员有限，核算数据准确性难度很大。如果数据偏低，可能有被认定为偷逃税的风险；如果数据偏高，对企业来讲税负过重。为了解决这个问题，大连港集团委托第三方专业机构对申报数据进行复核，同时开展集团内部环保人员的专项培训，确保申报数据准确的同时，尽可能地提高环保管理人员的专业性。借助专业服务的力量，大连港集团显著提升了环保税管理能力。

中国注册税务师协会副会长兼秘书长李林军表示，纳税人在过去缴纳排污费时，不涉及行政处罚。但企业现在缴纳环保税，就有了税收征管法和刑法的约束。也就是说，企业如果少缴环保税，很可能被认定为偷税或者逃税，进而可能构成犯罪，企业确实不能马虎。"专业的税务师事务所能够提供合规的服务，能在很大程度上帮助企业防范和化解税务风险。"李林军说。

建议：持续关注改革趋势和新动态

环保税在征管实践中出现一些问题在所难免，加之与之配套的税收法规还在不断完善过程中，与会专家建议企业要用动态的思维对待环保税，在税务机关的帮助下，根据最新的税收法规和征管要求，持续优化自身的管理，不断提高环保税的合规水平。

中央财经大学教授高萍表示，与国外就单一污染物征税（如二氧化硫税、氮氧化物税）不同，我国的环保税将大气污染物、水污染物、固体废物和噪声集合起来，属于综合型环保税。结合近 1 年来的征管实践，高萍建议在程序法和实体法方面作出进一步的完善。

在程序法方面，高萍建议采用环保税的现代征管方式。据悉，目前的环保税征管模式为：前端纳税人自行申报，税务机关负责税款征收和信息比对，环保部门负责事后复核。未来的环保税征管，应该寻求与我国综合型环境税制度相适应、相匹配，借力环境精细化、信息化管理的现代征管方式转变。"环保税征管模式的调整，对企业而言意义重大。"高萍说。

对此，刘伟也表示赞同。他表示，税务机关的最大优势，是掌握企业大量的基础财务数据。而企业购进的原材料，在稳定的生产工艺和排放治理设施下，相应地能产生多少污染物，是会形成一个勾稽关系的。在此前提下，利用税务机关掌握的基础财务数据，就可以比较准确地计算应税污染物对应的应纳税额。换句话说，未来税务机关会逐步利用自己的长处来加强征管，而非完全依赖环保部门提供的数据。"这一点需要企业高度重视。"刘伟说。

实体法方面，高萍建议未来可以考虑更新《应税污染物和当量值表》，并将挥发性有机物（VOCs）等更多污染物纳入征管范围。她介绍，目前实行的《应税污染物和当量值表》产生于20世纪90年代中期，是原国家环保局和世界银行主持的研究项目《中国排污收费制度改革设计与实施研究》的研究成果，2003年排污费改革时正式使用。20多年来，污染物排放情况和治理情况都发生了很多变化，有的污染物排放量大，社会关注度比较高，但并未纳入到环保税的应税范围中。其中，VOCs是否会纳入环保税的征税范围，就是需要企业关注的一个重点。

目前，一些挥发性有机化合物未纳入环保税征税范围。以北京为例，费改税后，VOCs不再征收环保税，纳税人也没有主动申报《应税污染物和当量值表》中涉及的14种挥发性有机物单质，导致税额急剧下降。在此背景下，北京某企业2018年第一季度至第三季度缴纳环保税121万元，与去年同期缴纳的1518万元排污费相比减少1397万元，税负下降92%。"从保护环境的基本定位出发，我建议增加VOCs等污染因子种类，扩大征税范围。"高萍说。

与会专家表示，环境监管的基础制度，应是环境保护税征管的根本基础，未来可考虑将环保税计税依据与排污许可执行报告的污染物排放总量相统一。"从法律层面上来讲，排污许可管理制度作为数据挂钩的载体是具有可行性的。"高萍说。

高萍分析，2016年11月，时任环保部副部长赵英民就曾提出，要通过改革污染物排放许可制，建立精简高效、衔接顺畅的固定源环境管理制度体系。今年 11 月 5 日，生态环境部印发的《排污许可管理条例（征求意见稿）》强调，排污许可管理制度，是规范排污单位排污行为的基础性环境管理制度。对于排污许可制度来讲，排污者向生态环境部门报告的排污许可执行报告中的实际排放量，可以作为环保税计税依据的重要参考。"排污许可管理制度作为征收环保税的一个载体，已经具备了一定的条件，也在顶层设计的考虑范围之内，企业应看到这一点。"高萍说。

【延伸阅读】

环保税为什么"很特别"

阚歆旸

"这是一个十分特别的税种。"采访过程中，多位业内专家都如此评价环保税。那么，环保税究竟特别在何处呢？

其一，功能定位特别。财政功能是税收最主要的功能。但对于环保税来说，它的主要功能是保护和改善环境，减少污染物排放，推进生态文明建设。在理想状态下，如果企业发展得越好，越重视环保，缴纳的环保税会越少。因此，环保税的社会意义，远大于经济意义。

其二，计算方式特别。计算环保税，主要是看企业应税大气污染物和应税水污染物的污染当量数、应税固体废物的排放量以及应税噪声超过国家规定标准的分贝数——这与主要基于财务数据计算应纳税额的其他税种完全不同。

其三，管理思路特别。环保税的"内核"是环保，税收只是"外衣"。因此，在管理思路上，环保税的管理仅靠企业的财务部门是远远不够的，必须依靠财务部门和环保部门、工程部门、生产部门以及采购部门的通力合作才能完成。特别是在确定应税污染物和计算应纳税额的过程中，需要大量物理、化学和环保知识，也需要多年环保工作经验，而这些都是大部分企业财务人员所不具备的。

环保税申报的几个误区

中翰税务环保税首席专家　刘　伟

笔者发现，目前企业在申报环保税过程中，存在以下几个较为常见的误区：

一是直接利用在线监测数据申报。很多纳税人在利用在线数据进行报税的时候，主观、片面地认为，在线监测的指标就是环保税应该报税的税目，没有充分认识到环保税法中明确的应税大气污染物和应税水污染物，要按每个排放口污染当量数从大到小顺序排列，并对应税一类水污染物征收前五项，应税其他类水污染物和应税大气污染物征收前三项的规定。

二是监测报告直接作为凭证。排污许可证以及生态环境保护主管部门的相关规定，明确规定了企业开展自行监测的内容和监测频次，大部分纳税人把监测报告的内容，直接作为纳税的凭证。一方面，并不是所有的污染物都是应税污染物，都需要缴纳环保税。另一方面，生态环境保护主管部门的监测内容及频次，与税务机关的相关要求明显不同。根据《财政部 国家税务总局 生态环境部关于明确环境保护税应税污染物适用等有关问题的通知》（财税〔2018〕117号）规定，监测报告可以跨月沿用，但不得使用跨月沿用的数据申报减免税，同时明确监测报告不能跨季度沿用。因此，相关的纳税人必须要区分生态环境保护部门和税务机关对于监测报告的不同要求，否则风险极大。

三是只依据环保部门相关文件申报。《环保部关于发布计算污染物排放量的排污系数和物料衡算方法的公告》（环保部公告2017年第81号）中列举了纳入排污许可管理的火电等17个行业污染物排放量计算方法，未纳入排污许可管理行业适用的排污系数、物料衡算方法。很多纳税人直接使用该方法进行环保税申报，却忽略了该公告仅是已知应税污染物的排污系数法，大部分仅是各个行业的特征污染物排放系数法，并不能用此公告直接确定应税污染物的种类，否则漏税风险很大。

多数企业在纳税信用管理上有待改进

——大企业纳税信用管理实况问卷调查情况分析

阚歆旸 朱 睿

阅读提示

纳税信用是企业的一项"隐形资产"，信用等级越高，越有助于企业的经营发展。然而，中国税务报社和国家税务总局北京市丰台区税务局联合开展的一项调查显示，多数企业的纳税信用管理有待改进。本文采访了大企业、税务机关、涉税专业服务机构和高校的多位专家，分析了纳税信用的重要作用，并提供了改进纳税信用管理工作的经验和建议。对于大企业相关负责人来说，通过阅读本文、借鉴文章相关经验，可以更好地开展纳税信用管理工作。

2019 年年初，中国税务报社联合国家税务总局北京市丰台区税务局，面向全国大中型企业开展了纳税信用管理问卷调查，收到有效问卷近 4000 份，其中，来自北京市企业的问卷占绝大多数。从调查结果看，A 级和 D 级纳税人虽然占比不大，却是最关注纳税信用管理的两类企业群体。总体来看，多数企业的纳税信用管理有待改进。

A级和D级纳税人更重视纳税信用

目前，纳税信用管理体系采取分级分类管理方式，有A级、B级、M级、C级以及D级，共5个等级。据了解，目前纳税信用等级分布情况，整体上呈现出两头小、中间大的"橄榄型"分布形态，即A级和D级纳税人数量较少，B级、C级和M级纳税人居多。

一个很有意思的现象是，纳税人对纳税信用管理的重视程度，呈现出典型的"小蛮腰型"。以2017年北京市的纳税信用评价结果为例，A级纳税人占比5%，D级纳税人占比2.8%。B级、C级和M级纳税人共占比92.2%。根据北京市丰台区税务局一线税务人员的反映和记者的调查采访发现，A级和D级纳税人占比不大，共计7.8%，却是最关注纳税信用管理的企业群体。采访中，一些纳税信用处于B级、C级和M级纳税人，对纳税信用管理关注度明显较低。

北京市丰台区税务局有关负责人分析，A级纳税人多因能享受政策便利而重视纳税信用管理；相反，D级纳税人则因纳税信用等级低受到的限制过多，不得不关注纳税信用管理。换句话说，纳税信用管理中A级纳税人处于"主动"状态，D级纳税人则处于"被动"状态。

中翰税务合伙人、天津中翰英特税务师事务所所长李存周告诉记者，纳税信用处于B级、C级和M级的纳税人，往往在实践中"栽了跟头"，才开始意识到纳税信用的重要性。这些企业的管理层往往对纳税信用管理重视不够，在具体行动上着力不足。

案例6-11

> 某出口导向型外资企业，其外籍员工的工资薪金对财务部门保密，全权由人力资源管理部门负责。人力资源管理部门将企业的工资薪金业务外包给第三方公司。由于外包公司操作原因，该企业外籍员工的工资

薪金连续2个月未申报和扣款成功。企业因此连扣22分,从B级降至C级,从而影响其出口核销速度以及出口退税速度。同时,该企业属于工程机械类公司,降级影响了其后续的招投标活动。企业负责人这才突然意识到纳税信用管理的重要性。

不重视纳税信用管理,后果"很严重"。按照规定,税务机关会将失信企业法定代表人、负责人或者经法院裁判确定的实际责任人信息,提供给参与实施联合惩戒的相关部门,对失信企业开出联合惩戒罚单。根据相关部委和地方政府的有关规定,被列入"黑名单"的企业,会在经营、投融资、取得政府供应土地、进出口、出入境、注册新公司、工程招投标、政府采购、获得荣誉、安全许可、生产许可、从业任职资格以及资质审核等方面受到限制或禁止。

纳税信用管理就像氧气,是刚需

问卷调查结果显示,77.7%的企业认为,良好的纳税信用有助于企业提高银行贷款、发票管理以及出口退税等诸多方面的办事效率。记者采访的10余家企业负责人,也非常看重纳税信用管理——不少企业因为纳税信用良好而受益匪浅。基于此,一些大企业的财税负责人表示:"纳税信用管理就像氧气,是刚需。"

对企业而言,容易得到银行的贷款,是纳税信用良好带来的第一大好处。

案例 6-12

北京麻世纪流行面料研发有限公司是一家集设计、研发、生产以及销售为一体的麻制面料企业。该公司在转型升级过程中遇到资金瓶颈,正在犯难之际,纳税信用帮了大忙。该公司凭借良好的纳税信用,在不到一个月时间里,就拿到了中国银行"瞪羚企业"500万元的信用贷款,充实了企业的部分研发和流动资金,解了燃眉之急。

良好的纳税信用不仅能为企业解决融资问题，还成为建筑企业招投标过程中的"金名片"。北京华政税务师事务所副总经理仉喜林分析，在招投标过程中，甲方一般要求企业纳税信用等级为B级以上。中国建筑一局（集团）有限公司（以下简称中建一局）财务管理部副总经理、税务管理中心主任李林介绍，他们公司就因纳税信用良好，多次在重大项目投标中胜出一筹。

良好的纳税信用还给日常的发票领用和管理带来了极大便利。

案例 6-13

中建一局在31个省、自治区、直辖市均有项目，全年开票量达上万张，一个母公司一年需要认证上万张增值税专用发票。该公司作为A级一般纳税人，可单次领取3个月的增值税发票用量，需要调整用量时还可以即时办理，普通发票也可以按需领用，充分满足了企业日常开票需求。加之北京市丰台区税务局为A级纳税人提供了"绿色窗口"服务，大大增加了中建一局办税的便利程度。

良好的纳税信用，还让不少企业享受到了更快捷的出口退税服务。

案例 6-14

瀚德（中国）汽车密封系统有限公司是世界一流的汽车密封和防震解决方案供应商。由于信用良好，该公司享受了无纸化办理出口退税，出口退税时间由原来近一个月缩短为最快5个工作日，大大节省了办税时间。

北京国家会计学院财税政策与应用研究所所长李旭红教授说，纳税信用已经日渐成为企业资本的一部分。早在2014年政府工作报告中，李克强总理就强调"让失信者寸步难行、让守信者一路畅通"。随着现代社会的发展、社会信用体系的逐渐完善，纳税信用的社会价值和社会影响力日益增强，纳税信用也是企业的一项"隐形资产"，成为纳税人参与市场竞争的重要资本。

把纳税信用管理融入日常管理中

问卷调查结果显示，有 83.59% 的企业认为，非常有必要建立系统的税务风险管理体系；同时，有 91.02% 的企业认为，自身的纳税信用管理有改进空间。那么，企业应如何改进呢？

案例 6-15

> 瀚德公司一直坚持将纳税信用管理融入日常税务管理中。为此，该公司建立了内部税务检查制度，定期请涉税专业服务机构识别、评定涉税风险，并在总部增值税、出口退税以及关联方之间代扣代缴增值税等方面，持续加强了纳税信用管理。以总部增值税管理为例，为保证及时、准确地开具增值税发票，瀚德应用了现代化生产企业信息管理系统（PLEX）。对于采购的货物，每一条收货记录都会按照合同的单价真实地进行记录，并且计算进项税额。物流部门保证真实的货物流；采购部门保证合理合法地签订合同；财务部门按照系统中批准的合同单价与收货记录，核实发票的准确性，并根据客户的收货对账单核对物流出货的数量，按照批准的合同单价与客户的要求，及时开具增值税专用发票。通过系统真实记录的生产经营信息，加上与往来供应商客户的核对，确保了公司能够及时准确地计算、缴纳税款，尽量避免发生错误。

中国建筑股份有限公司旗下各二级单位全部为 A 级纳税人，三级单位中多数为 A 级纳税人。该公司的经验是，要将纳税信用管理充分融入税务管理的组织体系、制度体系、责任体系以及考核体系的建设中去，纳税信用管理不到位，将影响绩效和晋升。目前，中建股份的考核体系分为若干层级，其中与税务管理相关的有 3 个方面：一是，在对主要负责人和领导班子的专业考核中，税务合规性占有很大比例；二是，在对总会计师的业务考核中，税务管理是重要考核指标，会直接影响总会计师的绩效考核结果；三是，在对财务经理和税务经理的考核中，纳税信用 A 级是最基本的考核要求，直接影响到被考核人的职级晋升。

案例 6-16

中建股份旗下中建一局公司在对税务分中心主任的 10 项考核指标中，设置了税务处罚及重大事项上报、税务检查等 2 项纳税信用管理指标，要求分中心必须高度重视、维护集团 A 级纳税信用等级。在中建一局对子企业财务总监的考核中，将纳税信用等级评价作为财务管理的扣分项，如不是 A 级纳税人将被扣 2 分。这 2 分所占的比重其实并不低，能够督促相关负责人合规处理每一项业务。

【推荐阅读】

"管"出纳税信用

事先裁定："南沙样本"有何借鉴之处

康晓博　朱　珺　谭振国

阅读提示

税收事先裁定制度能够为企业预期发生的重大涉税事项提供确定性，有效帮助企业防范税务风险。国家税务总局广州市南沙区税务局试行的复杂涉税事项税收事先裁定制度，不仅受到了大企业的高度评价，还入选了广东省自贸办的制度创新案例。本文对此进行了实地采访，请税务机关和大企业的专家介绍了相关经验，并深入分析了事先裁定制度落地的重点及可行的实行方式，对于其他地区税务机关和大企业来说，有很好的借鉴意义。

2019年5月，广东省自贸办发布了广东自贸区第三批51个制度创新案例，国家税务总局广州市南沙区税务局推行的复杂涉税事项税收事先裁定（以下简称事先裁定）成功入选，引起业界关注。南沙区税务局推行事先裁定有哪些经验？为何能入选广东自贸区制度创新案例？

成效：十多个重大项目涉税问题已经获裁定

根据国际经验，事先裁定是指某国（地区）的相关裁定机构应纳税人请求，针对纳税人预期进行的特定事项所涉及的税收问题，按照法律规定作出适用性解释。记者注意到，南沙区税务局结合我国税制特点和管理权限，对其开展的复杂涉税事项税收事先裁定所作的定义有所不同：指税务机关就企业申请的、关于未来预期发生的特定复杂事项应如何适用现行税收法律法规而开展的个性化纳税服务。

据南沙区税务局党委书记、局长陈汉钗介绍，中国（广东）自由贸易试验区广州南沙新区片区（以下简称南沙自贸区）位于广州市南沙区内，占地面积60平方公里。自成立以来，南沙自贸区新经济、新业态、新模式不断出现，不少新业态因为涉税业务复杂而难以直接准确适用税收政策，使得投资者面临不确定的税收风险。

案例 6-17

2014年，南沙城投、中交集团等公司中标承建灵山岛尖土地一级开发项目，这一项目采用了创新的开发模式：由政府牵头进行市场化运作。具体的做法，就是由政府成立指挥部，南沙城投和中交集团合资成立项目公司负责开发，所需资金全部由中交集团筹集，完成灵山岛尖3平方公里土地的一级开发工作（其中，土地拆迁、安置及补偿工作由政府指定其他纳税人完成），然后由当地土地开发中心收储，进行招拍挂，取得收入后再对项目公司进行成本返还和收益返还。由于采用了这一创新模式，项目公司遇到了涉税难题：不清楚是否缴纳营业税（当时尚未进行营改增）。

对此，南沙区税务机关成立骨干团队，针对这一全新的业务模式展开详细调研，经过充分研究，向企业出具了一份正式的回函，其中明确回复：这一全新的开发建设模式，本质上属于投资行为，适用《国家税务总局关于纳税人投资政府土地改造项目有关营业税问题的公告》（国家税务总局公告2013年第15号）相关规定，不属于营业税征税范围，取得的投资收益不征收营业税。

这份回函起到了非常重要的作用，解决了这一创新模式适用政策的难题，打消了项目公司的困惑与疑虑，保障了项目开发的顺利进行。后期项目开工后，项目公司按照回函中的裁定意见进行税务处理，所有事项都非常清晰顺畅，没有发生任何风险。

时任原南沙区地税局税政处处长的曹绍贤告诉记者，对灵山岛尖项目出具回函的这次经历，虽然从形式上还不完善，但在实质意义上，其实就是一次事先裁定。原南沙区地税局正是结合这次裁定的经验，在充分研讨分析、借鉴国际成熟做法的基础上，制定了《复杂涉税事项税收事先裁定暂行办法（试行）》（以下简称《暂行办法》），开始以制度化、规范化、标准化的方式开展事先裁定。

迄今，南沙区税务局先后为南沙创投资产重组、南沙邮轮母港、广东知识产权交易等十多个重大项目提供了事先裁定服务，帮助企业降低了新业态投资涉税风险，促进了企业投资和贸易的便利化。毕马威参考世界银行营商环境评价体系所作出的《中国（广东）自由贸易试验区广州南沙新区片区营商环境评估分析报告》指出，通过开展事先裁定，南沙自贸区的投资便利程度大大提升，营商环境显著优化。

调查：哪些重点事项值得征纳双方特别关注

那么，南沙区税务局具体是如何开展事先裁定的呢？又有哪些重点事项值得征纳双方特别关注？

记者梳理发现，南沙区税务局作出的事先裁定，有一部分是这样的类型：企业准备采取一种新的业务模式开展经营活动，但现行税收法律法规没有直接对这些新业务模式作出规定，产生适用税法的难题。不过，通过对其经济业务进行抽丝剥茧式的调研、分析，这些新业务模式可以在繁杂的税收法律法规中梳理出政策依据，南沙区税务局据此作出裁定。

案例 6-18

A 企业以 BOT 模式竞标某项目，政府要求中标企业必须在竞拍地块外配建其他基础设施，并负责该设施的运营。A 企业遇到涉税难题——竞拍地块外配建基础设施的费用，能否在土地增值税清算中税前扣除？当时的法律法规并没有明确规定。A 企业提出事先裁定申请后，南沙区税务局详细研究了土地增值税暂行条例及实施细则等上位法的相关原则性规定，最终作出了允许税前扣除的裁定。

从流程上看，南沙区税务局进行事先裁定主要分为四个环节。一是申请环节，申请事先裁定的纳税人将相关资料提交给税源管理所。二是受理环节，由税源管理所预受理纳税人的申请，并区分不同情况进行处理，如果纳税人的申请符合《暂行办法》规定的事先裁定范围，并且资料齐全，税源管理所签署初步意见后报事先裁定工作办公室。三是审议与裁定环节，事先裁定办公室根据纳税人的具体申请内容，召集成立事先裁定项目小组，由项目小组根据税收法律法规对纳税人提交的资料进行审议，必要时可进行集体审议。项目小组出具《税收事先裁定意见书》后，将交由税源管理所回复纳税人。四是执行与跟踪环节，税源管理所在裁定事项实际发生期间，负责跟踪纳税人的具体情况，并向事先裁定办公室汇报，其监控的主要内容，是纳税人实际经营活动，是否符合事先裁定生效前提，以及纳税人是否按照税务机关的裁定意见申报纳税。如果出现不符情况，税务机关将进行相应处理。

记者注意到，南沙区税务局为事先裁定规定了明确的受理范围，属于南沙区税务局经管的纳税人，或者虽不属于南沙区税务局经管，但申请裁定事项属于预期在南沙发生纳税义务的纳税人，方可提出裁定申请。在具体事项上，南沙区税务局则通过"负面清单"的方式，予以明确：纳税人已经发生的涉税事项；现行税收法律、法规、规章或规范性文件没有规定，需要税收立法的事项；纳税人无确定的立项计划或近期不会发生的事项等均不属于事先裁定受理范围。

此外，南沙区税务局还明确规定了事先裁定生效的前提和失效的情形，并以知情书的方式发放给纳税人。记者了解到，生效前提有三项：一是纳税人提交的申请资料全面、真实，不存在隐瞒事实、提供虚假资料等情况；二是纳税人实际发生的涉税事项与事先裁定申请资料所表述的一致；三是税务机关作出裁定所依据的法律法规未发生变化。

根据《暂行办法》，倘若纳税人申请事先裁定时提供的资料与实际发生的情况不符，事先裁定办公室将撤销或部分撤销事先裁定意见；倘若纳税人存在隐瞒事实、提供虚假资料情况，事先裁定办公室将撤销裁定意见，并按征管法相关规定进行处理。而如果事先裁定所依据的税收法律法规发生变化，导致事先裁定不可执行，那么裁定将自相关新税法生效实施之日起失效。

体会：税企双方在裁定前都需加强内部协调

要想让事先裁定的过程更加顺畅、高效，并最终让裁定发挥更为准确、更为良好的效应，需要税企双方的共同努力。从记者采访的情况看，南沙区税务局和纳税人，在开展事先裁定时，不仅关注税企双方的沟通，而且非常注重裁定前税务机关内部和企业内部的协调。

对于税务机关来说，由于税种管理分散在不同的业务部门，加之企业经营的商业模式日益新颖、复杂，其所提出的裁定申请有可能涉及多个税种、多个业务部门，因此要想对企业经营活动如何适用税法作出准确解释，就需要税务机关内部各部门加强沟通与协调。"从实践经验看，各个部门统一思想、统一步调，非常重要。"南沙区税务局所得税科副科长谭志伟告诉记者。

对此，南沙区税务局在制度层面进行了规范，《暂行办法》明确规定，南沙区税务局成立事先裁定工作领导小组，领导小组下设事先裁定工作办公室，裁定办公室负责召集成立事先裁定项目小组，纳税人提出的裁定申请涉及哪个业务科室，哪个科室的业务骨干就要加入项目小组中。有了制度规范的保障，大家团结一致、紧密协作，对各自负责的领域给出专业性意见，在达成共识的基础上，最终准确作出裁定。

对于企业来说，由于事先裁定与一般的涉税咨询有着本质区别，对企业提交的资料、参与程度、配合程度等都有着较高要求，因此企业加强内部各部门的沟通协调也非常重要。中交城投南沙片区公司财务总监李海鹰向记者表示，从企业的实践来看，准备工作越充分、提交的资料越全面，越有助于事先裁定的顺利开展。她说，企业提出事先裁定申请时，需要提交相关合同、协议、董事会决议等资料，需要详细表述业务具体情况，因此企业内部各部门要保持信息畅通、及时沟通、紧密协调，这样才能让资料更为翔实准确，也才能在后期执行时更加顺畅。

谭志伟告诉记者，在各自做好内部协调的同时，税企双方的紧密沟通和默契合作，会产生更显著的效果。他表示，在开展事先裁定过程中，最重要也是最难的环节，就是判定企业的业务实质。从实践看，企业最了解自身的业务情况，税务机关最熟悉税收法规的情况，这就要求税企双方"互为补充"、彼此信任、精诚合作。具体来说，企业要充分信任税务机关，将相关数据、相关信息详尽地提供给税务机关，不要遮遮掩掩；税务机关要站在企业的角度，详细深入地了解企业的业务模式，准确地找到其关键点和实质性。"只有税企紧密合作，裁定的过程才能更顺利，裁定的效果才能更良好。"谭志伟说。

【推荐阅读】

事先裁定很有
必要制度化

如何利用税企双方数据预警税务风险

——美的集团税务风险防御系统案例解析

康晓博

阅读提示

　　大企业税务风险管理是一项系统而复杂的工作，与时俱进地采取信息化手段来防控税务风险，既行之有效，也是必然选择。建设信息化系统时，需要税企双方共同努力，将双方的数据资源整合起来，这样才能及时有效地对企业的税务风险进行预警。在这方面，广东省税务机关与美的集团联合开发的税务风险防御系统（英文名称 Tax Risk Defense System，简称 TRD 系统），取得了显著成效。本文对 TRD 系统的开发过程和运行情况进行了实地采访，请税务机关和企业的专家详细分析了相关经验，对于大企业开展税务风险防御来说，具有不一样的视角和独特的借鉴意义。

　　有没有一种方法，能够把税企双方的数据资源整合起来，及时、有效地对企业的税务风险进行预警？广东省税务机关与美的集团联合开发的 TRD 系统，用事实说明："一切皆有可能"！

探索：税企双方基于共同目标携手创新

　　作为改革开放的前沿阵地，广东省在过往的 40 年间，一直秉承敢闯敢试、敢为人先的改革精神。而广东省税务机关在开拓创新上，也始终不遗余力。

　　地处珠三角腹地的佛山市顺德区，是广东省制造业最为发达的地区之一，素有"中国家电之都"的称号。中国家电行业龙头企业美的集团，总部就位于顺德区。而 TRD 系统，正是由国家税务总局佛山市顺德区税务局和美的集团携手合作，共同建成的。"有了 TRD 系统，企业相当于把一套智能风险诊断仪器搬回了家，可以随时开展健康体检。"一位业内人士说。

顺德区税务局副局长李宾向记者回忆，TRD 系统的建设可以追溯到 2016 年 1 月。彼时，他们在工作中发现，无论税务机关还是大企业，在开展税务风险管理时，均面临着不少"痛点"：对于税务机关来说，一般只能收集到企业的纳税申报表、财务报表等数据，对企业的日常经营数据不能完全了解，无法全面分析风险隐患，只能以抽查应对的方式为主，风险管理的质效不高；对于大企业来说，由于没有合适的抓手，未能准确掌握识别风险的方法，只能去被动应对，既耗费了大量人力物力，最终又收效甚微。

顺德区税务机关与美的集团都认为，在防控税务风险这一目标上，税企双方的目标是一致的。税务机关有提升管理水平的需求，企业有增强合规性的需求，共同的目标使得顺德区税务机关与美的集团，很快达成了合作共治风险的共识。随即，税企双方携手开展了数据源开发、企业 ERP 系统改造、系统基础搭建和核心指标开发等工作。在此过程中，广东省税务局高度重视，省级大企业税收服务与管理部门多次实地调研系统开发建设需求，并在开发过程中给予政策指导和数据支持。经过一年多紧锣密鼓的建设，2017 年 8 月，TRD 系统正式在美的集团上线应用。

记者了解到，美的集团上线的 TRD 系统，主要具备底账应用、自动报税、风险预警和出口退税四大核心功能。其中，底账应用功能非常富有创新性，在帮助企业解决一系列发票管理"痛点"问题上，发挥了强大作用。李宾告诉记者，目前大部分税务机关与大企业之间存在数据"孤岛"，没有进行有效互联和整合利用，而 TRD 系统通过建立连接接口，将税务机关电子底账中涉及美的集团的数据，及时传送给企业，可以帮企业实现自动化入账，防范虚假发票和重复报账，杜绝后期可能发生的发票异常情况，大大提高了企业财务管理和核算工作的效率。

记者感触很深的另一项功能，是风险预警功能。在建设 TRD 系统过程中，税务机关结合行业情况和企业特点，帮助美的集团梳理了内控指标、征管指标、税源指标等五大类共计51项指标，内嵌于系统中，实现了全税种、全流程、实时性税务风险防控。企业在实际经营过程中，一旦突破风险指标值，系统就会实时进行预警提示，并辅助企业立刻纠正，防止风险发生。同时，系统还会向税务机关输出风险报告，税务机关可根据风险的不同等级，开展针对性管理举措。

此外，自动报税功能和出口退税功能，也让人印象深刻。据了解，自动报税功能可以从企业内部的ERP、HFM等系统自动取数，并结合"金三"系统、报关系统等企业外部系统的相关数据，"一键生成"纳税申报表，有效提升企业纳税申报的准确性、规范性和便捷性。通过出口退税功能，可以将取数来源进一步拓宽至海关、电子口岸、外汇管理与物流等其他部门，从而对涉税数据进行广泛整合，实现了出口退税业务的申报辅助、办税提醒、单证备案管理和风险防控，大大减轻了企业办理退税业务的工作量。

应用：中等以上税务风险再没发生

那么，企业使用TRD系统的实际效果如何呢？

案例 6-19

> TRD系统在美的集团上线不久后，就发挥了强大作用。当时，企业正进行一次税额较大的房产税申报，TRD系统自动抓取房产原值、土地使用权原值等数据，与申报表进行比对分析，结合内嵌的风险指标开展综合计算，识别出存在申报不准确的风险，并立即发出了风险预警。财务人员收到风险提示后，迅速进行分析核实，结果发现确实漏报税款845万元。企业立刻进行了调整，及时防范了更大税务风险的发生，从而避免了相应损失。

不仅是申报，在发票管理上，美的集团也受益匪浅。上线TRD系统之前，美的集团的财务人员需要手工录入发票，每张发票要输入号码、金额、税额等 6 个字段，平均耗时 5 分钟；而通过 TRD 系统的底账应用功能，只需简单输入发票号码，依托税务机关的电子底账系统，所有票据信息就可以自动带出，前后耗时不到 10 秒。与此同时，系统还具备真伪查验、进项抵扣等功能，不再需要人工开展验真、查重等工作。这些功能使得原本整个财务部门要忙碌一天的发票工作，如今只需一个人就能在片刻间轻松完成，大大提高了效率，降低了成本。

此外，TRD 系统也为美的集团的经营决策提供了参考借鉴。比如，针对发出商品的风险，TRD 系统专门设置了风险指标，当期末发出商品占当期销售收入比重过高，偏离合理范围时，系统就会发出风险预警。企业在进行核查时，就可以参考数据间的差异，进行深入分析：为何发出商品的价值很高，但当期实现的销售收入却较低？是在途运输产品过多、海外订单积压港口未及时报关，还是客户未及时签收货物？查找到原因后，企业就可以及时在经营上进行调整改进，从而促进业务稳健增长。

"TRD 系统功能强大，很契合实际需求，发挥的作用也非常显著。"美的集团相关负责人表示，TRD 系统运行至今，帮企业精准拦截了许多风险事项，税务风险管理工作，也由以往税务机关事后发起、企业被动应对，提升到事前、事中管理，及时避免了滞纳金、罚款、信用评级下降等损失。自 TRD 系统上线以来，企业再没发生过中等级别及以上的税务风险，内控管理水平和风险防控能力显著提高。

推广：不少知名企业已经开始应用

从顺德区发源、起步的 TRD 系统，日渐焕发"溢出效应"，正不断向其他地区扩展应用。记者了解到，TRD 系统已经在东莞徐记食品有限公司、东莞银行股份有限公司、广东坚朗五金制品股份有限公司等多家大企业得到应用，而多个省份的税务机关也"组团"前来考察交流。那么，TRD 系统为何能够引起这些大企业的广泛关注？是否具备推广的价值？

一位企业相关负责人告诉记者，大企业的业务覆盖领域大，跨越地域广，涉税种类多，税务风险管理工作本就十分复杂。加之企业税务风险的形成，既有生产经营全业务链的内部因素，又有外部的政策和监管因素，可谓"牵一发而动全身"。一方面，企业对政策口径的把握缺乏权威性，不能准确掌握判断风险点的方法，经常只能等待税务机关的风险提示；另一方面，由于缺乏顺畅高效的数据交换机制，企业也较难获取到税务机关的数据资源，只能基于自身的业务数据去开展风险防控工作，无法认清风险的全貌、进行全流程防控。这些因素叠加起来，使得大企业在税务风险防控上，多是被动应对，无法主动作为。

广东省税务局第一税务分局局长陈挺告诉记者，在建设 TRD 系统过程中，税务机关在确保数据安全的情况下，将开票方或收票方为美的集团及其成员企业的电子底账数据向企业适度开放，打破了税企之间的数据樊篱，帮助企业加强税务风险管理；而通过共同研讨协商，税企双方形成了一套覆盖企业经营全过程、全税种的风险指标，通过将其嵌入企业经营管理系统，实现了税务风险的全流程、全链条和实时性防控。

记者在采访中发现，TRD 系统帮助大企业很好地解决了上述"痛点"问题。从最终效果上看，以税企双方的数据资源和有效的风险指标为抓手，企业就有能力进行"自我把脉"，可以化被动为主动，自行开展风险排查、预警提示和内控完善，从而实现了遵从意愿和遵从能力的双提升。

"实际上，TRD 系统建设背后，贯穿着'共享、共建、共治'理念。"有关专家告诉记者，税企双方通过共享数据资源和防控经验，以携手合作的方式来共同推进、不断完善系统建设，最终实现税务风险的共同治理，增进税企之间的平等互信关系，实现了双方的互利共赢。一旦树立并秉持了这种理念，TRD 系统推广起来并不困难。正因为 TRD 系统能够解决大企业在税务风险防控上的一系列"痛点"问题，且并不难借鉴和复制，所以不少大企业表达了合作建设的意向。

"广东省税务机关将进一步优化推广 TRD 系统，不断拓宽 TRD 系统的适用对象，并以此为契机，全面提升大企业服务和管理工作质效，打造税企共建共治共赢新格局。"陈挺说。

大数据时代：税务风控重在"治未病"

李传翠

阅读提示

随着税收征管越来越智能化，税务机关锁定企业税务风险变得越来越容易。在此情况下，企业应该更注重"治未病"——对潜在税务风险进行提前防控。本文对大企业、涉税专业服务机构以及税务机关的专家进行了大量采访，梳理了多个具体案例，深入分析了大企业加强税务信息化建设的必要性和相关经验，有助于大企业把握税务风险管理与防控的工作重点。

多渠道、多维度地把散落在纳税人端、税务端及其他部门、领域的碎片化数据整合起来，用大数据分析的方式，勾勒出企业的行为痕迹，还原企业真实的业务逻辑，给企业作出立体"画像"……税收征管正变得越来越智能化。在此情况下，企业有必要牢固树立"治未病"的理念，借助信息化手段建立起相应的风控体系，真正做到防患于未然。

注意：不合规税务处理会留下"数据脚印"

面对海量的涉税数据，税务机关可以从中发现什么？

在不久前结束的"智税·2019"大数据竞赛上 [①]，国家税务总局深圳市税务局代表队，在短短几个小时的时间里，围绕增值税、企业所得税、财产和行为税三类减税降费政策，建立起数据模型，对庞杂的数据进行深入分析，

[①] "智税·2019"大数据竞赛是 2019 中国国际大数据产业博览会六大国内国际系列赛事之一，于 2019 年 5 月举行。

最终，从全国、行业和单户企业三个维度，勾勒出纳税人一系列"风险画像"。而这，仅仅是税务机关大数据分析实力的一个缩影。

近年来，大数据、云计算作为风险分析工具被正式运用到税收管理工作中。各级税务机关在画像思维的实践、运用方面作了许多的探索和尝试。业内专家表示，从技术层面而言，通过多维度搜集纳税人的"数据脚印"，将企业成立以来存在的涉税问题、行为、环节进行税务风险测定，勾勒出企业的行为特点，还原企业真实的业务逻辑，进而给企业"画像"，对税务机关而言，已不是什么难事。

一方面，数据采集范围更加多样化。2019年3月1日，原国税、地税两套金税三期系统并库，税务总局、各级税务机关与其他政府部门的网络进一步打通，税务机关获取的企业信息更加全面、精准。据江苏省税务局大企业税收服务和管理局相关负责人介绍，这些数据，既有能反映采购、销售情况的企业内部数据，也有能反映市场变动、行业整体状况等外围信息的第三方数据，维度多、体量大。

另一方面，数据加工能力更加智能化。以深圳市税务局为例，税务人员利用人工智能搭建AI风控平台，结合税务登记数据、个人征信数据等多维度数据，利用机器学习的算法进行建模，为企业画像，根据画像结果精准识别税收风险，风险识别命中率高达90%。

放眼全国，新税务机构成立之后，税收大数据和风险管理局、税收经济分析部门、大企业税收服务和管理部门与其他部门已形成专业分工、优势互补的税收数据应用处理联动机制，可以对税收数据进行"链条式"加工处理。原本看似没有价值的数据，通过关联、解析变成了有价值的数据资产，再经由模型分析，可形成逐渐清晰的个体用户画像及群体特征。

同时，数据分析结果更加具象。据介绍，在实践中，运用画像思维不仅可以准确描摹纳税人的状态和特征，也可以通过分析纳税人的遵从行为，进行风险预警。"依托高质量的数据，税务机关可以更加精准和便捷地判断纳税人的共性需求、个性问题以及涉税风险发生的区域，提高服务、管理的针对性。"该负责人表示。

"这意味着，在信息管税的大背景下，企业的经营行为越来越透明化，对税务合规的要求也随之变得更高。"金税桥集团董事长李炯梅提醒道。

透视：税务风险点折射企业税法遵从意愿

综合各地税务机关给企业画像的结果，不难发现企业众多税务风险点的背后，都有一些共性的原因。其中，遵从能力较强而遵从意愿较低的情况，尤其值得注意。

记者了解到，国家税务总局宁波市税务局运用大数据挖掘技术，建立了风险特征库、指标体系和风险管理模型，对纳税人涉税风险特征进行归集，最终成形的企业画像中，出现频次较高的行为，是少计收入、多列成本费用。宁波市税务局有关负责人表示，从实践来看，出现这种情况的企业，特别是大企业，多数是遵从意愿出现了问题。

案例 6-20

某集团实业有限公司，主要从事钢渣处理、冶炼辅料生产、耐火材料生产、化工（粗酚）深加工等经营项目，企业所得税征收方式为查账征收。2017 年度进（销）项税发生额约为 5500 余万元，企业报表申报成本 5.2 亿元。单独看起来，数据似乎没有什么瑕疵。但是，比对分析企业资产负债表、利润表和现金流量表的相关数据后，税务机关发现，该公司主营业务成本和其他业务成本与相应的现金流量并不完全匹配，经测算其实际成本仅为 4.8 亿元，比申报的成本少了 0.4 亿元。在一个个来龙去脉清晰的数据面前，企业财务负责人承认了多列成本的事实。

企业对复杂涉税事项的处理，考验其税法遵从能力，更考验其税法遵从意愿。根据规定，转让股权收入扣除取得该股权所发生的成本后，为股权转让所得。企业在计算股权转让所得时，不得扣除被投资企业未分配利润等股东留存收益中按该项股权所可能分配的金额。

案例 6-21

> 某主管税务机关对 B 公司进行风险画像时，发现 B 公司转让其在 A 公司所拥有的 30% 股份时，将应分配而未分配的 4756 万元留存收益作为股权成本进行了扣除，从而少缴纳企业所得税。该主管税务机关认为，作为拥有较强税务团队的 B 公司，多扣除 4756 万元留存收益的做法，"刻意为之"的意图十分明显。

国家税务总局河南省税务局第一税务分局有关负责人表示，业务流程较长的企业，各个环节都有可能存在涉税风险点。如果企业税法遵从意愿不强，风控措施不力，其税务风险点很容易被"画像"。以房地产行业为例，其业务流程，主要包括土地获取、规划设计、融资、建筑施工、房屋预售、项目清算六大环节。该局通过自主开发的"金三决策平台税收经济预警分析模块"，对房地产行业进行测试时，就发现了房地产企业不少常见的税务风险点。比如，一些企业收到土地出让金返还款后，计入"专项应付款""资本公积""其他应付款""长期应收款"等科目，不申报企业所得税；还有企业一次性列支应由各期分摊的土地成本，未按规定进行归集分摊等。

国家税务总局干部学院副教授申山宏表示，对于有较强遵从能力的大企业而言，遵从意愿显得尤为重要，甚至在很多时候，一念之差就可能酿成重大税务风险。因此，无论是面对涉税申报等日常业务，还是面对并购重组、境外投资、境外付汇、关联交易等复杂业务，都不能存在侥幸心理，而应时刻紧绷税务合规这根弦，依法对每一笔交易作出正确的处理。只要企业有足够强的遵从意愿，一定会千方百计提高其遵从能力。

建议：借助信息化手段智能防控税务风险

面对税收征管越来越智能化的大环境，企业该作出怎样的改变，以提升遵从水平呢？采访中，多位税务专家的建议是：牢固树立"治未病"的理念，借助信息化手段建立起相应的风控体系，真正做到防患于未然。

江苏省税务局税收大数据和风险管理局相关负责人建议，企业应建立内部控制的税收风险评估和预测机制，成立专门的税务风险监管小组，制定监测方案和计划，在人员配备和制度要求上体现风险预测和评估，建立贯穿于企业内部各个环节的风险预测机制，渗透到企业经营活动的各个层面和全过程。同时，通过流程式的税务监督，及时纠正经济活动中产生的税务风险，制定合理的事后补救措施，定期进行企业税务风险的健康检查，从源头上防范涉税风险。

这其中，最关键的一点是提升企业的税务信息化水平。中国大企业税收研究所和上海匡衡信息技术有限公司联合开展的一项调查显示，70% 的企业受税务机关征管手段数字化水平提升及税务风险管理压力影响，作出提升税务信息化水平的打算[①]。德勤中国针对 100 多家大型企业集团（成员企业超过 1 万家）所做的问卷调查结果则显示，80% 的企业已经使用或正在建设增值税发票及申报管理平台，但仅有 11% 的企业上线了税务综合管理、风险预警等税收信息化系统。

大象慧云信息技术有限公司副总裁叶钢表示，加强税务信息化建设，是企业一项亟待推进的基础性工作，能够帮助企业提升外部应对和内部管理分析能力。德勤中国相关专家则分析，提升企业税务信息化水平，有助于企业提升管理效率，以及流程和制度标准化，使得税务管理的重心由基础性的申报遵从向分析和规划的精准化推移。

在实践中，已经有企业尝到了此中的甜头。

案例 6-22

> 每日优鲜作为一家电商平台，日常发票管理任务较重，传统管理模式下容易产生税务风险。企业上线一键开票系统后，发票开具的效率、准确度都明显提升，节省了大量的人力成本，风控能力显著增强。该公司下一步还将上线供应商发票管理系统，进一步提升发票管理的信息化水平。

---

① 2018 年 5 月，中国大企业税收研究所和上海匡衡信息技术有限公司共同主办"第三届大企业税收高峰论坛"，论坛上正式发布《大企业税收信息化调查数据》。

案例 6-23

在 2018 年度企业所得税汇算清缴中，L 银行依托企业所得税智能申报系统，在预填报企业所得税年度申报表时，发现贷款损失准备金纳税调整，可能存在税务风险。根据风险提示，L 银行对 2018 年贷款损失准备会计科目的发生情况进行梳理，及时对收回核销的 1200 万元呆账，作了纳税调增处理，避免了税务风险。

叶钢提醒，企业应综合考量自身业务发展需要、集团整体信息化水平等情况，合理推进税务信息化建设。李炯梅则建议，企业尤其是大企业的决策层，一定要提高对大数据分析背景下税务风险的认识，转变理念，重视税务信息化管理的价值，实施全方位的税务风险管控。

河南省税务局第一税务分局有关负责人表示，以房地产行业为例，从拿地到实现销售的全流程中，涉及的税种多，税收政策复杂，税务管控难度较大。企业可以根据房地产的开发流程，进行涉税业务梳理，加快税务信息化建设，通过信息化系统将税务管理固化到具体业务中去，实现全流程管理，提高税务风险管控的效率。

（参与本文采写的有：施斌　徐云翔　陈俊峰　王涛　蔡荣浪　郁飚　顾苑）

用好三个指标，评估大企业税务管理成熟度

康晓博　张　剀

────────────── 阅读提示 ──────────────

　　大企业如何评价自身税务管理工作好不好？德勤税务专家提出了衡量大企业税务管理成熟度的三个指标：税务管理的集约化水平、资源适配度和信息化水平。德勤税务专家和多家大企业负责人均表示，借助这三个指标，有助于找到自身税务管理中的短板，分析内在原因并确定清晰的改进方向。通过阅读本文，大企业在改进和提升税务管理水平方面，能够获得有价值、切实可行的思路。

────────────────────────────────────

　　2019年年初，德勤对100多家大型企业集团（下属法人企业超过10000家）的税务管理成熟度进行了问卷调查，这些企业涵盖制造、地产、金融等12个行业，其中35%为外资企业，65%为中资企业。调查分析结果认为，大企业自身税务管理的集约化水平、资源适配度和信息化水平是用来间接考察大企

业税务管理成熟度的重要指标。

指标一：规律重复性事项是否实现集约化

德勤的税务专家经常被大企业财税负责人询问这类问题：当前中国大企业的税务管理正在发生哪些变革？如何评价企业的税务管理水平？应该从哪些方面努力来改进税务管理……这些问题的提出，让德勤税务专家意识到，有必要建立一些有针对性的衡量指标，来给大企业的税务管理成熟度"画像"。经过调查和研究，德勤税务专家提出的第一个指标，就是集约化水平。

德勤税务专家认为，这里所谓的集约化，并不是指企业的税务管理人员都要集中在一个地方办公，事实上通过税务信息化手段，能够实现人员的远程互动和"虚拟集约"。集约化的真正核心在于流程的标准化、制度的统一化、系统的中心化，要让分散的、各自为政的税务管理执行统一的流程和标准，并通过标准化和自动化实现集中统一管控税务风险。集约化的广度和深度越高，集团对下属企业涉税风险的掌控能力和处置权威越高。

德勤从遵从申报处理、风险管理工作的执行、关联交易管理、重大交易的涉税规划、稽查应对五个方面入手，进行了问卷调查，结果显示，参调企业在不同税务工作上的集约化程度表现不一。例如，在税务申报上，59%的企业税务申报工作由下属子公司独立完成，集中化程度较低；而在重大税务规划工作上，73%的企业由集团总部主导完成，集中化程度较高。德勤税务专家表示，从实际情况来看，那些能够结合自身发展状况、合理进行集约化的企业，其税务管理成本更低、风险管控效果更好。

案例 6-24

　　S集团是一家世界500强制造企业，在中国各地设有50多家子公司。几年前，S集团与行业相似、规模相近的另一家大企业M公司进行了对比分析，发现M公司比S集团的管理效率要高很多，尤其是财税方面的管理，虽然营收规模相当，但M公司比S集团财税人员少了一半。S集团调研得知，M公司财税管理效率之所以更高，原因在于其设立了财务共享中心。

　　此后，S集团也建设了财务共享中心，实现了财税业务流程和数据标准的统一，从发票管理到账目设置再到税务处理，均按统一的标准和流程开展；而通过财税信息系统，S集团各子公司均能方便地从共享中心导出数据，既减少了差错和风险隐患，又降低了工作量。通过共享中心的集约化处理，S集团的整体财税管理效率大大提升。

　　是不是税务管理的集约化水平越高越好？并非如此。德勤税务专家表示，税务工作有不同类型，有些工作具有高度重复性和规则性，例如计税、申报等，这些工作通过集约化处理，能够产生更高效率。但是，还有一些税务工作（如税企沟通），有着很强的个性化色彩，并不适合集约化管理。同时，企业发展阶段不同、业务板块的多寡不同、业务的单一化程度不同、商业模式的复杂程度不同等情况，都会影响税务管理的集约化水平。因此，决定企业税务管理成熟度的关键，不是一味追求税务管理的高度集约化，而是从税务工作类型、自身业务形态、组织架构状况、整体管控模式和企业发展的阶段等多维度进行综合考量，适时推进集约化。

指标二：是否适时配置了适度的管理资源

　　大企业税务管理成熟度的另一个衡量要点，是税务管理环境和资源的适配度水平。问卷从人员配备、风控体系建设、数据汇集方式、稽查应对方式、税务信息化现状五个方面入手进行了调查，结果发现，参调企业在人员配备、风控体系建设、税务信息化等方面的实际情况比较一般。例如，集团总部专职税务人员总数超过10人的企业，占比仅10%；在风控体系建设方面，有30%的企业处于风控制度非常不完善或者根本没有的状态。

　　德勤税务专家告诉记者，税务管理要想卓有成效，需要有与企业自身发展状况和整体管理水平相适应的税务管理定位。而要想实现这一定位，必须有与之相匹配的工作环境和资源。大企业可以从税务战略定位、税务团队建设、税务机关与其他部门协调配合、风控体系建设、信息化建设等多个方面入手，认真审视战略定位，合理优化资源配置，弥补短板不足，让环境和资源在不断优化改进过程中，达到良好的适配性和协调性，促进税务管理"更上一层楼"。

案例 6-25

几年前，国内能源巨头企业 H 集团提出了这样的目标：要建设全球最先进的税务管理制度，防范一切税务风险。这一目标经德勤税务专家分析后，认为并不可行。结合实际情况来看，H 集团最需要的并非"全球最先进"的制度，而是最适合企业发展状况、能够满足企业实际需求的制度及相应资源，尤其要建立一支合适的税务团队，倘若没有相应的税务人才团队，即使将先进的制度和做法"嫁接"到 H 集团身上，也无法真正落地。

像 H 集团这样，税务战略定位不准确、制度不健全、资源不适配的企业，可能不在少数。事实上，处于不同发展阶段的企业，税务管理所需资源也是不同的。联想控股股份有限公司财务部总监刘晓虹告诉记者，对于一家创业初期的企业来说，规模没有那么大，税务管理可能更多的是计税、申报等日常性工作，并不需要太多的税务人员或烦琐的制度框架。当企业处于快速成长期时，经营收入迅速增长，组织架构日益健全，税务管理工作内容越来越多，重要性也日益凸显，这时可能就需要扩大税务团队的规模，建立风险控制体系，提升税务合规水平，以支持公司快速发展。当企业处于成熟期时，税务管理要提质增效，需要优化人才结构，提升信息化水平，完善管理制度，以更好防控税务风险，助力企业行稳致远。"企业应结合不同的发展阶段和业务状况，来确定税务工作的目标，并合理配置相关资源来保障目标实现。"刘晓虹说。

"好比穿衣搭配，每个人高矮胖瘦不一样，适合的衣服也不一样。"德勤税务专家告诉记者，各个企业实际情况不一样，A 公司所看重的资源，B 公司可能并不欠缺，因此企业应结合业务发展状况，探索出一条适合自身的提升路径。值得注意的是，完善税务管理并非单纯的"补短板"，而是要对税务管理工作的战略重要性进行重新审视，并在此基础上，将税务管理模式及资源，与企业发展的规划需求、外部监管要求等进行科学匹配。

指标三：是否适时推进了税务信息化建设

记者注意到，无论是合理推进集约化，还是结合实际提升环境及资源适配度水平，税务信息化建设都是不容忽视的因素。德勤专家指出，税务管理信息化可以分成数据管理水平、计税遵从自动化水平、风险监控预警和数据分析智能化水平、税务整体管理和决策支持信息化智能化水平四个层级。而问卷调查显示，80%的企业已使用或正在建设增值税发票及申报管理平台，但仅有11%的企业上线了税务综合管理、风险预警等税收分析信息化和整体管理应用。此外，超过70%的企业认为自身还需提高税务数据质量和税务信息化自动化水平。

"当今时代，税务信息化水平会极大地影响大型企业集团的综合管理水平。"德勤税务专家表示，税收征管信息化能力的提升，正在"倒逼"大企业提升税务信息化水平。参调企业普遍认为，加强税务信息化建设已经是一项亟待推进的基础性工作，能够帮助企业提升外部应对和内部管理分析能力。

不过，这并不意味着企业应当在税务信息化建设上"大干快上"。德勤税务专家告诉记者，税务信息化有着不同阶段和内在递进关系，实践中，需结合实际情况、轻重缓急和难易程度等因素统筹推进。企业应综合考量外部征管环境、自身业务发展需要、集团整体信息化水平等情况，合理推进税务信息化建设。倘若忽视规律盲目建设，不仅将花费大量成本，还有可能因为基础不牢，无法发挥良好作用。

案例 6-26

10年前，某公司在税务信息化建设上迈出步伐，上线了一个集税收政策法规、税务事项处理跟踪、税务数据整合等功能于一体的税务信息化平台，但在此后的时间里，该公司并没有盲目加快税务信息化建设。在该公司看来，实现工作底稿电子化，是税务信息化建设非常重要的基

础。只有先将工作底稿中的财税数据便捷、"友好"地采集起来，形成
丰富而高质量的数据资源，才能在此基础上开展数据分析、风险管理和
智能化决策。

在博世（中国）投资有限公司税务副总裁龚俊怡看来，税务信息化建设
不能"单独为之"。他告诉记者，税务信息化是企业整体信息化战略的一个
组成部分，管理层在制定相关战略时，往往会考虑用统一的理念、内核及技
术手段，来推进业、财、税等部门的信息化建设，实现各部门的系统及信息
互通，以更好支撑管理层进行业务决策。倘若企业的财务、业务等部门信息
化水平不高，单独提升税务信息化水平是非常困难的，也难以获得公司管理
层的认可和支持。

据了解，问卷还针对内外资大企业在税务管理方面的环境资源差异、管
理模式异同等进行了调查和分析。德勤税务专家表示，开展调查的目的，在
于了解中国内外资大企业当前的税务管理水平，探究其面临的挑战。"希望
调查及相关分析能够帮助大企业提升整体税务管理水平。"德勤税务专家说。

第七章 前瞻探析

正如小趋势理论所言，真正能够决定未来大变革的潜藏力量，不是大趋势，而是小趋势。经济决定税收，税收来源于经济，当你能够熟练地站在税收的独特视角观察经济的时候，你无疑将会掌握判断经济"小趋势"的方法，更好地站在当下，预见未来。

过去一年，大规模减税、开设科创板、启动沪伦通、发布《粤港澳大湾区发展规划纲要》、调研并着手调整西部大开发税收优惠、持续扩大开放……这些国家顶层设计层面的重大创新与安排，都需要深刻思考税收与经济发展的内在逻辑关系。

针对上述议题，本章从税收视角做了有针对性的解读。值得一提的是，为了更加客观地给出一些问题的答案，每篇1500多字的文章，记者可能要翻阅数十万字的资料，采访数十位相关领域的专家和世界知名大企业高管，并请相关专家严格审核把关。部分文章还征求了财政部和税务总局主管官员的意见，属于"独家新闻"。如果读者能够用心研读，说不定在字里行间还会有"意外发现"——你懂的。

提前研判减税趋势，企业还需提高能力

康晓博

阅读提示

李克强总理 2019 年 1 月 9 日主持召开国务院常务会议，决定再推出一批针对小微企业的普惠性减税措施，预计每年可再为小微企业减负约 2000 亿元。这一实质性减税措施推出后，"更大规模减税"呼之欲出。值此背景之下，本文采访了阿里巴巴等大企业财税负责人和专家，以帮助企业读懂国际、国内税改趋势和投资国税改信号，提早开展前瞻性研究，从而作出更有利的投资决策。

"更大规模实质性减税"，成为 2019 年年初，业界热议的话题。与国外一些大企业根据减税法案草案提前进行测算与布局相比，我国企业在研判税收改革趋势方面，还存在一定差距。尤其是，我国接下来将推进更大规模减税，企业到底该如何主动参与？ 1 月 10 日，在中国税务学会第八次会员代表大会召开期间，记者就此问题，采访了多位专家和大企业财税负责人。

记者在采访中了解到，2017 年，美国税改法案草案公布后，一家总部位于美国的跨国企业，建立了 200 多个数据模型，提前测算新政对其全球业务的影响，并据此作了多种应对预案。一些专家表示，尽管中美税收立法机制有所不同，税改的具体内容也存在较大差异，但是美国企业这种高度关注税改并提前研究、及早布局的做法，还是可圈可点的。

根据有关部门释放的信号和有关专家的判断，2019 年，减税仍是我国税改的"主题词"之一。对此，中国税务学会学术委员会副秘书长焦瑞进说，减税降费符合国际趋势，显示出我国的税制改革日益与国际接轨，正向着更加优化、更加公平、更加简便的方向前进。作为企业，应该关注并研究这个"大势"，及时调整经营决策，更好地分享减税红利。

在上海财经大学公共经济与管理学院教授朱为群看来，随着大数据、云计算等新一代信息技术的快速发展，以及数字经济的蓬勃发展，未来的税制建设将更符合数字经济的时代特征。因此，对于企业来说，除了关注短期的税收改革外，也应加强对中长期税收改革的趋势研究，主动顺应数字时代的历史潮流，加大税务信息化建设力度，以更高的智能化水平来应对税改未来的变化，有效防范潜在税务风险。"企业不能被动地等待税收改革的结果。"朱为群说。

那么，企业如何"主动而为"呢？阿里巴巴集团的探索，或许能提供一些有益的启示。

看到国务院常务会议近期针对小微企业的普惠性减税措施后，阿里巴巴集团税务总监李鹏难掩兴奋："这次减税力度非常大，对于阿里生态平台上的众多小微电子商务经营者来说，是巨大的'礼包'，很多人不用再缴纳增值税了。"在高兴之余，李鹏带领团队面向阿里生态平台上的小微经营者调研，了解最新减税政策在各地实施中可能遇到的实务操作问题，并及时向财税部门反馈调研结果。

对数字经济背景下的税收问题研究，阿里巴巴集团也一直没有放松。李鹏表示，在 BEPS 行动计划深入推进的背景下，中国的科技企业未来将遇到国际征税权争夺、跨境交易性质如何界定、所得如何确认、税收如何缴纳等一系列涉税难题。在此背景下，阿里巴巴集团税务部、阿里研究院等企业内部各部门紧密合作，紧盯国际税收政策的相关变化，全面收集 OECD 及世界各国对数字经济税收问题的新规定、新研究、新观点，并结合企业自身的实践，进行前瞻性分析和研究。

值得注意的是，在我国立法实践中，"开门立法"逐渐成为常态。特别在税收立法方面，立法机关往往会在正式颁布或修订税法之前，向公众发布征求意见稿。近年来，《车辆购置税法》《资源税法》《城市维护建设税法》

《环境保护税法》《印花税法》《个人所得税法》等一系列税法在立法过程中，都曾向社会公开征求意见，这就为企业提早研究税法，积极反馈意见，做好战略调整提供了相对准确的预期。

税收法规和规范性文件，是国家治理意志在税收领域的具体体现，具有较强的导向作用。企业通过深入开展前瞻性研究，有助于准确把握政策导向，进而对业务布局、人员结构、技术研发等进行调整和优化。采访中，一家企业负责人就告诉记者，《资源税法》征求意见稿发布后，公司税务团队开展了深入研究，发现其促进资源节约利用、鼓励企业绿色发展的导向十分明显。因此，公司及时调整发展思路，升级生产装备、改进生产方式，不仅享受到了不少税收红利，而且提高了企业市场竞争力。

可以预见，随着越来越多中国企业"走出去"，除了需要对减税等国内改革作出研判，还需根据国际税改趋势和投资国税改信号开展前瞻性研究，进而作出更有利的投资决策——这是在日益激烈的市场竞争中，企业能够胜出的关键。

税收负担做减法，税收意识做加法

——减税背景下企业苗头性税收问题分析

康晓博　齐卓月

阅读提示

2019 年 1 月 9 日，国务院常务会议决定，对小微企业推出一批新的普惠性减税措施，并允许各省（区、市）政府对增值税小规模纳税人，在 50% 幅度内减征资源税、城市维护建设税、印花税、城镇土地使用税、耕地占用税等地方税种及教育费附加、地方教育附加。减税降费大背景下，小微企业是重大受益对象，利好连连。那么对于小微企业而言，这是否意味着可以松懈自身税务管理？

对于广大小微企业来说，2019 年的春节格外喜庆。纷至沓来的减税"红包"让年味更浓，也更有力地支持了小微企业的成长发展。然而，一些小微企业认为，在国家大力推进实质性减税的大背景下，企业自身的税务工作"似乎没那么重要了"，没必要再投入精力去管理——这么考虑问题真的对吗？

春节假期期间，记者参加同学聚会时，在一家民营软件开发公司从事人力资源工作的一位朋友说，他们公司正准备缩减财税岗位，因为老板觉得，既然国家在减税降费，企业也没必要再那么重视税务工作了，应该把更多资金投入研发和销售中。

对此，中汇税务师事务所有限公司合伙人孙洋并不认同。他告诉记者，随着税收营商环境的不断优化和专业服务机构的蓬勃发展，企业确实可以借助纳税服务和专业服务机构的力量来降低税务管理成本，但在思想意识上不应放松税务合规，而应注重加强税务能力建设。近年来，税务机关正着力构建自主遵从、优质便捷的纳税服务体系，这在"还权于纳税人"的同时，也在"还责于纳税人"，纳税人须依法自主履行纳税义务，尤其要绷紧"税务合规"这根弦。企业如果忽视税务工作、放松合规要求，不仅无法顺畅地享受税收优惠，而且有可能产生涉税风险。

孙洋表示，不久前国家放宽了小微企业标准，但在企业资产总额、从业人数、年应纳税所得额三方面有严格规定，其中，年应纳税所得额不超过300万元是一个很重要的门槛。别看年应纳税所得额299万元和301万元之间只差2万元，但适用的税率是差异很大的。若企业负责人不重视税务内控、不仔细核算企业所得税调增和调减项目，就存在被税务评估甚至稽查的风险。

相比较而言，孙洋更担心的是，科技研发型小微企业因轻视税务管理而导致的融资败局。孙洋表示，企业的快速发展壮大，离不开市场融资，而资本方在尽调过程中，除了关注企业的产品、技术、市场空间和管理团队外，对其财务报表的真实性和合规性也非常重视。如果一家小微企业在财务和税务上存在瑕疵，那么资本方极有可能不愿意投资。基于此，孙洋建议小微企业，应当树立长远思维，始终坚持做好税务工作，否则等到未来进行融资时再去补救的话，所付出的成本将会非常高昂。

北京首佳税务师事务所有限公司总经理王文岗告诉记者，对小微企业而言，一定要认识到做好税务工作与实现健康发展之间的关系。以纳税信用等级为例，如果企业放松了合规要求、导致纳税信用降级，对于其品牌形象、市场开拓、贷款融资等都会造成损害，而且一旦形成惯性思维，将来改变起来会十分困难。

从现实情况来看，一些小微企业的高成长性不容忽视。据了解，目前我国小微企业的数量占了全国纳税企业总数的95%以上，成为我国经济创新发展的主力军和社会就业的主渠道，一批小微企业正快速成长为引人瞩目的"瞪羚企业"，并向"独角兽企业"晋级。2月13日，上海市经信委公布了2018年度"专精特新"中小企业名单，有706家企业进入上海市"专精特新"中小企业行列。而据统计，2018年境内新上市企业中超过50%来自"专精特新"，上海市市级百强民营制造业企业中，有1/3来自"专精特新"。"专精特新"企业已成为上海中小企业发展最好水平的代表。

业内专家表示，处于成长初期的小微企业通常会把绝大部分精力放在技术、产品、市场等方面，由此可能会对税务工作产生忽视。随着大规模、普惠性、实质性减税红利的释放，某种程度上将可能延长小微企业对税务工作的"忽视期"。因此，税务机关在不折不扣落实各项税收优惠政策的同时，应该积极借助减税契机，加强对小微企业的税收教育。对于小微企业而言，税收负担可以做减法，但税收意识必须做加法。

中央财经大学税收教育研究所所长贾绍华告诉记者，辩证地做好"加减法"，取得的结果将有可能是"乘法"。他表示，新一轮更大规模的普惠性、实质性减税降费，不仅将有力地推动小微企业的成长壮大，而且有助于在"润物细无声"中推进税法知识的普及。税务机关可以积极主动作为，让税法进校园、进企业、进社区、进家庭，并通过优质纳税服务和税收教育，激发企业发展的内生动力，为小微企业的健康发展提供不可或缺的税收保障。

登陆科创板，只是起点

熊方萍

阅读提示

2019 年 6 月 13 日上午，备受瞩目的科创板正式开板，中国资本市场迎来一个全新板块。微芯生物、天准科技等 6 家企业成为首批顺利通过科创板上市审议的企业。对于已登陆科创板的企业，或是即将登陆、准备申请登陆科创板的企业而言，受益于减税降费政策赋能的同时，该如何利用这一平台和起点谋求更好的发展？

当科创板遇到减税降费，会发生怎样的"化学反应"？从政策层面、专家分析和公众的期待看，这个"反应"的最终结果，会是一批关键性技术、颠覆性技术的突破——科创板的机制设计，加上减税降费的政策支持，将汇聚、叠加成为一股强劲的力量，"赋能"和加速科技创新的步伐。从这个意义上讲，对于科技企业来说，登陆科创板不是终点，只是起点。

科创板备受企业关注

作为资本市场改革的"试验田"，科创板自筹备以来就广受关注，并在社会瞩目中加速推进。不少企业高度重视、铆足了劲想登陆科创板，一大批颇具成长潜力的科创企业已经提交了发行上市申请。据记者了解，截至 6 月 11 日 15 时，已有 120 家企业提交了科创板上市申请，并有 6 家企业成功领取了"入场券"。

科创板之所以能够吸引众多科创企业，原因在于其为科创企业的发展提供了推动力。从设立的初衷和目的看，科创板定位鲜明——主要服务于符合国家战略、突破关键核心技术、市场认可度高的科创企业。可以说，科创板是为科创企业"量身定制"的。

从未来的效应看，一方面，科创板能为科创企业提供长期的资金支持，有助于破解企业研发创新"资金难"的问题；另一方面，科创板通过资本市场股权流通交易，能够帮助企业分散科技研发的风险，适应科技创新周期长、投入大、不确定性高等特点；此外，科创板还构建了自由、公平、公正的资本市场环境，企业登陆科创板，将接受投资者的审视和检验，这有助于筛选出真正优秀的科创企业，促进优胜劣汰和提升科创质量。

与减税降费不期而遇

令北京航天宏图信息技术股份有限公司财务总监王军感慨的是，他们公司登陆科创板的计划与减税降费不期而遇。

据悉，航天宏图是国内领先的遥感和北斗导航应用服务商，于 2019 年 7 月 22 日顺利登陆科创板。王军告诉记者，在企业发展过程中，国家的税收优惠政策发挥了很大的帮助作用。2016～2018 年，公司享受高新技术企业所得税优惠和研发费用加计扣除优惠超过 2500 万元，节省的税款充实了现金流，让企业有了更多的研发投入。

"科技竞争的实质是人才竞争，对我们这类科技驱动的创新型公司而言，科研人才是极为重要的核心资产。"王军说，个税新政实施后，公司平均每月代缴个税金额有了明显下降，2018 年平均每月代缴个税金额为 126.86 万元，而这一数据在 2019 年第一季度明显下降。"科研人员的钱包更鼓了，开展创新的热情也更高涨了。"王军说。

对于税收优惠的给力支持，北京木瓜移动科技股份有限公司财务副总沈蓓也深有体会。该企业的主营业务是用大数据技术开展海外营销服务。沈蓓表示，最近 3 年来，公司累计享受研发费用加计扣除金额接近 1 亿元。如今，一系列普惠性减税降费政策的实施，让企业有更充足的资金投入研发。"如果再加上科创板带来的诸多机遇，企业的未来将是一片蓝海。"沈蓓说。

技术创新才是硬道理

记者注意到,科创板上市申请已获受理的企业,都有拿得出手的"硬科技"。业内专家表示,对于企业而言,在享受了大量税收优惠的同时,一定要明白:实现技术突破才是硬道理。

科创板在机制设置上更为注重企业的核心竞争力及未来发展潜力,而非当下的体量和规模。业内专家告诉记者,科创板的定位,使得筛选出来的企业具备良好的技术基础和积淀,不过这一个个拥有创新实力的"点",最终要构建前沿技术领域逐个突破的"面",还需要科创板企业进一步努力。而国家的减税降费新政陆续出台、优惠红利持续加码,为从"点"到"面"的创新突破提供了源源不断的外部动能。

中汇集团全国技术总监赵国庆表示,截至 2019 年 11 月 24 日,有 56 家企业通过科创板上市审核,未来将会有更多企业登陆科创板,符合相关条件的企业要把握好这一绝佳机遇。一方面,企业要在税务合规处理基础上,充分借力科创板资本平台;另一方面,企业也应深入学习今年以来,国家密集出台的减税降费政策,用足用好税收优惠。此外,企业须将科创板的融资开源和减税降费的资金节流积极用于技术研发,持续提升科技创新能力。

"在顶层设计日臻完善的情况下,企业应当持续关注技术创新,用更多关键性、颠覆性技术,助推经济的高质量发展。"赵国庆说。

沪伦通启动：税收政策如何跟进

熊方萍

阅读提示

2019 年 6 月 17 日，中国证监会和英国金融行为监管局发布联合公告，沪伦通正式启动。同日，华泰证券股份有限公司发行的沪伦通下首只全球存托凭证（GDR）产品在伦交所正式挂牌交易。这趟通往国际资本市场的列车，后续是否能得到更多税收政策助力？对于投资者而言，后续是否能得到相关税收优惠？

沪伦通是继沪港通、深港通之后，A 股市场扩大对外开放的又一项重要举措。千呼万唤之下，这趟通往国际资本市场的列车终于启动，华泰证券成为其第一位乘客。那么，这趟前所未有的列车有哪些显著特点？后续是否会推出相关的税收优惠政策？

沪伦通对投资者充满吸引力

在沪伦通这一概念中，"沪"指上海证券交易所（以下简称上交所），"伦"指伦敦证券交易所（以下简称伦交所）。顾名思义，沪伦通即上交所与伦交所建立的一种互联互通机制。符合条件的两地上市公司，可依照对方市场的法律法规，发行存托凭证（DR），并在对方市场上市交易。通过存托凭证（DR）与基础证券之间的跨境转换机制安排，两地市场可以实现互联互通。

相比较而言，沪伦通与沪港通、深港通的交易方式有很大差异。在沪港通、深港通模式下，两地投资者可互相到对方市场直接买卖股票，"投资者"（资金）跨境，但产品仍在对方市场。在沪伦通模式下，上交所和伦交所分别将对方市场的股票转换成存托凭证（DR），然后到本地市场挂牌交易。换句话说，在上交所的货架上，中国投资者就可以买到来自伦交所的产品。

沪伦通为中国投资者开辟了分享世界资本市场发展成果的通道，将加速中国资本市场与全球资本市场的交流与融合，给中国企业带来更多机遇。此前，英国财政部明确表示，在上交所上市的公司中，有260家公司可能有资格在伦敦上市。专家表示，英国目前是中国在欧洲最大的投资目的地，而伦敦则是国际人民币市场的西方枢纽，有意愿并且符合伦交所上市条件的中国企业，可以做好相关准备，待时机成熟即可通过伦交所吸纳世界多元化资本。

值得关注的是，沪伦通引入的是伦交所优质蓝筹企业。对中国投资者而言，这意味着不出国门就能获得分享境外发达市场投资收益的渠道。因此，天津财经大学财税与公共管理学院孙正博士建议资金充裕的中国投资者，及时调整思路，以组合投资的方式，通过长线持有来获取股息、红利和差价收益。

在中国社会科学院财经战略研究院副研究员蒋震看来，开通沪伦通，是中国融入全球市场的重要手段。金融市场的互联互通，不仅有助于激活中国资本市场的发展潜力，而且在构建人类命运共同体、促进全球要素资源配置方面，也具有重要的积极意义。

税收优惠政策应当如何设计

早前，国家有关部门就针对沪港通和深港通，出台了系列税收优惠政策，以鼓励投资者的参与。蒋震认为，相比较而言，沪伦通是资本市场更具创造性的尝试，涉及的两个资本市场成长于背景完全不同的两个国家，涉税问题更为复杂，有必要结合国际和国内两个市场的环境和特点，以及国际税改的新趋势，出台有助于沪伦通健康发展的税收优惠政策。

事实上，在沪伦通启动前，相关的税收政策调整已经释放出信号。2018年11月，财政部、国家税务总局就《印花税法（征求意见稿）》（以下简称《征求意见稿》）向社会公开征求意见。《征求意见稿》中有一条规定引发证券行业热议——证券交易印花税从股票扩展至以股票为基础发行的存托凭证。

多位学者认为，这其实意味着国家已经在法律层面，考虑为沪伦通的发展做好税收政策铺垫。

天津财经大学财税与公共管理学院刘维彬博士认为，企业所得税方面或将有更多税收优惠政策可以研究和储备。据了解，沪伦通的投资准入门槛为"连续 20 个交易日持股市值在 300 万元以上"。有数据显示，满足这一资质的散户仅占投资者总数的 2.1%。换言之，机构投资者或将成为沪伦通的主要参与者。因此，在企业所得税优惠和个人所得税优惠的设计上，应该鼓励优质的机构投资者和个人投资者进入，以吸引更多的资金流。

同时值得关注的是，6 月 21 日，A 股纳入富时罗素指数。6 月 25 日，中日 ETF（交易型开放式指数基金）互通正式启动，4 只中日 ETF 互通产品在上交所上市。对此，武汉科技大学金融证券研究所所长董登新说，中国资本市场税制体系也是中国税制体系的一部分。随着中国资本市场扩大开放的步伐进一步加快，未来还会有很多税收政策创新值得期待。

读懂税收信号，风景这边更好

——外资企业对华投资税收支持方向探析

熊方萍

阅读提示

全球外国直接投资（FDI）连续三年下滑的大背景下，中国吸引外资总量却逆势上扬。据中国商务部统计数据显示，2019 年前 5 个月，高技术制造业实际使用外资 417 亿元人民币，同比增长 23.2%；高新技术服务业实际使用外资 633.1 亿元人民币，同比增长 68.9%。税收优惠政策与其他政策协同配合，释放出中国进一步扩大对外开放的决心与信号。

联合国贸发会议发布的《2019 年世界投资报告》显示，全球外国直接投资（FDI）连续三年下滑，中国吸引外资总量却逆势上扬。据中国商务部统计，2019 年前 11 个月，中国实际使用外资 8459.4 亿元人民币，同比增长 6.0%。为何中国"风景这边更好"？专家表示，中国市场在全面深化改革、扩大开放的过程中日益成熟，对外资产生了越来越强的吸引力，而这背后，税收的作用不容忽视。

市场消费能力、产业配套环境、营商环境等，是影响跨国公司境外投资决策的主要因素，而税收与这些因素息息相关。中国大企业税收研究所副所长、曾在多家知名跨国公司担任过财税高管的吴东明告诉记者，中国市场的成熟与中国税收政策的优化相辅相成，两者叠加，跨国公司"很难不动心"。

实施大规模、强力度的减税降费，支持企业创新，为纳税人减负，促进了中国市场产业生态的完善和消费能力的提升。从供给端看，营改增、个人所得税改革、深化增值税改革等一系列举措，为各领域企业的创新发展注入了动力，进而促使我国产业配套环境更加完善。在清华大学全球产业 4.5 研究院副院长朱恒源看来，中国产业链的集聚程度、完整程度冠绝全球，对于来华投资的跨国企业来说，能够便捷、高效、低成本地"把产品造出来"。从需求端看，一系列减税降费政策的实施，助推中国市场的消费升级。以个税为例，2019 年前三季度，个税改革新增减税 4426 亿元，累计超过 1 亿人的工资、薪金所得无须缴纳个税，居民有了更多的可支配收入和更强烈的消费意愿。跨国公司来华投资，无疑也能更好地"把产品卖出去"。

优化税收营商环境，出台鼓励外商投资的税收优惠政策，持续释放开放信号。近年来，中国税务机关通过深化"放管服"改革、开展"便民办税春风行动"、推进网上办税等，构建起良好的税收营商环境。世界银行发布的《2020年营商环境报告》显示，2019 年，我国营商环境全球排名从 46 位大幅跃升到31 位。2018 年，中国纳税次数、纳税时间排名分别较 2017 年上升了 23 位、43 位，2019 年中国纳税指标提升 9 位。在鼓励外商投资方面，中国也积极出台税收优惠政策。例如，2018 年，财政部、国家税务总局等多部门联合发布《关于扩大境外投资者以分配利润直接投资暂不征收预提所得税政策适用范围的通知》（财税〔2018〕102 号），进一步扩大境外投资者再投资暂不征收预提所得税政策的适用范围。"无论是税收营商环境、税收优惠政策，还是新出台的《外商投资法》，都表明中国进一步扩大对外开放的决心，这让我们对中国市场更有信心。"一家消费品行业的外企高管告诉记者。

以中国智慧助力打造国际税收新秩序，为跨境投资营造公平公正的良好环境。一方面，中国加快与其他国家（地区）签署税收协定的速度，为跨境投资创造确定、有利的税收环境；另一方面，积极将中国方案融入国际税收新规则，全程参与推进税基侵蚀和利润转移（BEPS）计划，促进国际税收环境的公平公正。此外，中国不断加强"一带一路"税收合作，2019 年 4 月，全球 34 个国家（地区）税务部门共同签署了《"一带一路"税收征管合作机制谅解备忘录》，建立了"一带一路"税收征管合作机制，致力于促进经贸畅通、消除税收壁垒。专家表示，这一系列举措与市场规律协调共振，与国际惯例循序接轨，既有助于同时促进"引进来"与"走出去"，又有助于从贸易全球化的角度共建人类命运共同体。

吴东明表示，一项项税收改革措施落地，税收营商环境持续优化，传递出进一步扩大开放、欢迎外商投资的明确信号，外资企业应读懂这种税收信号，在遵守中国相关法律法规、保障税务处理合规的基础上，积极把握红利期，迈开对华投资的步伐，领略中国市场"好风景"，分享中国发展的机遇与成果。

有空间就避税，道德吗

——跨国公司"纳税道德"问题探讨

康晓博

阅读提示

2019 年 7 月，春雨医生、丁香医生等多家在线医疗平台，由于没有在苹果商店中使用 IAP（In App Purchase 应用内购买）服务并缴纳 30% 服务费，其 iOS 版 App 被停更。这一行为迅速引起广泛质疑。事实上，苹果公司不仅凭借其一系列操作系统的垄断地位暗自收取"苹果税"，还在其跨国生产经营中存在避税等行为。对于一家改变人类生活的全球顶尖科技企业而言，苹果公司的"纳税道德"值得被拷问。同时，跨国企业应对公正合法的国际税收秩序加大关注，提升纳税道德与税务合规，主动承担社会责任，毕竟，企业纳税道德是税收法治和税收管理完善共同作用的结果。

"我并不是指控你违反税法，而是指责你没有道德！"几年前，一家知名跨国公司因避税遭美国国会调查时，一位议员在听证会上义正词严说出的这句话，给记者留下了十分深刻的印象。而最近，"苹果税"问题再度引发了业界关于税收与道德的思考。

"苹果税"并非一种税，而是苹果公司向用户收取的一种费用的形象说法。2017 年 6 月，苹果公司更新 App Store 条款，要求通过虚拟货币进行的打赏，应当被视为应用内购买，苹果从中提取 30% 的分成，而且必须走苹果的支付渠道，这种收"买路钱"的行为被业内称为缴"苹果税"。自推行以来，"苹果税"屡屡受到开发者的抵制，甚至不乏开发者向苹果公司发起集体诉讼的例子。前不久，苹果公司打算将"苹果税"延伸到在线医疗服务平台，经媒体报道后，引发重重质疑，在舆论压力下，苹果公司最终放弃这一想法。

苹果公司一方面通过其操作系统的垄断地位收取"苹果税"；另一方面，其自身在税收上的行为，却屡受质疑。记者梳理发现，多家媒体及多位业界专家都曾分析过苹果公司的避税行为：苹果公司在爱尔兰设立了苹果国际运营公司（AOI）、苹果国际销售公司（ASI）等子公司，这些公司的注册地虽然都在爱尔兰，但实际管理机构则在百慕大及美国，根据此前爱尔兰税法的规定，属于非税收居民，可以不用向爱尔兰政府缴税；而美国税法规定，只有公司注册地在美国，才必须向美国政府缴税，这样苹果公司就可以利用两国税收制度的差异，创造双重非税收居民，进行避税。

不过，根据爱尔兰税法规定，在爱尔兰的公司所得如果被认为来源于爱尔兰，仍会要求在爱尔兰纳税。对此，苹果公司也进行了安排，其在很早之前就与爱尔兰签订了预约定价协议，使得苹果在爱尔兰的实际税负仅为 1%～2%，远低于爱尔兰 12.5% 的所得税税率。苹果公司还利用成本分摊协议，将利润转移至爱尔兰，逃避相应的纳税责任。

记者注意到，苹果公司的避税行为，曾多次受到调查与处罚。2013 年，意大利税务机关调查认定，苹果公司利用爱尔兰附属机构减少应纳税收入，从而减少应纳税额，在意大利涉嫌逃税约 8.79 亿欧元，苹果公司最终同意向意大利政府支付 3.18 亿欧元的罚款。欧盟委员会也曾对苹果公司的避税行为进行过调查，其于 2016 年 8 月发布的调查报告显示，苹果公司通过避税架构，在欧洲业务的实际税负率非常低，2014 年仅为 0.005%。以苹果设立在爱尔兰的 ASI 公司为例，该公司 2011 年的利润为 160 亿欧元，但仅向爱尔兰政府缴纳了 5000 万欧元的税款。对此，欧盟委员会裁定苹果公司应补缴 130 亿欧元税款，同时缴纳相应利息。

"当界定一笔收入的性质存在争议和存在客观的避税空间时，很考验企业的'纳税道德'。"科信鹏富（北京）商务咨询有限公司合伙人刘宇告诉记者，"苹果税"的收入性质就存在争议。如果将其界定为服务费，由于其服务地点未在境内，仅有 6% 的增值税；如果界定为特许权使用费，通常需要代扣代缴 6% 的增值税和 10% 的预提所得税。倘若相关税收协定提供了更优的税收待遇，作为非居民企业的苹果公司，还可以申请享受税收协定待遇。当然，这要具体取决于苹果公司在中国的经营模式。在这种情况下，是否遵从税法，能在多大程度上遵从税法，在一定程度上考验着企业的"纳税道德"。

"法律是准绳，任何时候都必须遵循；道德是基石，任何时候都不可忽视。"中央财经大学国际税收研究中心主任曹明星说，在当前数字经济迅猛发展的背景下，一些高科技企业的国际避税行为日趋严重，尽管其操作手法可能并未明显违法，却凸显出了不道德性，会产生不良的示范效应，进而对国际税收秩序产生不良影响。他表示，有影响力的跨国公司，应该始终树立正确的价值观念，始终秉持合规意识，勇于承担社会责任，才能为自身的"基业长青"打下坚实基础。

运用财税杠杆，集聚优秀人才

王维高　熊方萍

阅读提示

2019年8月，中央组织部、国家发改委等7部门联合印发《关于支持海南开展人才发展体制机制创新的实施方案》，支持海南在人才培养、引进、使用上大胆创新，为海南全面深化改革开放提供强有力人才保障。放眼全世界，不难发现财税政策在人才争夺战中的广泛运用。事实上，财税政策制定过程中，人口因素的考量无处不在。若能读懂人口因素与国家宏观战略导向之间的关系，企业将对财政政策的制定与出台有更好的预测把握。

近年来，无论是企业之间、区域之间，还是国家之间，围绕人才所展开的竞争，正日趋激烈。而在人才资源的配置和流动过程中，财税政策能够产生显著影响。基于此，笔者认为，无论政府还是企业，在实施人才战略时，有必要在财税因素上"多考量"。

就集聚高端人才来说，财税政策是十分"给力"的手段。从数量上看，具备关键创新能力、能够实现"从0到1"突破的高端人才，是绝对的"稀缺资源"；从流动范围看，高端人才的视野更广，在全球范围内自由流动。基于这样的特点，各国在吸引高端人才上不遗余力，从多个层面采取了一系列举措，而财税政策是其中重要的方式。通过运用财税政策，不仅能直接给高端人才带来经济上的优惠，而且能营造尊重人才、鼓励人才的良好氛围，从而产生对高端人才的"向心力"。

为了吸引全球高端科技人才，我国深圳自2011年开始实行"孔雀计划"，向符合条件的入选者提供从 32 万元到 120 万元不等的一次性补贴，还有涵盖家庭成员的一揽子福利及医疗保险等。截至 2018 年 3 月，该计划共招募了 3246 名高端科技人才，取得了良好成效。而海外一些国家，在吸引和集聚高端人才方面，也非常注重发挥财税政策的作用。比如，新加坡一方面通过降低个人所得税等方式，将优惠直接送至高端人才手中；另一方面，给予跨国公司特别税收优惠，借助跨国公司的力量实现对全球范围内高端人才的"二次吸引"。在一系列税收优惠的作用下，新加坡成为越来越多国际高端人才移民置业的目的地。公开数据显示，这个国土面积只有 700 多平方公里的岛国，目前已有约 2.6 万家国际公司入驻，而世界 500 强企业中约有三分之一选择在此设立其亚洲总部，为其集聚了大量高端人才。

就特定行业来说，通过运用财税政策，能够引导专业技术人才配置，促进行业人才队伍的壮大。以养老服务业为例，国家统计局数据显示，2018 年年末我国 60 岁及以上人口占比已达 17.9%，迅速增加的老年人口催生了大量养老服务需求。为了扶持养老服务业发展，我国近年来出台了一系列税收优惠政策，对相关养老服务业在增值税、所得税、契税等方面给予多项优惠，为其快速发展增添了动力。

不过，专业技术人才不足仍是当前养老服务业发展的瓶颈之一。统计数据显示，目前我国专业养老护理人员数量不足百万。对此，部分省市积极利用财税补贴方式，加大对养老服务人才的培养和吸引力度。不久前，苏州市出台《养老从业队伍培训和入职奖励管理办法》，对养老从业人员设立入职奖励，最高奖励达 6 万元。财税补贴的方式产生了良好效应，北京师范大学中国公益研究院发布的《2019 中国大学生养老服务就业意愿调查报告》显示，有超过七成学生毕业后愿意从事养老服务工作。由此可见，积极应用财税手段，有助于改变我国养老服务业先天不足、就业人员匮乏的现状。

就不同区域来说，通过运用财税政策，能够促进人才资源的跨区域流动，为区域经济的发展崛起提供人才支撑。改革开放初的 20 年间，为引进外资，我国东部地区逐步形成了多层次的涉外税收优惠体系，吸引了大量企业在东部落户，其激增的劳动力需求带动规模巨大的中西部农村人口前往务工，促进了东部地区经济的迅速发展。1999年以后，我国将区域经济布局划分为东部、中部、西部和东北老工业基地四大板块，相继出台了《关于西部大开发税收优惠政策问题通知》等区域性税收优惠，吸引了人才的涌入。2008年以后，我国在原有四大经济板块基础上，进一步细化了30多个经济区，相应的税收优惠更灵活、更具针对性，以满足不同地区对不同行业、不同层次人才的需求，促进了各区域的蓬勃发展。

放眼未来，财税政策在促进不同类型人才资源的行业性和区域性流动方面，将持续发挥良好作用。基于此，笔者认为，立法部门和政府部门应注重发挥财税政策在吸引人才上的显著作用，在制定相关财税政策时，充分考虑人才资源的实际情况，让政策更加完善；对于企业来说，应当学习和读懂财税政策背后的"人才导向"，善于借助财税政策，加大对所需人才的吸引力度，进一步促进自身的快速发展。

诺奖带来的税收，可能超乎你想象

康晓博　施　斌

阅读提示

2019 年 10 月 14 日，随着诺贝尔经济学奖的揭晓，2019 年诺贝尔奖所有奖项公布完毕，引发全球新一轮关注热潮。诺贝尔奖与税收之间有什么关系？本文通过采访知名学者和相关企业，发现获诺奖的科研成果，在产业化应用过程中，往往会创造巨大的经济价值和税收贡献。在此背景下，无论政府部门还是企业，都应当重视基础科研及科技成果转化，让科研成果真正发挥应有的价值，更好地服务于税收，服务于国家，服务于社会。

每年的诺贝尔奖揭晓，都会引起举世关注，其中的三项自然科学奖——生理学或医学奖、物理学奖、化学奖，尤其受人瞩目。这三个奖项关系人们的福祉，深刻影响着人类社会的科技变革和经济发展。那么，诺奖与税收，又有着怎样的关系呢？实际上，两者之间的关系，绝不是获奖者的奖金收入要缴纳个税那么简单。

记者注意到，诺贝尔自然科学奖所授予的对象几乎均为基础性重大科研突破，相关成果往往为多个产业的发展奠定基础、开辟未来。比如，1964 年的诺贝尔物理学奖授予查尔斯·汤斯、尼古拉·巴索夫和亚历山大·普罗霍罗夫，他们的研究成果就为激光技术的发展与应用开辟了道路，诞生了激光加工、激光医疗、激光照排等多个产业。今年的诺贝尔化学奖得主约翰·古迪纳夫、斯坦利·惠廷厄姆和吉野彰，通过不懈努力，让轻巧、可充电且能量强大的锂电池在全球范围内得到广泛应用，因此创造的经济价值和税收贡献不可估量。

公开信息显示，仅中国 A 股市场，目前上市锂电池公司的市值就超过了 1 万亿元。巨大的经济价值，自然带来了巨大的税收贡献。并且，诺奖带来的直接和间接税收贡献，还会以财政资金的形式反哺基础科研，从而形成"科研成果—经济价值—税收贡献"的良性循环。

中国人民大学财政金融学院副院长岳树民说，获诺奖的科研成果究竟带来了多少税收价值，目前没有看到相关的统计数据，但仅从常识判断，必定是一个巨大的数字。总体来看，许多科研成果正是因为推动了技术创新，推动了经济社会的发展进步，创造了巨大的社会价值和经济价值，改变了人类社会，才获得诺奖，其税收价值已经彰显；也有许多诺奖成果影响着相关产业未来的发展方向，其经济价值和税收贡献是潜在的。这就需要包括税收政策在内的各项政策的积极引导和"催化"，让包括诺奖在内的科研成果，都能产生出更大的经济价值和税收价值。

从实践看，在推动诺奖成果产业化方面，税收发挥的促进作用的确不可小觑。2010 年，安德烈·海姆与康斯坦丁·诺沃肖洛夫因发现石墨烯而获得诺贝尔物理学奖。被誉为"新材料之王"的石墨烯，虽已在新能源、消费电子、生物等多个领域得到应用，但整体而言，还处于产业化初期，尚未完全爆发。目前，中国的很多企业，正在石墨烯的应用方面不遗余力。

宁波墨西科技有限公司是一家专注于石墨烯材料的研究、生产、销售和应用技术开发的领先企业，完成过国家级、宁波市级等各级政府的多个重大产业及科技项目。该公司董事长苈玉宝告诉记者，石墨烯前途非常光明，但道路相对漫长。像石墨烯这样的新材料技术，主要应用于产品制造的原材料之中，其本身并非直接的成型产品，因而在终端市场的影响力需要经历摸索和积累的过程，才会形成产业爆发。而在此过程中，我国出台的一系列税收优惠政策发挥了良好的促进作用，尤其在企业层面的技术应用创新上，税收优惠政策提供了实打实的支持。

苈玉宝表示，从他们企业的实际情况看，我国实施的个税新政，激发了企业科研人员的创新热情，而研发费用加计扣除等优惠政策，为企业的技术创新注入了强劲动力。其感受最深的，是国家出台的增值税留抵退税政策。2018 年，企业符合退还部分行业留抵税额政策的规定，在宁波市税务机关的悉心辅导下，迅速收到近 400 万元退税款，补充了资金实力，加速了技术突破的步伐。

岳树民分析，一般来说，科技成果的产业化包含两个阶段：一是从高校、科研院所等机构的基础研究转化到企业层面，二是企业层面所开展的技术应用创新。整体来看，在企业应用技术创新阶段，我国的税收优惠政策形成了较为系统全面、长久有力的支持；在科技成果转化阶段，我国已有科技人员股权奖励优惠、科技成果转化个税优惠等政策，而未来，税收在这一阶段还可以发挥更为精准的作用。

统计数据显示，目前我国每年有 3 万项通过鉴定的科技成果、100 多万项专利技术，但能转化为批量生产的仅占 20%，能形成产业规模的只有 5%，而西方发达国家的科技成果转化率一般在 60% ～ 80%。对此，专家分析认为，我们应该更加重视诺奖对税收广泛而深远的正面影响，举一反三，通过税收政策的进一步优化，更好地促进科技成果的转化，让包括诺奖在内的科研成果，更好地服务于税收，服务于国家，服务于社会。"其实，这也是实现经济高质量发展的题中之义。"有关专家说。

5G 时代，税收应有包容性

李传翠　李明炫

阅读提示

5G 时代正在到来。2019 年 10 月 18 日，在 2019 中关村论坛上，来自 50 多个国家和地区的科学家、企业家、投资人齐聚一堂，围绕"5G 赋能未来产业"这一主题，进行了深入研讨。本文对参加论坛的行业协会、科研院所及知名大企业的专家进行了采访，发现 5G 技术将赋能千行百业，创造出众多"已知的未知"和"未知的未知"。面对这种情况，税收政策和税收管理应当怎样适时变革？倘若变革落地开展，企业又该如何应对？通过阅读本文，能够获得思考和启迪。

2019 年是我国 5G 技术商用元年。2019 年 10 月 31 日，在 2019 年中国国际信息通信展览会开幕式上，5G 商用服务启动。

在 2019 中关村论坛上，中国通信标准化协会理事长奚国华向记者谈及 5G 发展时表示，产业生态的成熟需要进一步打通 5G 垂直行业，也需要政府加强鼓励和引导，而税收正是政府进行引导的重要手段之一。奚国华的一番话，道出了众多相关企业的呼声。5G 所引发的变革，已经到来，税收政策也需要"跟上步伐"。

一方面，对于传统行业而言，有了 5G 技术的助力，生产方式、运营方式乃至商业模式都会发生变革。

中国移动研究院的高级项目经理朱笑樱，和团队成员一起研发的创新成果，获得 2019 年中关村 5G 创新应用大赛一等奖。她表示，5G 技术的应用增强了电信企业为电网不同业务场景提供差异化网络配置、开展增值网络服务的能力，同时也大大提升了电力企业的网络能力。在此基础上，两个行业的业务服务方式、平台扩展方式发生了相应变革，使得电的管理更科学、更有效。

另一方面，在 5G 技术的保障之下，许多目前并不为人所知的新产业、新领域将被开拓出来。中国移动研究院院长张同须预测，"5G+"将开启万物智联的"寒武纪"时代，引发产业物种大爆发。

以超高清视频产业为例，要想落地、推广、发展，必须与移动互联网高度结合，而现有网络是难以支撑的。"5G 网络具有超大带宽、超低时延、超低能耗等特性，为这种结合提供了必要条件。"北京数码视讯科技股份有限公司研发副总裁邹箭宇表示，未来，依靠 5G 技术，超高清视频产业将有多种发展可能性，成为一个深刻影响人们生活的、欣欣向荣的崭新产业。

按照新古典经济学两要素增长模型公式 $Y=AF（K，L）$，资本 K 和劳动力 L 的投入增加，或者技术 A 的进步和社会组织方式 F 的变化，都会带来经济的增长。5G 技术作为影响千行百业的底层关键技术，无疑将成为拉动经济增长的强劲动力。中国信息通信研究院发布的《中国 5G 应用发展白皮书（2019）》指出，对中国经济而言，2020～2025 年，5G 将直接带动经济总产出 10.6 万亿元，间接带动经济总产出 24.8 万亿元。

总体来看，就像全球移动通信系统协会（GSMA）中国战略合作总经理庞策所言，5G 技术将创造出众多"已知的未知"和"未知的未知"。而这种丰富的未知性、可能性，就是 5G 时代的显著特征。根据有关专家的观点和记者采访的情况看，税收应树立 5G 思维，适应这种未知性特征，从"看得见"和"预见到"两个层面，进行税收政策和税收管理的前瞻性布局，来包容、促进、拓宽 5G 创造的可能性空间。

从"看得见"角度来说，目前不少 5G 企业在税收政策方面有急迫需求。朱笑稷结合 5G 项目管理的三个"关键时间节点"，建议税收政策以关键时间节点为依据进一步细化，以更加精准地解企业的燃眉之急。她向记者表示，一个项目通常从正式开始到 1.5 年算作研发阶段，1.5 年后进入市场运营阶段，第 3 年开始进入初步流水收入阶段。这三个阶段中，研发中后期、市场运营初期和运营宣传时期是"资金最困难时期"，对政策扶持的需求尤为迫切。

从"预见到"角度来说，5G 时代，将会出现层出不穷的新商业模式、新产业形态，这将对税收管理提出各种新要求。如何才能既做到税收管理有效到位，又能以税收力量助推创新？业界专家表示，有必要进行机制创新和前瞻布局，比如，可以探索尝试建立税收事后裁定制度，对确因技术创新或者生产组织方式创新带来的税收政策空白地带或者模糊地带，事后给出具有包容性的解决通道，减少企业在创新过程中对税务风险的担忧，为其提供"大胆闯、大胆试"的良好环境，推动我国经济转型升级和高质量发展。

税收如何应对人工智能"抢饭碗"问题

康晓博

阅读提示

2019 年 10 月 20 日至 22 日，第六届世界互联网大会在浙江乌镇举行。在本届大会上，人工智能成为专家热议的焦点，包括百度董事长李彦宏、华为荣耀总裁赵明等在内的多位"大咖"，均认为人工智能正在加速发展，会在不久的将来给各行各业带来巨大变化。而面对人工智能的迅猛发展，坊间一直有一种担忧：人工智能会抢人类的"饭碗"吗？本文对中央财经大学、天津财经大学等高校专家进行了采访，从税收视角出发对这一问题进行了分析解读。阅读本文，能够引发前瞻性思考，找到适合自身的"应变之道"。

人工智能的发展会不会带来大量失业？这个问题一直牵动着人们的神经，也一直是业界专家研讨的热点话题。在今年的世界互联网大会上，业界"大佬"纷纷看好人工智能的发展速度和应用前景，这再次引起人们对"AI 抢饭碗"的关注和担忧。业界专家表示，税收与就业关系密切，在应对这一问题上，税收可以发挥良好作用——注意，税收只能起作用，但绝不是关键性的影响因素。

无人驾驶、无人零售、无人货运……这些新生事物正从概念性名词，逐步变为生活中的现实。产业界的相关研究认为，在高度稳定与可预测环境下的体力劳动，最易受到人工智能的影响；国际人工智能领域著名学者吴恩达甚至认为，"任何人类大脑能在一秒内完成的工作，现在或者不久的将来都会被自动化"。与此相关的工作岗位数以万计，倘若都让人工智能"上岗"，人类怎么办?

人工智能将与历史上数次机器取代人工的情况类似,在取代一批现有岗位的同时,也将创造一批新的岗位。当下非常热门的一项工作——帮助人工智能提升学习能力的数据标注员,就是一个例子。统计数据显示,目前我国从事该工作的人数已经超过千万。而今年4月,人社部等部门向社会发布了13个新职业,其中就包括人工智能工程技术人员等多个伴随人工智能发展而产生的新就业机会。

中国社会科学院数量经济与技术经济研究所研究员蔡跃洲通过研究认为,人工智能在替代劳动、减少部分就业岗位的同时,还会通过补偿效应和创造效应增加部分就业岗位,从而对其替代效应形成抑制作用。从中短期来看,只要人工智能技术尚无法完全替代人类劳动,抑制效应将不断发挥作用,就业岗位总量也将基本保持稳定平衡。但是,人工智能的发展将使就业结构发生重大调整,中间层岗位容易被替代,可能呈现出高收入、高技能岗位与低收入、私人服务型岗位比重同步上升的"两极化趋势"。

那么,面对这样的变革,税收可以发挥怎样的作用?

税收好比"指挥棒"。天津财经大学财税与公共管理学院讲师刘维彬表示,国家的税收政策背后有产业发展导向和就业结构调整作用,学习和了解税收政策,有助于把握就业方向。例如,今年6月我国出台了针对养老、托育、家政等社区家庭服务业的一系列税收优惠政策,这背后其实存在着相关产业亟须发展、人才严重不足的现实情况。统计数据显示,截至2018年底,我国60岁及以上老年人口约2.5亿人,但养老服务供给不足,专业化的劳工缺口在5000万左右,存在广阔的就业市场。"面对人工智能带来的新旧职业交替,不妨从税收政策角度进行分析,为就业提供参考。"刘维彬说。

税收好比"助推剂"。我国在促进就业和技能培训方面出台了不少税收优惠政策,这些政策可以助推人力资源素质提升,帮助人们提升职业技能,从而更好应对未来职业市场的变化。中央财经大学财政税务学院副院长何杨告诉记者,我国目前在就业、教育、培训方面的税收优惠政策涵盖不同群体、不同对象。例如,个税专项附加扣除中的子女教育和继续教育,有助于激励个人打牢学历教育基础，不断增强职业技能，从整体上提升人力资源素质。通过税收政策的激励作用，一些具有潜能的劳动力通过培训，就可以提升技能，从而在新旧职业交替和就业结构调整变革中胜任新的岗位。

税收好比"稳定器"。一些研究观点认为，尽管人工智能会创造新岗位，但由于技术演进速度、岗位结构情况、劳动者适应情况等因素，也不排除短期内结构性失业的可能。在应对这种不确定性上，税收可以提供一定的财力保证，发挥好"稳定器"作用。

历史反复证明，技术的更迭是不以人的意志为转移的，人工智能的发展亦是如此。因此，面对扑面而来的人工智能发展热潮，各国都需要考虑，如何运用税收调节功能和保障功能，前瞻性地引导人们的就业方向，尽可能挖掘潜在就业空间，培育全新的就业岗位，并对暂时无法就业的群体，提供更有力的生活保障。

数字货币可以用来缴税吗

康晓博

阅读提示

2019年6月，社交网络巨头脸书公司（Facebook）发布其加密数字货币"天秤币"项目白皮书，引发全球高度关注。各国随即加大对数字货币的研究力度，包括中国、加拿大、欧盟等在内的多个国家和地区，积极研究推出官方数字货币。那么，数字货币未来是否有可能用来缴税？本文对此采访了高校和研究机构的专家。本文不仅提供了独特的视角和见解，也有助于引起企业的相关思考和研究，并为其前瞻性布局提供参考。

历经千年时光，税收从征收品类繁多的实物，过渡到了货币。而如今，随着数字货币的快速发展，出现了一个新的话题：未来，税收是否可以用数字货币缴纳？

在讨论这一问题前，有必要从历史维度探究税收"标的物"变迁背后的逻辑。在世界范围内，税收都经历了从实物税到货币税的发展历程。在古代中国，曾有漫长的实物税、力役税历史，民众需要向国家缴纳粟、谷等粮食作物和绢、布等日用品；需要服徭役。"有谷未为儿女计，半偿私债半官租""蚕神女圣早成丝，今年丝税抽征早"等诗句，均描写了当时的民众用实物缴税的场景。

中央财经大学财政税务学院讲师刘明告诉记者，税收以货币形式缴纳，最早是在春秋战国时期出现的。到了秦汉时期，出现了统一的全国经济和统一的税收、货币制度。随着货币被广泛使用，税收种类和形式也出现新的变化。除田赋外，越来越多的税收开始采用货币形式，如口赋、算赋、赀贷税。纳税人也可以缴纳一定数量的货币作为代役金，免服徭役。到了魏晋南北朝时期，由于全国战乱不断，社会秩序不稳，人口大幅减少，商品经济陷入低谷。这时的税收又主要以实物形式存在。

此后的唐宋明清几个朝代，在建立初期，由于刚经历战乱，商品经济不发达，税收同时采用实物和货币形式。到了朝代的中后期，随着人口增长和商品经济发展，税收更多地采用货币形式，如唐朝的"两税法"、宋朝的王安石变法、明朝的"一条鞭法"，都将许多税收从实物变为货币。民国时期，经过"废两改元"和"法币改革"，建立了具有现代意义的货币制度，银两、银币等退出历史舞台，税收自此以法币计算缴纳，实物税虽还存在，但整体上已转变为货币税。

"回顾历史可以看出，税收从实物形式转向货币形式，背后最主要的因素是商品货币经济的发展。"刘明说，未来，税收是否可能存在数字货币形式，也可以从经济发展和货币制度两个方面进行分析。

从经济发展因素看，数字经济方兴未艾，正从方方面面深刻影响着人类社会，而数字货币是伴随数字经济的发展而产生的，其对于数字经济的提质增效、普惠共享、宏观调控、风险防范等有重大作用，加快发展数字货币已势在必行；从货币制度因素看，国际商业机器公司（IBM）和国际货币金融机构日前联合发布的调查报告显示，全球多家央行正在认真考虑开发和发行央行数字货币，这将带来货币制度的变革。既符合经济发展需要，又将被纳入货币体系在社会流通，数字货币无疑具备用来缴税的可能。

需要指出的是，数字货币大体上可以分为两类：一类是比特币、莱特币、以太坊等民间开发的虚拟货币；另一类则是国家推出的法定数字货币，由央行开发和发行。国家税务总局税收科学研究所研究员孙红梅告诉记者，目前各国对于民间虚拟货币的性质有不同定位，有的认为其是一种资产，有的认为其是一种支付方式，但总体而言，民间虚拟货币有币值剧烈波动、不够稳定、底层信用较弱、难以监管等特点，这些特点决定了其可能无法成为真正意义上的货币。因而，未来能够作为法定货币在社会流通使用、可以用来缴税的数字货币，应当是央行数字货币。

"货币的背后是国家信用和国家主权。"孙红梅说，目前各国正纷纷抢占法定数字货币的竞争高地，倘若法定数字货币能够等同于现金、最终成功落地、在社会范围内广泛普及使用，毫无疑问就可以用来缴税。并且，由央行开发的法定数字货币，在进行交易支付时更加便利、更易监管、更能反映经济的运行情况，这既可以让纳税人缴税更加便捷，也将进一步为税收征管带来变革。

采访中，不少专家都强调，法定数字货币尤其要注重加强安全性设计。因为倘若未来大笔大笔税款都以数字货币的形式存在，一旦出现安全漏洞，受到网络攻击，其后果是不可想象的。"加强安全保障和风险防范至关重要。"孙红梅说。

入驻"新高地"，企业新选择

——中西部地区增设综合保税区影响探析

阚歆旸

阅读提示

2019 年 11 月 7 日，国务院发布《关于进一步做好利用外资工作的意见》（国发〔2019〕23 号），提出在中西部地区优先增设一批综合保税区，引起企业纷纷关注。综合保税区有何特点及优势？在中西部地区增设综合保税区有怎样的意义？对于企业来说，要想进驻中西部地区增设的综合保税区，又需要注意什么？本文对业界资深专家进行了深入采访，能够帮助相关企业找到答案。

综合保税区正成为吸引企业投资，尤其是外商投资的"新高地"。继 2019 年 1 月发布《关于促进综合保税区高水平开放高质量发展的若干意见》后，国务院 11 月 7 日又印发《关于进一步做好利用外资工作的意见》，提出在中西部地区优先增设一批综合保税区，再次让综合保税区处于聚光灯下。

综合保税区是目前我国除自贸区外，开放层次最高、功能最齐全、手续最简化的海关特殊监管区域。我国从 1990 年开始，先后推出六种形态的海关特殊监管区域，现在的综合保税区是海关特殊监管区域的最高形态。相较于其他类型的海关特殊监管区域，综合保税区具有国际货物进出更自由、购销更便利、价格更亲民等特点，并且，综合保税区在促进研发创新、推进物流便利化、培育新业态等方面有一系列优惠政策，其中包括诸多很有力度的税收优惠政策。

根据政策规定，国内货物进入综合保税区视同出口，实行退税；区内企业之间的货物交易，不征增值税和消费税；今年8月，国家税务总局等三部门联合发布《关于在综合保税区推广增值税一般纳税人资格试点的公告》（国家税务总局公告2019年第29号），进一步扩大综合保税区增值税一般纳税人试点范围，为相关企业送上了更大的税收红利。以上海综合保税区为例，截至今年9月，累计开出一般纳税人增值税发票5149张，为相关企业节约税收成本约3000万元，政策红利明显。

正是因为凝结了一系列独特优势和诸多优惠政策，综合保税区成为企业投资决策的重要选择，并发挥了强劲的经济带动作用。统计数据显示，截至今年1月底，我国综合保税区数量已达96个，"多点开花"、全方位拉动，在发展对外贸易、吸引外商投资、促进产业转型升级等方面发挥了重要作用。海关总署副署长李国曾经表示，近年来，我国部分中西部地区省份外贸异军突起，增幅高于全国平均水平，其中一个很重要的因素，就是综合保税区等海关特殊监管区域，在外贸方面发挥了"小区推动大省"的特殊作用。

"在中西部增设一批综合保税区，是加快推动形成全面开放新格局的战略需要。"国家税务总局税收科学研究所研究员李平告诉记者，此举一方面可以进一步优化区域经济布局，促进中西部地区承接加工贸易产业转移，提高对外开放水平；另一方面，将增强开放联动效应，形成高水平开放、"一带一路"建设、推进西部大开发形成新格局等战略效应叠加，以良好的政策环境和营商环境助推企业发展。可以预见，"综合保税区将成为新时代全面深化改革开放的新高地。"李平说。

国家税务总局兰州新区税务局干部杨君盛长期在综合保税区工作。他告诉记者，除了人力资源成本和土地租金成本较低的优势外，中西部地区各省份区域特色经济特征明显，具有良好的区位优势和产业优势。以兰州新区综合保税区为例，其位于我国版图的几何中心，拥有中欧、中亚、南亚班列、中新陆海新通道，形成了"铁、公、机"全覆盖的交通运输网络，同时，这里还拥有兰州百合、苦水玫瑰、静宁苹果、天水核桃等农副产品资源。"增设一批综合保税区，使之由点连成线、由线连成片，加强区区、区港互补和合作，共建中西部投资大环境，更有利于充分利用各地区高质量资源优势，实现企业更好发展。"杨君盛说。

全球企业税务高管协会（TEI）亚太事务主管兼中国区总经理吴东明，非常熟悉跨国企业的经营战略。他告诉记者，不少外资企业，特别是市场、客户集中于中西部地区的外资企业，非常关注最新政策动向，因为中西部地区的综合保税区集自然资源优势、生产要素优势、优惠政策优势等于一体，形成优势叠加和放大效应，尤其是进行"三来一补"等加工业务类的外资企业，不仅可以获得较为低廉的劳动力、土地和厂房优势，符合条件的情况下，还可享受西部大开发等地区性税收优惠政策。

值得注意的是，综合保税区的优惠力度空前，但外资企业进驻前也需充分考量。李平提示，想进驻中西部综合保税区的企业，须关注自身业务与综合保税区发展定位的匹配程度，在进驻前，全方位了解当地保税监管、外汇管理、财政以及税收等方面的具体规定，以便将各项优惠享受到位。"在认真研究基础上，把握机遇，进驻'新高地'，企业将获得更强劲的发展势能。"李平说。

谢谢一路同行的你

当我们团队最后一次召开碰头会，最后敲定书稿标题、内容顺序、文字格式等细节问题，已经迎来了 2020 年，我们的书稿，经过一轮又一轮的打磨，终于迎来期盼已久的付印时刻。

此时此刻，想说的话很多，要感谢的人也很多。

春天里，它还只是一颗种子，是中国税务报社上下的鼎力支持，让它有了萌发的机会。我们不会忘记，成书过程中，汪康会长、宋兰会长、张连起副会长的关怀与指导，蔡宇社长、各位社领导及同事给予的极大关注和支持。

夏天里，它慢慢长出了自己的骨架。如何让骨架变得更加血肉丰满？我们请教了许多专家，书稿取什么名字、分为几个章节、每个章节主题是什么、每个主题下选择哪些文章、每篇文章如何呈现……专家们一一给出了宝贵意见。对此，我们十分感谢。

秋天里，翻看一页又一页即将印刷为铅字的文章，我们更要感谢不计其数的采访对象。感谢你们百忙之中接受采访，感谢你们提供翔实鲜活的数据资料，感谢你们不吝分享自己独到的见解……正因为有你们——企业财税总监、专业服务机构专家、研究机构学者、税务机关业务精英的支持，这本书才有可能成为现在的模样。

冬天里，随着书稿的付印，又将会孕育我们新的梦想。

在这里，我们要感谢财政部税政司，国家税务总局货物和劳务税司、所得税司、政策法规司、国际税务司、财产和行为税司、大企业税收管理司、纳税服务司等相关业务司局，以及各位审稿专家给予我们的支持。谢谢你们，为每一篇文章把牢政策关、业务关，保证它的准确、权威；谢谢你们，在我们遇到疑难问题时一次又一次的及时解答……

　　顺便，也感谢我们这个有激情、有活力、有方向、昂扬上进的团队。感谢团队中的每一个成员，经历一次次前期艰难的学习，一次次反反复复的采访，一次次痛苦纠结的写作，在"忙完这一篇，就可以忙下一篇了"的节奏中，依然不断超越自我，写出一篇篇富有新鲜感的文章。

　　还有，感谢新华出版社的领导和庆春雁老师，正是因为你们的关心和支持，这本书才会以最美的样子呈现给各位读者。

　　最后，谢谢你成为这本书的读者。希望作为读者的你，能从这本书中找到解决问题的思路和方案，甚至直接找到问题的答案，并启发你深入思考新的问题……未来，让我们继续一路同行。

编者

2020 年 1 月 30 日